Marion Guekos-Hollenstein

Quellen des Tarot

Unbekannte Schätze in den 22 Großen Arkana

Königsfurt

Die Erstausgabe erschien unter dem Titel
»Zur psychologischen Deutung des Tarock-Spiels«
als Dissertationsdruck
im Juris + Druck Verlag, Zürich, Schweiz.
Die Texte wurden für die vorliegende Ausgabe
durchgesehen und bearbeitet.

Bildquellennachweis

Oswald Wirth Tarot

Tarot de Marseille

*Der Verlag dankt
für die freundliche Abdruckerlaubnis.
Die Karten sind urheberrechtlich geschützt,
weitere Reproduktionen nicht gestattet.*

D-24796 Klein Königsförde / Krummwisch
www.koenigsfurt.com

Lektorat: Susanne Peymann, Berlin
Umschlag: Peter Krafft, Bad Krozingen
Satz: Stefan Hose, Eckernförde
Herstellung: J. Ebner, Ulm
Printed in Germany
auf chlorfrei gebleichtem Papier

ISBN 3-933939-06-2

Inhalt

Tarot ist ein altes Kartenspiel, das sich in den letzten Jahren weltweit immer größerer Beliebtheit erfreut. In der westlichen Zivilisation gilt es als die besondere Synthese einer esoterisch-okkulten Tradition, die auch in den vergangenen Jahrhunderten verschiedene Blütezeiten hatte. Die Symbolik ist reichhaltig; in ihr verdichten sich das mythologische, religiöse und ansatzweise auch philosophische Erfahrungsgut verschiedenster kultureller Strömungen und Epochen.

Heute erscheint es in unzähligen phantasievoll angereicherten Ausgaben und wird als psychologische Fundgrube und Ratgeber in allen Lebenslagen geschätzt. Es soll auch das Bedürfnis des Menschen nach verborgenem, dem rationalen Tageswachbewußtsein nicht ohne weiteres zugänglichem Wissen über Vergangenheit, Gegenwart und Zukunft stillen.

Das vorliegende Buch basiert auf einer 1978 verfaßten Dissertation an der Philosophischen Fakultät I der Universität Zürich mit dem Titel »Zur psychologischen Deutung des Tarock-Spiels«. Ziel damals war und ist noch heute, mehr als zwanzig Jahre später, die 22 Trumpfkarten des Tarot *vor* jeder Anwendung genauer zu betrachten und hinsichtlich ihrer Bedeutung zu befragen und auszulegen. Wir bemühten uns darum, die Essenz der Tarot-Symbolik durch das Vergleichen verschiedener Tarot-Spiele herauszuarbeiten. Die Interpretation stützt sich im wesentlichen auf die Marseiller-Ausgabe und auf diejenige nach Oswald Wirth. Die Abbildungen des Wirth-Tarot wurden zur Illustration der vorliegenden Arbeit verwendet. Im Handel sind verschiedene Varianten des Marseiller Tarot erhältlich, auch eine Variation des Wirth-Tarot, das Tarot von Elisabeth Haich, worauf sich der Text mehrfach bezieht.

Der Bild-Auslegung voraus gehen einige allgemeine Betrachtungen zu Herkunft, Verbreitung, Aufbau und Deutung. Im Anhang finden sich Bemerkungen über das historische Verhältnis von Tarot und Mantik.

Der Einfachheit halber verzichten wir im Text auf die Unterscheidung der männlichen und weiblichen Schreibform.

Zürich, im Februar 2000 *Marion Guekos-Hollenstein*

Tarot/Tarock
Eine kurze Einführung

Herkunft

Über die Herkunft des Tarot stritten und streiten sich Gelehrte und Laien verschiedenster Zeiten. Die Datierungsversuche reichen von phantastischen Spekulationen bis zu ernsthaften historischen Analysen.

Man hielt es für die uralte Überlieferung eines Wissens, das bereits den längst ausgestorbenen Hochrassen bekannt war, sah in ihm den Extrakt der jüdischen Kabbala ebenso wie die Offenbarung des ägyptischen Buches Thot, die ›Clavicula Salomonis‹ und die Schlüssel zu den Urmythen der Menschheit, vermutete gleichzeitig chinesischen, indischen, arabischen und keltischen Ursprung. Mit Hilfe der Tarotkarten sei der Geist der untergehenden griechisch-römischen, semitischen, ägyptischen, indischen und atlantischen Großreiche durch die Zeiten hindurch gerettet und bewahrt worden.

Eine Legende berichtet, wie ägyptische Gelehrte angesichts des bevorstehenden Untergangs ihres Reiches eine Versammlung einberiefen, um herauszufinden, wie das von ihnen sorgfältig gehütete und nur einem auserwählten Kreis zugängliche Wissen vor der Zerstörung bewahrt werden könnte. Zuerst dachten sie daran, ihre Geheimnisse tugendhaften Menschen anzuvertrauen, die diese ihren Kindern und Kindeskindern übermitteln sollten. Ein Priester überzeugte sie jedoch, daß die Tugend eine sehr zerbrechliche Sache sei und nur schwer zu finden wäre. Man beschloß deshalb, die Wissenstradition dem Laster anzuvertrauen, das gewiß nicht auszurotten sei und deshalb die Erhaltung der Überlieferung gewährleiste. Als Laster aber wurde das Spiel ausgewählt. Auf kleine Plättchen wurden die geheimnisvollen Figuren des Tarot eingraviert und seitdem haben die Kartenspieler diese von Generation zu Generation überliefert, weit besser als es die tugendhaftesten Menschen auf Erden je hätten tun können (Papus 1929).

Man vermutete im Tarot auch eine Synopsis der Hermes-Wissenschaften, d.h. eine Verbindung von Kabbala, Alchemie, Magie und Astrologie, deren gemeinsames Grundthema die Erforschung des Menschen in seiner Beziehung zur Welt der irdischen und kosmischen Erscheinungen ist. Ouspensky (1970) nannte diese Wissenszweige »Symbolische Systeme der Psychologie und Metaphysik«, Matzak (1976) eine »abendländische Yogapraxis«.

Entsprechend der verwirrenden Vielfalt dieser Herleitungs- und Zuordnungsversuche variieren auch die verschiedenen Ansätze der Interpretation. In der Literatur finden wir ein Sammelsurium von Meinungen, dogmatischen Behauptungen, Phantastereien und realitätsfremden Spekulationen. Die Erklärungen der Tarotkarten reichen von der Bagatellisierung bis zur ehrfürchtigen Bewunderung, von der Ansicht, es handle sich um das »Werk des Teufels« und um Scharlatanerie bis zum Glauben, daß sie mit der Bibel und der Cheops-Pyramide zu den größten Mysterien der Menschheit gehören.

Historisch belegt ist, daß in Europa die ersten Spielkarten im Mittelalter auftauchten und daß erheblich später, erst im Verlaufe des 15. Jahrhunderts in Italien die 22 tarocchi oder trionfi hinzukamen.

Über Herkunft und Erfindung der Spielkarte liegt immer noch ein Schleier. Ein Bericht aus dem 11. Jahrhundert erzählt, daß das Kartenspiel wohl in China im 7./8. Jahrhundert aufgekommen sei, doch besteht zwischen den langen, schmalen chinesischen und den europäischen Spielkarten keine Ähnlichkeit. Noch weniger Beziehungen sind von Indien nach Europa herzustellen. Man wollte auch in den Sarazenen die Übermittler der Spielkarten sehen, doch ist diese Annahme aus historischen Gründen ebensowenig haltbar wie die Vermutung, die ›Zigeuner‹ hätten die Karten von Osten in den Westen gebracht.

Erst mit der Herstellung von Papier und der Entwicklung des Holzdruckes mit der Holzplatte begann die »Massenproduktion« von Spielkarten. Neben den Holzschnitt tritt vor Mitte des 15. Jahrhunderts der Kupferstich. Die Kupferstichkarten waren ihrer Kostbarkeit wegen mehr zum Sammeln als zum Spielen gedacht. Anfang des 19. Jahrhunderts schließlich wurde die Lithographie als Druckverfahren entwickelt und heute werden Spielkarten von einer hochspezialisierten Industrie im Offsetdruck massenweise hergestellt.

Im Unterschied zum Würfel als dem früher bekanntesten Spielinstrument konnten die Spielkarten auf mannigfache Weise beschrieben und bemalt werden. So finden wir denn auf ihnen im Laufe der Jahrhunderte alle möglichen Themenbereiche des menschlichen Lebens wieder: Szenen aus Religion, Mythologie, Geschichte und Literatur, aus dem bürgerlichen und höfischen Leben und aus der Tier- und Pflanzenwelt.

Die ältesten heute noch erhaltenen Tarot-Karten stammen aus einer Sammlung der italienischen Familie Visconti. Im Jahr 1415 (nach anderen Angaben um 1432) hatte der Herzog von Mailand, Filippo Maria Visconti, die Herstellung eines Kartenspieles in Auftrag gegeben. Seit etwa 1500 entwickelte sich das Tarot auch in Südfrankreich. Das Tarot de Marseille dient noch heute als eine der wichtigsten Grundlagen für die Deutung.

Mit dem Freimaurer und Freigeist Court de Gebelin (1725-1784) begannen sich besonders in Frankreich die Okkultisten mit der im Tarot vermuteten esoterischen Lehre auseinanderzusetzen, wobei sie vor allem kabbalistische Elemente darin sehen wollten. Erwähnt seien an dieser Stelle der Pariser Barbier Alliette alias Etteilla, Eliphas Levi (»Dogme de la Haute Magie«, 1855), Oswald Wirth (»Le Tarot des Imagiers du Moyen Age«, 1889/1927) und Gérard Encausse alias Papus (»Le Tarot des Bohemiens«, 1889).

Die Tarotkarten neuen Stils, die ungefähr mit dem Beginn des 19. Jahrhunderts in Umlauf kamen, zeigen oft ein doppeltes Kartenbild, während die Blätter der alten Serien einfache Bilder aufweisen.

In ihrer ursprünglichen Form sind die Tarotkarten heute noch in Südfrankreich, Italien, Ungarn und auch in einigen Schweizer Bergtälern in Gebrauch, d.h. sie können sich eines über 500jährigen Fortlebens rühmen. Golowin (1975) bringt dieses Überdauern mit dem Volk der ›Zigeuner‹ in Zusammenhang, deren Leben er ein »Original-Tarot-Spiel« nennt. – Darüber hinaus gibt es heute zahllose neue Tarot-Ausgaben, die inhaltlich häufig verflacht und bis zur Unkenntlichkeit entstellt sind.

Wortbedeutung

Ebenso dunkel wie die Herkunft ist auch die Bedeutung des Wortes »Tarock« bzw »Tarot«.

Man versuchte die 22 Tarotbilder mit dem Runenalphabet, mit

den 22 Buchstaben des hebräischen Alphabetes, mit der Sanskritsprache und den ägyptischen Hieroglyphen in Verbindung zu bringen. Manche hofften, im Wort »Taro(c)k«, franz. »Tarot«, ital. »Tarocco« des Rätsels Lösung zu finden: Man las daraus u.a. hebr. ›Thora’: das in den sog. 5 Büchern Mose enthaltene jüdische Gesetz; lat. ›Rota’: Rad, Wagen (Schicksalsrad, Rad der Wiedergeburten; ägypt. ›Tar‹ = Weg, ›Ro‹, ›Ros‹ oder ›Roc‹ = König (königlicher Lebensweg. – Einige glauben im europäischen Taro auch den Namen der indisch-tibetanischen Gottheit ›Tara‹, einer indischen Verkörperung der ewigen Weisheit der Urbilder, die auch in Sternenschrift an den Himmel geschrieben sind, zu ahnen. – Die Sanskritwurzel des Wortes ›tri‹ bedeutet: ein Meer überfahren, etwas vollkommen meistern. Daraus leitet sich das Substantiv ›tara‹ = Floß, Fähre ab. In diesem Sinne wäre der Tarot eine Fahrt auf dem Strom des Lebens, ein Übersetzen zu einem anderen Ufer (Golowin 1975). Andere behaupten, das Wort »Tarok« sei verwandt mit dem altägyptischen ›Tarut‹ = ›Die Befragte‹ oder mit dem avestischen ›tarisk‹ = ›Ich verlange Antwort‹ (vgl. Meyrink, 1915, 121). Es wird auch vermutet, daß eine Verbindung besteht mit arabisch TaRIQa = (Lebens)-Weg (Blakeley 1974,10). Shah hält den Tarot für einen vom Sufismus inspirierten Initiationsweg. Das ihm zugrunde liegende Material sei in vier Abteilungen unterteilt, die ›turuq‹ (vier Wege) genannt werden – dies sei das Wort, von dem »Tarot« abgeleitet sei (1976, 309f.).

Nach Kluges Etymologischem Wörterbuch der deutschen Sprache gehört das ital. ›tarocco‹ zum Stamm des arab. ›taraha‹ = entfernen, beseitigen. – Nach anderer Quelle erscheint im 16.Jahrhundert ›taroccare‹ = lärmen, schreien, das sich vom griech. tarache ableitet (Matzak 1976).

Verwendung

Außer dem Spiel dienten Karten allgemein auch der Belehrung. Zu den beliebtesten Themen gehörten Philosophie, Heraldik, Geographie und Astronomie. In den historischen Spielkarten spiegelt sich die Kunst- und Kulturgeschichte der Völker. Auch die Wahrsagerei lieferte ihren Beitrag zu den Spielkarten, wofür die sog. Kartenlosbücher, in denen man die mantische Bedeutung der jeweiligen Orakel nachschlagen konnte, frühestes Zeugnis sind.

Vermutlich wird das Tarot seit dem 18. Jahrhundert auch für die

Wahrsagerei verwendet, wobei in der Regel alle 78 Karten gebraucht werden.

Aufbau

Das Tarot-Spiel, wie wir es heute kennen, besteht aus insgesamt 78 Karten. Davon sind 52 gewöhnliche Spielkarten, mit der Hinzufügung einer »Figuren«-Karte in jeder Farbe, nämlich der »Kawal« (Cavalier, Ritter), die zwischen der Dame und dem Buben eingereiht wird. Diese 56 Karten, auch »Kleine Arkana« genannt, werden in vier Farben eingeteilt, zwei schwarze und zwei rote, und Stäbe, Kelche, Schwerter und Münzen genannt.

Die 22 numerierten Trümpfe (ital. tarocchi, trionfi, attuti; franz. atouts), die wir zum Gegenstand unserer Betrachtung gemacht haben, befinden sich außerhalb der vier Farben und werden auch »Große Arkana« genannt. Sie tragen besondere Namen:

1. Der Pagat
2. Die Päpstin
3. Die Herrscherin
4. Der Herrscher
5. Der Papst
6. Die Liebenden
7. Der Wagen
8. Die Justitia
9. Der Eremit
10. Das Lebensrad
11. Die Kraft
12. Der Gehängte
13. Der Tod
14. Mäßigkeit
15. Der Teufel
16. Der Turm
17. Die Sterne
18. Der Mond
19. Die Sonne
20. Das Gericht
21. Die Welt

22. oder 0. Der Narr

In den vielen Tarotspielen finden wir neben den Zahlen und Titeln auch die 22 Buchstaben des hebräischen Alphabetes, die den Karten wahrscheinlich in der Blütezeit des französischen Okkultismus beigefügt wurden.

Welches auch der zeitliche und örtliche Ursprung der Tarotkarten sein mag, Tatsache bleibt, daß sich ihre ursprüngliche Symbolik, abstrahieren wir von nachträglich Hinzugefügtem, äußerlich in ganz und gar mittelalterlichem und von der Frührenaissance geprägtem Gewande präsentiert.

Wir finden in den Bildern sowohl christliche wie heidnische Motive. Vereinzelt klingen Themen aus der griechischen Mythologie und aus der Bibel an.

Am ehesten läßt sich die eklektische Vielfalt der Tarotsymbolik mit derjenigen der Alchemie vergleichen. Auch sie setzt sich synkretistisch-konkretistisch aus den heterogensten Elementen zusammen.

Deutung

Ähnlich wie die alchemistischen Bilderserien lassen sich die 22 Großen Arkana des Tarot psychologisch als eine Art Individuationsmythos oder Bewußtwerdungsprozeß interpretieren. Thema ist der Mensch und sein Werdensprozeß innerhalb des mikro-makrokosmischen Beziehungsgefüges. Wir können die Tarotbilder auch als eine besondere Auswahl von archetypischen Grundmotiven menschlichen Seins betrachten. – Aus dieser Sicht scheint auch plausibel, weshalb sie sich historisch nirgends eindeutig zuordnen lassen. Die äußere Form, in der solche Ideen erscheinen, verändert sich je nach Zeitgeist und Kultur, doch bleibt der innere Gehalt relativ konstant, weil in ihm ›Allgemeinmenschliches‹ zum Ausdruck kommt. Anders gesagt, lassen sich diese Bilder auch als eine Art Projektionen gewisser seelischer Grundtatsachen oder als ein besonderes Zeugnis »vorontologischen Seinsverständnisses« im Heideggerschen Sinne interpretieren. In den Tarotbildern spricht sich der Mensch über sich selber aus.

Weil sich uns dieses Seinsverständnis in ursprünglicher, bildhafter Form mitteilt, müssen wir, soweit dies möglich ist, bei unserer Interpretation auch in ursprüngliche Zeit zurückkehren. Sein Gehalt wird sich uns dann erweisen, wenn wir in ihm einen Verstehenshorizont entdecken, der den geschichtlichen Wandel überdauert, weil Grundlegendes und Allgemeingültiges vom Wesen des Menschen gesehen wurde.

Wenn wir den Mut haben, ein Zeugnis der Vergangenheit, wie wir es in den Bildern des Tarot vor uns haben, auch nach dem Stand der gegenwärtigen Erkenntnis und Bewußtseinsentwicklung zu deuten, werden wir sowohl seiner lebendigen Dynamik als auch unserer eigenen Geschichtlichkeit gerecht. »... so ist jede neu errungene Stufe von kultürlicher Bewußtseinsdifferenzierung mit der Aufgabe konfrontiert, eine neue und der Stufe entsprechende Deutung zu finden, um nämlich das in uns noch existierende Vergangenheitsleben mit dem Gegenwartsleben, das jenem zu entlaufen drohte, zu verknüpfen« (Jung 1976, 171 GW 9/1).

Natürlich läßt sich die mythisch-allegorische Bildsprache des Tarot nicht ohne Ungereimtheiten und »Stilbruch« wörtlich in die Sprache der Gegenwart übersetzen. Es wäre jedoch verkehrt, wollte man die Augen verschließen vor der Tatsache, daß die Betrachtung der Tarotbilder in uns mitunter Assoziationen weckt, die ins Gebiet der modernen Psychologie führen, denn gerade darin liegt die Dynamik allen Deutens. Tarot ist nichts Statisches, es läßt sich nicht in ein Deutungsschema pressen. Die Bedeutungsfülle der Bilder wandelt sich mit der Geschichte und Kultur des deutenden Menschen. Heute sehen wir Neues und anderes, solches, das früher noch nicht gesehen wurde, weil es im Bewußtsein des Menschen noch gar nicht existierte. Auf der anderen Seite haben wir uns da und dort gewiß auch vom Ursprung entfernt und verstehen vieles nicht mehr oder falsch. Wie bei allem Deuten gibt es auch hier kein objektives Kriterium, wenn wir uns auch an einen gewissen symbolgeschichtlichen Grundstock ›allgemeinverbindlicher‹ Sinngebung halten können, der wie der Faden der Ariadne Orientierung ermöglicht und die Zersplitterung in uneinfühlbare, in der Tarotliteratur jedoch häufig auftauchende Deutungselemente verhindern soll.

Das Gemeinsame bei aller Verschiedenheit der Terminologie liegt in der durch die Tarotliteratur vermittelten »Wesensschau«. Sowenig das menschliche Wesen je im letzten erfaßbar ist, darf das Tarot jedoch als »vollständiges« Bildnis des Menschen und seines Lebensweges angesehen werden. Tatsächlich handelt es sich bei Tarot um eine besondere, vielleicht ausgezeichnete Ansammlung von menschlichen Existenzmöglichkeiten – es bleibt jedoch eine Auswahl. Jeder Versuch, über den Menschen Allgemeintypisches auszusagen, trifft immer nur einen Teil, niemals aber das Ganze seines Wesens, gleichgültig ob wir von »Archetypen« oder »Existenzialien« u.a. sprechen. In gewissem Sinne ist solch gliederndes Einteilen und Ordnen immer künstlich, da sich Lebendiges letztlich nicht mit Begriffen einfangen läßt.

Im Betrachten und Deuten der 22 Arkana werden wir unmittelbar in das sich im Tarot offenbarende »Lebens-Spiel« miteinbezogen. Wir entdecken in ihm Aspekte und Möglichkeiten unseres eigenen Seins. Die Deutung kann sich aus diesem Grunde nicht ausschließlich im Bereiche des rational-gliedernden Verstandes bewegen, sondern muß ihre Kraft aus der Quelle des Vorbegrifflich-Intuitiven mitschöpfen.

Obwohl die Tarotbilder unmittelbarer Ausdruck einer frühen psychischen Konstellation zu sein scheinen, gehören sie nicht ausschließlich der Ebene des vorbegrifflichen Denkens an. Dies zeigt sich nicht nur am manifesten Aussagegehalt und Belehrungscharakter einzelner Bilder, sondern auch an den da und dort in Erscheinung tretenden Ansätzen zu einer Systematik. Es herrscht eine gewisse Ordnung zwischen den Karten; ihre Reihenfolge ist nicht zufällig, ja es gibt sogar Versuche, die Bildabfolge nach mathematischen Gesichtspunkten zu interpretieren. Jedes Bild steht mit jedem in Beziehung und ist immer auch ein Teil des Ganzen. Die 22 Karten lassen sich auch in 3 x 7 + 1 ›Stufen‹, ›Säulen‹ (Blakeley 1974) oder 3 »Wege«, den sog. Osiris-, Isis- und Horusweg gliedern. Diese drei Wege entsprechen indisch dem Karmamarga, Bhaktimarga und Iñãnamarga. Vermutlich wurden sie in theosophischer Manier auf Ägypten übertragen. Die Beziehung zur ägyptischen Göttertrias ist mehr als künstlich. Einige glauben jedoch innerhalb dieser Gruppen besonders enge Affinitäten zwischen den Bildern entdeckt zu haben.

Die drei Wege
Erste Siebenheit: I, IV, VII, X, XIII, XVI, XIX
Osiris – Der Weg der Tat

Zweite Siebenheit: II, V, VIII, XI, XIV, XVII, XX
Isis – Der Weg der Liebe

Dritte Siebenheit: III, VI, IX, XII, XV, XVIII, XXI
Horus – Der Weg des Leidens und der Erkenntnis.
Bild XXII oder 0 »Der Narr« nimmt eine Sonderstellung ein.

Sicherlich handelt es sich bei den beiden Zugangsarten der Deutung, beim rational-gliedernden, sachlich-theoretischen Vorgehen auf der einen und dem eher gefühlsmäßigen Sich-ansprechen-lassen auf der anderen Seite nicht um Alternativen, sondern um verschiedene, sich gegenseitig befruchtende Betrachtungsebenen. Der ersten Art der Deutung obliegt die Analyse des Sachverhaltes, d.h. in unserem Falle das Forschen nach historischen Zusammenhängen, das Analysieren und Beschreiben des symbolgeschichtlichen Gehaltes, das Suchen nach Parallelen in Mythologie, Religion und Philosophie, das Beiziehen von Quellentexten, die Berücksichtigung von Literatur und Ikonographie sowie die Verfolgung sog. esoterischer Spuren und der

Versuch, Verbindungen zur Psychologie herzustellen, wobei sich uns trotz unseres in erster Linie ›phänomenologischen‹ Anliegens vor allem die Theorie der Analytischen Psychologie von C.G. Jung als geeignet erwies.

Nicht alle Tarotkarten sind für eine Deutung gleich ergiebig. Dazu kommt, daß man nicht von jedem Bild in gleicher Weise angesprochen wird, was an sich schon psychologisch interessant und aufschlußreich sein kann. Besonders die naive, künstlerisch wertlose, teilweise auch morbide und an Geschmacklosigkeit grenzende Bildausgestaltung einiger Tarotausgaben stößt einen manchmal eher ab, als daß sie fasziniert. Die ›Primitivität‹ der Darstellung ist aber nicht einfach ein Negativum, das uns vielleicht stört, sondern gehört wesensmäßig zu den Tarotbildern als Ausdruck eines noch wenig differenzierten, archaisch-primärprozeßhaften Denkens.

Der Gang, wie er in den 22 Karten zur Darstellung gelangt, kann mit einiger Berechtigung ein »Lebens-Weg« genannt werden, weil in ihm auch eine Auseinandersetzung mit der Schattenseite des Lebens, mit dem Negativen und ›Dunklen‹ stattfindet. Der Betrachtende kann sich, sofern er von den Bildern angesprochen wird, in diesen archetypischen Grundmustern von Erlebens- und Verhaltensmöglichkeiten mit all seinen positiven und negativen Eigenschaften wiederfinden.

Die Tarotkarten, die sich auch abzeichnen lassen oder als Ideengrundlage für eigenes Gestalten genommen werden können, »wirken« allein schon, wenn man sie betrachtet. – Auf der einen Seite stoßen sie auf Ablehnung und Widerstand, auf der anderen Seite liegt gerade darin, daß in ihnen auch Negatives, Unangenehmes und Erschreckendes Gestalt annimmt, etwas Heilsames und vielleicht auch Befreiendes. Dies mag mit ein Grund sein, weshalb sie seit mehr als fünf Jahrhunderten nicht mehr aus der Hand gegeben wurden und bis heute nicht in Vergessenheit geraten sind. – Unheimlich und bedrohlich ist vor allem das, was unbekannt und unsagbar ist. Sobald etwas geformt und im Ausdruck zur Sprache gekommen ist, läßt es sich gleichsam übersehen und ›handhaben‹, wenn der Inhalt des Dargestellten auch noch so ungewohnt und erschreckend sein mag. Hierin liegt wohl auch ein Teil des »magischen« Effektes, der den Tarotbildern zugeschrieben wird:

In ihnen wird Grundlegendes formuliert und damit gewissermaßen »gebannt« – eingefaßt und verfügbar gemacht.

Quellen des Tarot

Bildauslegung der 22 Großen Arkana

I
Der Pagat

».. der Mensch spielt nur, wo er in voller Bedeutung des Worts Mensch ist, und er ist nur da ganz Mensch, wo er spielt.«
(Schiller)

Das erste Arkanum hat innerhalb des 22stufigen Tarotweges zentrale Bedeutung. Mit ihm eröffnet sich ein Spiel, in dem sich Menschsein zugleich darstellt und ereignet. Es verdichtet sich hier die Frage nach dem Menschsein überhaupt in besonderer Weise. Sie ist Fundament und Leitlinie des ganzen Tarotspiels. Das Ziel unserer Arbeit ist, diese Frage immer wieder neu zu stellen, in der Hoffnung, die Orientierung am unmittelbar vorliegenden Bildgehalt werfe dann und wann etwas Licht auf mögliche Antworten.

Leitlinie des Tarot

Wir sehen im Bild einen jungen Menschen in buntgescheckten Gewand. Er trägt einen Hut von der Form einer Lemniskate, d.h. einer liegenden Acht. Vor ihm befindet sich ein Tisch, von dem nur drei Beine zu sehen sind, weil er auf der einen Seite gleichsam über den Bildrand hinausragt. Am Boden wächst eine Blume. Ihre Blüte ist noch geschlossen. Auf dem Tisch befinden sich eine oder mehrere Münzen, ein Pokal und ein Schwert. In der Hand halt der Jüngling einen Stab, mit dem er nach oben zeigt. Die andere Hand weist nach unten. Diese Körperhaltung entspricht der graphischen Struktur des ersten Buchstabens des hebräischen Alphabetes, dem Aleph. Seine hieroglyphische Bedeutung ist »Mensch«. Aleph gehört zu den hebräischen Buchstaben, die als »Mütter« bezeichnet werden, was zu seiner Anfangsstellung paßt: Aus ihm entäußert sich das ganze Alphabet. Ähnliche Bedeutung hat auch die diesem Bild zugewiesene Zahl 1. Die Eins ist das Prinzip des Anfangs. Mit der Spaltung der uranfänglichen Einheit beginnt die Schöpfung. Die Eins wird geteilt, vermehrt sich und findet schließlich in der letzten Karte ihre äußerste Peripherie, einen Kreis, der alles einschließt. Die ganze Bilderfolge des Tarot entwickelt sich in vielen Umkreisungen auf dieses Endziel hin, das sich auf Karte

Tisch und Blume

Prinzip des Anfangs

XXI-Die Welt in der Form eines Mandalas präsentiert.

Münze, Pokal, Schwert und Stab sind die vier großen Symbole des Tarot. Sie werden den vier Elementen oder den vier Aspekten der Sphinx gleichgesetzt, die nicht nur innerhalb der 22 Großen Arkana immer wieder auftreten, sondern auch die Grundlage für die vier Farben der 56 Kleinen Arkana bilden: Stäbe, Kelche, Schwerter und Münzen. Während sie im ersten Arkanum noch ungeordnet nebeneinander liegen, bilden sie auf Bild XXI-Die Welt das Ordnungsschema der Quaternität.

Bezeichnungen der Karte

In der Literatur finden wir für die 1. Karte die Bezeichnungen »Pagat«, »Aleph«, »Schüler«, »Neophyt«, »Osiris«, »Schöpfergott«, ferner »Gaukler«, »Taschenspieler«, »Marktschreier«, »Jongleur«, »Magier« und andere mehr.

In dieser verwirrenden Vielfalt von Benennungen liegt mehr Sinn verborgen, als wir im ersten Moment ahnen würden: Scheinbar zufällig und spielerisch stellt sich uns hier die Frage nach dem Anfang und Wesen des Menschseins im Gewande eines spielenden Gauklers oder Kindes. Besonders im Marseiller Tarot kommt dieses spielerische Moment deutlich zum Ausdruck: Neben den oben genannten Gegenständen, die hier in Miniaturform zu sehen sind, finden wir auch Würfel und Murmeln.

Greis und Kind

Der Gaukler hat die weißen Haare eines Greises und wirkt mit seinem Spielzeug doch wie ein Kind. Dieser eigenartige Doppelcharakter zeichnet auch das Wesen der Narrenfigur aus, die auf Bild 0 bzw. 22 zu sehen ist. Auch der Narr hat ein buntgeschecktes Gewand. Er stützt sich auf einen Stab und trägt ein Bündel auf der Schulter. Ein solches finden wir manchmal auch auf der 1. Karte. In ihm lassen sich die verschiedenen Gegenstände versorgen.

Verwandtschaft von Pagat und Narr

Wenn man die 22 Tarotkarten im Uhrzeigersystem auslegt und betrachtet, so kommt der Narr vis-à-vis der ersten Karte zu liegen. Über diese räumliche Beziehung und gemeinsame Bildelemente hinaus verbindet die beiden Figuren tiefe Verwandtschaft: Es ist das Innestehen im Mysterium von Anfang und Ende, Geburt und Tod,

Nichtwissen und Wissen, das den Gaukler oder das spielende Kind wie den possentreibenden Narren mit der Schellenkappe auszeichnet. Ihr gemeinsames Wesen ist die Wirklichkeit des Menschen als »homo ludens« (*der Mensch als spielendes Wesen*, HUIZINGA 1956). Zu allen Zeiten wurde das Leben des Menschen mit einem Spiel verglichen. Mit der Geburt tritt der Mensch gleichsam auf die Bühne der Welt, wo er die verschiedenen Rollen seines Lebens spielt. Die Auffassung von der Welt als Bühne ist uralt. Sie geht zurück auf PLATOs Höhlengleichnis. Man denke nur an CALDERONS, QUEVEDOS und HOFFMANNSTHALS Welttheater.

Homo ludens

GADAMER (1972) sieht im Spiel die Seinsweise des Menschen schlechthin. Im Spiel ereignet sich Sein, Sein ist Spiel. HEIDEGGER (1969, 6) nennt das Geschehen des Seins ein »spielendes Geben«.

Sein ist Spiel

Es kommt also nicht von ungefähr, daß sich uns der Tarotweg, der sich als eine Art Individuationsmythos interpretieren läßt, in der Gestalt eines Kartenspieles präsentiert, denn er stellt den Lebensweg des Menschen nicht nur in metaphorischer Form dar, sondern *ist* in gewisser Weise selber Lebensweg und Lebensziel, so wie ›das Subjekt des Spiels das Spiel selbst ist‹ (GADAMER 1972). Darin liegt die Dynamik des Tarot. Die Kombinations- und Deutungsmöglichkeiten der verschiedenen Bilder sind so mannigfaltig und verwoben wie das Gewand des Lebens, dessen Fäden das Schicksal knüpft.

So wie der Gaukler der 1. Tarotkarte die vor ihm liegenden Gegenstände spielerisch in die Hand nimmt, beginnt der Mensch in der ersten Zeit seines Lebens sich selbst und die Welt im Spiel zu entdecken. Im Spiel spiegelt sich die Art und Weise des In-der-Welt-seins, das sich mit der Entwicklung des Menschen ständig wandelt.

Die Welt entdecken

Gleichzeitig läßt sich die Wirklichkeit des alltäglichen Lebens beim Spielen umgestalten und verändern. Für das Kind sind die Grenzen zwischen Phantasie und Realität noch ganz unscharf. Auf der Stufe des magisch-animistischen Denkens ist die Außenwelt ein Spiegelbild

der Innenwelt, d.h. das »innen« wird noch mit dem »außen« verwechselt. Das magische Denken ist in der Regel mit Allmachtsphantasien verbunden. Es erstaunt in diesem Zusammenhang nicht, daß die 1. Tarotkarte auch als »Schöpfergott« und »Magier« gedeutet und daß der Magier-Stab als Zauberstab identifiziert wird.

Im »Magus« der 1. Karte wird besonders deutlich, daß den Tarotkarten und ihrer mantischen Verwendungsweise ein archaisches, noch wenig differenziertes Denken zugrundeliegt. Wie die Märchen und Mythen entspringen sie einem ›primitiven‹ Bewußtseinszustand. Dasselbe gilt übrigens auch für den größten Teil der frühen und modernen Tarotliteratur, wo der *Held* des Tarotweges in der Regel als ein mit göttlichen Eigenschaften ausgestattetes, auserwähltes Wesen erscheint (bes. bei UXKULL, WINCKELMANN, HAICH). Solche Allmachtsphantasien scheinen auf dem Boden des Okkultismus und ähnlicher Phänomene üppig zu wuchern.

Allmachtsphantasien

Die erste Tarotfigur läßt sich in ihrer Bedeutungsambivalenz (unreifes Kind / omnipotenter Zauberer) als Konkretisierung des in der Mythologie häufig auftauchenden Archetypus des »Kindgottes« interpretieren. Ihm entspricht auch der alchemistische Mercurius oder die *Wandlungssubstanz* des lapis, des »Steins der Weisen«.

Bedeutungsambivalenz

Nach JUNG (1976) repräsentiert das mythologische Kindmotiv den vorbewußten Kindheitsaspekt der Kollektivseele. Seine ungewöhnliche, numinose Natur zeige, daß es sich dabei nicht einfach um eine Kopie des empirischen Kindes, sondern um eine Widerspiegelung eines nicht näher zu fassenden seelischen Tatbestandes, d.h. um ein irrationales Symbol handele. Das »Kind« ist bald Gottheit, bald jugendlicher Held, erscheint als Däumling wie als Riese, ist »kleiner als klein, und größer als groß«, d.h. es ist ein die Gegensätze vereinigendes Symbol, ein Mediator, mythischer Heilbringer und Ganzmacher.

Kindmotiv

In JUNGscher Terminologie läßt sich das Kindmotiv psychologisch als Vorwegnahme der im Individuationsprozeß zu erzielenden Ganzheit des Selbst interpretieren – einer Ganzheit, die das Bewußtsein zunächst übersteigt. *Das Kind ist potentielle Zukunft.* In ihm ist die ganze Entwicklung und der Drang zur Selbstverwirklichung keimhaft angelegt, was sich im Bild auch an der noch geschlossenen Blüte zeigt. In einer Darstellung fanden wir die Figur des 1. Arkanums auch auf einem Bein stehend dargestellt, so als sei das Menschenkind nun im Begriffe den ersten Schritt ins Leben zu tun. In einer anderen Tarotausgabe hält der Magier eine flammende Fackel in Händen, was als Gleichnis für den prometheischen Akt der Bewußtwerdung genommen werden kann.

Der Pagat als Vorbote

Mit der Geburt des Kindes beginnt der Prozeß der Herauslösung aus dem psychologischen Urzustand der unbewußten Identität von Mensch und Welt, d.h. die sich mit fortschreitender Entwicklung immer deutlicher abzeichnende Unterscheidung von Subjekt und Objekt, »innen« und »außen« – aus der ›Eins‹ wird die ›Zwei‹ und aus ihr die Vielheit, die nach neuer Ganzheit strebt. Dieses Geschehen, das sich sowohl auf makro- wie mikrokosmischer Ebene abspielt (vgl. Karte VI-Die Entscheidung und VII-Der Wagen), scheint sich in der Symbolik der 1. Tarotkarte zu spiegeln: Sie versinnbildlicht zugleich das Prinzip der Einheit wie das der Vielfalt und Gegensätzlichkeit.

Sich unterscheiden

Mit dem Stab, der sich auch als Phallus und damit als Fruchtbarkeitssymbol deuten läßt, zaubert der Magier die Mannigfaltigkeit der Erscheinungen hervor, die sich vor uns in Form der Kartenbilder entfächert.

Vielfalt und Einheit

Besonders im Tarot de Marseille kommt der Aspekt der Vielfalt und Gegensätzlichkeit des Entäußerten deutlich zum Ausdruck: Das Gewand des Gauklers setzt sich aus vielen einzelnen, verschiedenfarbigen Stoffteilen stückweise zusammen. Gleichzeitig deutet die Oben-Unten-Armstellung aber auf Einheit und Verbindung: »Quod est inferius, est sicut quod est superius. Et quod est superius, est sicut quod est inferius« – »so wie oben, so auch unten«, heißt es in der *Tabula Smaragdina*, der

smaragdenen Tafel, dem legendären Weisheitsbuch des HERMES TRISMEGISTOS, das für die ganze mittelalterliche Alchemie richtunggebend war. Der alchemistische »Filius Philosophorum« (Sohn der Philosophen, Sohn der Weisheit) ist wie das göttliche Kind der Mythologie ein *Mediator*, ein Mittler und Vermittler, der *in sich* hohe und niedrige Kräfte vereinigt und der PARACELSISCHEN Vorstellung vom Menschen als Mittelpunkt zwischen Himmel und Erde entspricht.

Analogiedenken

Diese Idee der Entsprechung von »oben« und »unten« werden wir auch auf den folgenden Tarotbildern immer wieder antreffen. Sie ist u.a. Ausdruck eines noch wenig geschärften begrifflichen Denkens. In der archaischen ›Sprache‹ treten Unterscheidung und klare Formulierung hinter Ahnung und Empfindung zurück (vgl. auch Karten II - V).

Vorwegnahme der Ganzheit

Wie in der Doppelnatur des archetypischen Kindmotives spiegelt sich in der Körperhaltung des Gauklers die *Einheit des Gegensatzes* als eine im Grunde irrationale, nur schwer faßbare Größe, die sich unserer unmittelbaren Erfahrung zumeist entzieht. Dies mag im Bild auch darin angedeutet sein, daß der Tisch über den Rand hinaus in unbekannte Räume reicht! Nach JUNG treten solche Ganzheitssymbole auf mythischer und individuellpsychologischer Ebene sowohl am Anfang wie am Ende eines Entwicklungsprozesses auf, was ihn zur Annahme eines ›apriorischen Vorhandenseins einer Ganzheitspotentialität‹ veranlaßte. Der Individuationsprozeß ziele auf die Verwirklichung dieses Potentiales.

Diese hypothetische Betrachtungsweise kann uns bei der Deutung des inneren Zusammenhangs zwischen dem ersten Arkanum und den Bildern, die gegen Ende des Tarotweges auftreten, behilflich sein: In ihnen wird das Kindmotiv von neuem aufgegriffen. Dies zeigt sich nicht nur in der Figur des Narren, sondern auch im Zwillingspaar von Bild XIX-Die Sonne und in der Gestalt des aus dem Grab emporsteigenden Kindes von Karte XX-Auferstehung. So kann das spielende Kind des Anfangs (Bild I) gleichsam als potentielle Vorwegnahme eines sich der seelischen Ganzheit annähernden Individuationsprozesses gedeutet werden, d.h. es wird, indem es von Anfang an schon eine Projektion der un-

Ziel Selbstverwirklichung

bewußten Ganzheit war, zum Ziel der Selbstverwirklichung menschlichen Wesens. In diesem Sinne läßt sich auch das Detail interpretieren, daß der Gaukler auf die *runde* Münze zeigt oder eine solche zwischen den Fingern hält.

Daß das Ziel der Ganzheit wiederum mit dem Kindsymbol umschrieben wird, hängt – um in der JUNGschen Terminologie zu bleiben – mit der Natur des Selbst zusammen, in dem der Konflikt des Gegensatzes Bewußtes/Unbewußtes und damit auch das männlich-weibliche Gegensatzpaar Animus/Anima zur Ruhe kommt. In der Vorstellung vom geschlechtslosen oder hermaphroditischen göttlichen Kind tritt dieses Moment mythisch in Erscheinung (JUNG 1976, 165 ff.).

Wie das »Kind« taucht auch das Uroborossymbol sowohl am Anfang wie am Ende des Tarotspiels auf. Der Kreis scheint sich zu schließen (vgl. Karte XXI-Die

Am Anfang des Kreises

Welt). »So überwölbt das Große Runde des Uroboros das Leben des Menschen, ihn umfassend am Beginn in der Kindheitsfrühe und ihn – in veränderter Gestalt – wieder aufnehmend am Ende« (NEUMANN 1974, 41).

Zwischen den Polen von Anfang und Ende liegt die Entwicklung des Menschen.

Gemäß der Symbolik des 1. Arkanums verfügt der Mensch zu Beginn dieses Prozesses über ein gewisses Entwicklungspotential oder Anfangskapital, d.h. er kommt nicht als »Tabula rasa« auf die Welt: Auf dem Tisch liegen verschiedene Gegenstände, die als Werk-

Werkmeister und Werk

zeuge zum Gebrauch aufrufen: Stab, Münze, Schwert und Pokal. *Der Mensch steht gleichsam an der Werkbank seines Lebens. Er ist gleichzeitig Werkmeister und ›Werk‹.*

Das Handwerk, auf das er sich verstehen muß, ist die Austragung seiner Existenz. Die Entfaltung der ihm potentiell zur Verfügung stehenden Seinsmöglichkeiten vollzieht sich im unmittelbaren Sich-ansprechen-lassen

von demjenigen und im Antworten-können auf dasjenige, was geschieht. Stab, Münze, Schwert und Pokal verweisen auf die Seinsweise des Menschen, die HEIDEGGER (1972) *das umsichtige Besorgen* nennt. Dieses gehört zur Grundverfassung des Daseins als In-der-Welt-sein. Im gebrauchenden Umgang mit den »zuhandenen« Dingen zeigt sich die Bedeutung der Dinge ebenso wie die Bedeutung des Menschen.

So verweisen die vier ›Werkzeuge‹ des ersten Arkanums auf verschiedene Lebensweisen, deren Vollzug sowohl positive wie negative Gestalt annehmen kann.

Die vier magischen Werkzeuge

Der *Stab*, auch Keule, Knüttel oder Stecken genannt, ist ein ursprüngliches Werkzeug, das uns die Natur selber bietet und ohne weitere Kenntnis von jedermann benützt werden kann. Er war sowohl lebenswichtige Waffe des Urmenschen als auch »Waffe der Massen« und steht für die Fülle der Geräte, die der Mensch im Laufe der Geschichte entwickelte, um sich gegenüber der ihn umgebenden Natur zu behaupten. Balken oder Stützpfeiler sind in unserem Kulturbereich die Grundelemente, aus denen jedes Bauwerk entstand. Ein Bündel zusammengebundener Stecken galt bei vielen alten Völkern als Sinnbild der Einheit und Gemeinschaft. Im Zepter tun sich Autorität, Macht und Herrschaftsmöglichkeit des Menschen kund. Der Zauberstab ist eine magische Waffe, mit der die Welt verwandelt, manipuliert und auch beschützt werden kann.

Bedeutungen des Stabs

Im Tarot erscheint der Stab auch als Stecken, der mit Knospen geschmückt oder von Flammen umgeben ist, d.h. als Sinnbild für die göttliche Schöpferkraft in Wald und Feld und als Symbol für das Lebensfeuer. Der Stock läßt sich auch als Wanderstab gebrauchen. Auf ihn kann sich der Mensch beim Gehen stützen. In übertragenem Sinne mag diese Stütze das sich im Verlaufe des Lebensprozesses ständig mehrende Erfahrungsgut des Menschen veranschaulichen, das diesem das Gehen auf den unwegsamen und hindernisreichen Pfaden durch das Leben erleichtert (vgl. Bild IX-Der Eremit und 0/XXII-Der Narr).

Es gibt auch Versuche, die vier großen Symbole des Tarot verschiedenen Gesellschaftsschichten oder »Kasten« zuzuordnen (Golowin 1975). Zu der »Keule« gehören alle Menschen, die mit ihren Körperkräften unmittelbar die Erzeugnisse der Natur gewinnen, die Bauern, Bauarbeiter der Erdschätze und Handwerker.

Bedeutungen der Münze

In den *Münzen* spiegelt sich die Möglichkeit des handelnd-verhandelnden Umgangs mit materiellen Werten, auch im anonymen Miteinander des Marktes. Sie stehen im Kontext von Geben und Nehmen, Besitz, Reichtum, Erwerb, Lohn, Geiz, Habgier u.ä. Es gibt echte und falsche Münzen, weshalb sie symbolgeschichtlich auch als Kriterium von Wahrheit und Lüge, Wissen und Nichtwissen erscheinen. Den Wahrsagern gelten die runden Geldstücke als Symbol für Umwertung und Verwandlung aller Dinge und als Verbindungsbrücke zwischen den Erdteilen. Im »Reich der Münzen« herrschen Händler und Kaufleute.

Bedeutungen des Schwerts

Das *Schwert* verweist auf die Möglichkeit der kämpferisch-aggressiven, erobernden oder vernichtenden Auseinandersetzung. Es steht im Dienst von Offensive und Defensive und erscheint in seiner trennenden und unterscheidenden Funktion auch als Symbol des Wortes und der geistigen Klarheit (vgl. Karte VI-Die Entscheidung und Karte VIII-Justitia). Zu seiner Handhabung braucht es Geschicklichkeit und Können. Im Unterschied zu den hölzernen Keulen oder Stäben ist das Schwert das Produkt eines uralten Handwerkes. Seine Herstellung erfordert die Kunst der Metallgewinnung und -bearbeitung (dasselbe gilt auch für Münze und Kelch). Die Schwerter gehören der Kriegerkaste an.

Bedeutungen des Kelchs

Der *Kelch*, der Pokal oder das Gefäß erscheint in den meisten Religionen als Sinnbild für gottesdienstliche Bräuche und Priesterschaft. Kelche und Schalen versammeln den alles gebärenden, reinigenden und wieder in sich zurücknehmenden Urstoff Wasser. Taufbad und Waschungen sind gelebtes Gleichnis der Erneuerung des Lebens und der seelischen Wiedergeburt. In der Ostkirche bedeutet das Taufbecken der Mutterschoß der Kirche.

So wird im Pokal die Möglichkeit des empfangenden Offenseins, des versammelnden Bewahrens, des Umgießens und Wandelns in ursprünglicher Weise offenbar. Die offene Schale kann uns in ihrer Bedeutungsfülle zum Sinnbild unserer eigenen Existenz werden: »Nur das, was in uns, wie in eine offene Schale, hineinfällt, kann seine Kreise ziehen, wie ein Stein, der widerstandslos in ein stilles Wasser fällt« (DÜRCKHEIM 1975).

II, III, IV, V
Päpstin, Herrscherin, Herrscher, Papst

II
Hohepriesterin ב

III
Die Herrscherin ג

IIII
Der Herrscher ד

V
Der Papst ה

Die dem ersten Arkanum folgenden vier Karten bilden eine mehr oder weniger in sich geschlossene Ganzheit. Sie besteht aus den Paaren »Päpstin, Hohepriesterin« (II) / »Papst, Hohepriester« (V) und »Herrscherin (III) / »Herrscher« (IV).

Alchemistisches Gedankengut

Die Analyse dieser Bilder wird zeigen, daß es sich hier um typisch alchemistisches Gedankengut handelt, das sich psychologisch interpretieren läßt. Damit gewinnen wir nicht nur Einblick in die den Tarotbildern zugrundeliegende Stufe der Bewußtseinsentwicklung, sondern erfahren darüber hinaus auch etwas über das Wesen des Menschen überhaupt.

Unsere Interpretation stützt sich hier besonders auf die JUNGsche Archetypenlehre, die wir gleichsam als Arbeitshypothese nehmen. An dieser Stelle sei betont, daß es sich dabei um *eine Möglichkeit* der Deutung handelt. Die JUNGsche Terminologie eignet sich in besonderer Weise, ein wenig Ordnung in die aus den verschiedensten mythischen und religiös-philosophischen Lehren zusammengesetzte Tarotsymbolik zu bringen. Es lassen sich mit ihr gewisse Kategorien von Erlebens- und Verhaltensgrundmustern herausschälen, die den geschichtlichen Wandel des Menschen überdauern und, weil allgemeinmenschlich, auch ortsunabhängig sind.

Seelische Grundtatsache

Nach JUNGscher Theorie ist das primäre Gegensatzpaar Bewußtes/Unbewußtes eine »seelische Grundtatsache«. Die Gegensatzproblematik ist ein zentrales Thema im Tarot. Ähnlich wie das alchemistische ›Große Werk‹ läßt sich der Tarotweg, wie bereits einleitend erwähnt, psychologisch als eine Art Individuationsmythos oder Bewußtwerdungsprozeß interpretieren, der die Vereinigung der dem Menschen innewohnenden Gegensatznatur zum Ziele hat. Wir werden diese Problematik vor allem bei der Besprechung von Karte VI-Die

Entscheidung und VII-Der Wagen erörtern, doch ist sie auf fast allen Tarotbildern angedeutet. So finden wir überall Dualitäten: zwei Menschen, Tiere, Köpfe, Gesichter, Säulen, Türme, Krüge, Schlüssel, Farben etc. Jedes Element hat seine Entsprechung, jedes Teil sein Gegen-Teil. Sowie zum Herrscher eine Herrscherin gehört, wird dem Papst eine Päpstin an die Seite gestellt.

Coniunctio Oppositorum

Das archetypische Motiv der *Coniunctio,* der Verbindung und der Aufhebung der Gegensätze, wurde von jeher auf göttliche und königliche Figuren projiziert. Die Erhöhung der menschlichen Figur zum Herrscher oder zur Gottheit, sowie ihre ›untermenschliche‹, tierhafte Darstellung, die wir im Tarot mehrfach antreffen, weist nach JUNG auf den bewußtseins-transzendenten (bewußtseins-übersteigenden) Charakter der Gegensatzpaare hin. Sie bilden die typische Erscheinungsweise des paradoxen Selbst, der menschlichen Ganzheit.

Die Schwierigkeit im Tarot besteht darin, daß es keine einheitliche Systematik gibt, die konsequent auf die *coniunctio oppositorum*, auf die Einheit der Gegensätze, als höchstes und letztes Ziel hinführt. Das Polaritätsprinzip taucht vielmehr immer wieder, in verschiedensten Varianten, manchmal beinahe unwillkürlich auf.

Verschiebungen und Überschneidungen

Manchmal läßt sich zwischen einzelnen Karten auch eine progressive Entwicklung in der Lösung des Gegensatzproblemes feststellen, dann wieder sind rückläufige Tendenzen zu beobachten. Dieses uneinheitliche Moment im Aufbau – daneben gibt es auch einigermaßen konsequente Abfolgen mit innerem Sinnzusammenhang – führt dazu, daß wir auf derselben Karte bisweilen verschiedene oder gar widersprüchliche Elemente und umgekehrt auf verschiedenen Karten Ähnliches und Identisches vorfinden.

Wie im Traum und im Mythus kommt es also zu Verschiebungen und Überschneidungen von Bildern, was hypothetisch mit der Arbeitsweise des Unbewußten in Zusammenhang gebracht werden kann: Die Verschiebungen und Überschneidungen entstammen dem sog.

Primärvorgang (einer anfänglichen Organisation des Bewußtseins), in dem keine formale Logik herrscht. Auf der andern Seite wären solche Verschiebungen und Überschneidungen nicht möglich, wenn zwischen den Bildern nicht auch eine Wesensgleichheit der Substanzen bestünde (Jung 1972, 40f.). Was von dem einen ausgesagt wird, gilt auch vom anderen. Gehörten diese Bilder dem System des Bewußtseins an, wären sie unterscheidbare Begriffe, so aber fließen sie ineinander über.

Bilderfolge ohne formale Logik

Die einander gegenseitig ergänzenden Paare »Herrscherin/ Herrscher« und Päpstin/Papst« sind auch sonst psychologisch interessant. Als Repräsentanten von geistig-religiöser und weltlicher Macht nehmen sie in der Geschichte des Menschen eine überragende Stellung ein. Bei allen vier Figuren handelt es sich, wenn wir von ihrer allgemein-historischen Bedeutung abstrahieren, um ausgezeichnete, in der Vorstellung des Menschen tiefverwurzelte archetypische Größen, die in unbewußter Anerkennung ihrer enormen psychischen Kräfte zu obersten formulierenden und regulierenden Prinzipien des religiösen und politischen Lebens erhoben wurden. Jede einzelne dieser Figuren verkörpert eine besondere Form von Autorität, die sowohl positive wie negative Gestalt annehmen kann.

Psychische Kräfte

Psychologisch lassen sich die beiden Paare als ›Bilder der Eltern‹, als *Eltern-Imagines*, d. h. als Projektionsträger der Kindheitsseele der Menschheit, interpretieren. Besonders in der christlichen Tradition, von der vieles in die Symbolik der Alchemisten eingeflossen ist, wird die Vater-Mutter-Welt des Kindes durch eine reiche, auf patriarchalischen und hierarchischen Prinzipien ruhende Analogiesymbolik abgelöst.

Bilder der Eltern

So erscheinen »Päpstin, Papst; Herrscherin, Herrscher« in der Tarotliteratur als Ratgeber, Schutzfiguren, Repräsentanten von Macht, Gesetz, Ordnung, Moral, Wissen, Strenge, Härte, Tyrannei. Als solche sind sie Gegenstand der Verehrung und Angst. Das große Gewicht, das diese Kartenvierheit innerhalb des ganzen Arkanums einnimmt, weist auf die dem Tarot zugrun-

deliegende, noch kindlich-unreife psychologische Gesamtsituation hin.

Die Verbindung der vier Bilder zur Karte I-Der Pagat/Magier kann auch in Zusammenhang mit der persönlichen Entwicklung des Menschen gesehen werden: Die ersten Bezugspersonen sind die Eltern, deren Einstellung, Werte und Tradition das Kind entscheidend prägen. Erst der Reifeprozeß ermöglicht eine kritische Auseinandersetzung mit dem Überlieferten und die individuelle Suche nach neuen Werten. Die Macht der Eltern wird dann in gewissem Sinne von derjenigen des Kollektivs, der gesellschaftlichen, religiösen und staatlichen Instanz abgelöst.

Erste Bezugspersonen

Die Auseinandersetzung mit Tradition und überlieferten Werten bedeutet oft Erneuerung und Veränderung allgemein anerkannter Prinzipien. In diesem Sinne kann der Untergang des Herrschers auf Karte XIII-Tod als Erneuerung einer bisher gültigen kollektiven Überzeugung oder traditionellen Anschauung interpretiert werden.

Alte und neue Wertvorstellungen

Diese ›Wandlung‹ bedeutet hier weniger die Veränderung einer bestimmten Weltanschauung innerhalb einer Gesellschaft als vielmehr die Wandlung des sich in der Entwicklung befindlichen Menschen. Psychoanalytisch gesprochen, handelt es sich um die Konfrontation und Bewußtmachung der dem Menschen innewohnenden Introjekte (der verinnerlichten Auffassungen), was einer ›Verarbeitung‹ oder eben ›Wandlung‹ gleichkommt.

Wege zur Wandlung

Wir wollen die vier Bilder nun im einzelnen betrachten, doch werden wir »Päpstin« (II) und »Papst« (V) sowie »Herrscherin« (III) und »Herrscher« (IV) für die Interpretation zusammennehmen, handelt es sich doch jeweils um die gegengeschlechtliche Entsprechung einer und derselben Rollenthematik.

Päpstin und Papst

Die *Päpstin*, auch »Hohepriesterin«, »Isis« oder »Juno« genannt, sitzt majestätisch auf einem Thron, dessen Rücklehne teilweise durch zwei Säulen eingerahmt wird. Ihr langes weites Gewand fällt breit herab. Auf dem Haupte trägt sie eine Tiara. Das Gesicht ist halb verhüllt durch einen Schleier, der in eine Art Vorhang übergeht und die Sicht in den Hintergrund verdeckt. In den Händen hält die Päpstin ein Buch, manchmal auch zwei Schlüssel.

Thron und Schleier

Mit der allmählichen Bewußtwerdung beginnt sich die gegensatzlose All-Einheit des Unbewußten zu spalten und zu differenzieren. Aus der Eins, dem Punkt, wird die Zwei, das Streben nach links und nach rechts. Dies ist auf der zweiten Tarotkarte durch verschiedene, im Vergleich zur ersten Karte neu auftretende, einander jedoch ergänzende Gegensatzpaare angedeutet: Abgesehen von den zwei Säulen und Schlüsseln finden wir teilweise auch einen schwarzweiß getäfelten Boden, sowie das chinesische Yang-Yin-Zeichen, das die männlich-weibliche Entsprechung alles Seienden symbolisiert. Letzteres ist ein Beispiel dafür, wie sich die Tarotsymbolik manchmal gleichsam »mixturartig« zusammensetzt. In der Darstellung bei Oswald Wirth befindet sich auf derselben Karte noch eine Sphinxfigur. So versammeln sich in *einem* Bild Stücke des christlichen, hellenischen, ägyptischen, indischen und chinesischen Gedankengutes. Von überallher werden gleichsam Rosinen herausgepickt und dann ohne Scheu nebeneinandergesetzt, was eher ein Zeichen fehlenden als ausgereiften Kultursinnes ist.

Yin und Yang

Schleier, Vorhang und verhüllender Mantel der Päpstin weisen auf das frühe Stadium der Bewußtseinsentwicklung hin. So ist auch der Blick der Päpstin meist gesenkt. Der Vorhang verweist auf geheimnisvoll Verborgenes, noch Verhülltes. Er wird auch mit dem Schleier der Maya, der nach indischer Vorstellung *das wahre Wesen* alles Seienden verdeckt, oder mit der Trennung

Der notwendige Vorhang

von Diesseits und Jenseits sowie mit dem Geheimnis des Okkultismus in Zusammenhang gebracht. Das Mysterium, das es zu entschlüsseln gilt, das Rätsel der Sphinx, ist das *Wesen des Menschen,* das sich nur in der Begegnung mit sich selbst wirklich erahnen läßt.

Ähnlich wie das alchemistische ›Werk‹ stellt der Tarotweg im Grunde ein individuelles Unternehmen dar, eine *Entdeckungsreise* gleichsam, bei der der einzelne Mensch sein Ganzes in die Waagschale wirft. Während die Wirklichkeit der eigenen Seele auf dieser frühen Stufe der Bewußtseinsentwicklung jedoch noch mehr oder weniger unreflektiert nach außen projiziert wurde, zielt die Psychologie des Unbewußten, der die Alchemisten gleichsam vorgearbeitet haben, nach Auflösung dieser unbewußten Projektionen, nach einer bewußten Integration derselben in das Gesamt der eigenen Persönlichkeit.

Tarotweg als Entdeckungsreise

Der weite Mantel der Päpstin vermittelt nicht nur den Eindruck von geheimnisvoller Verhüllung, sondern auch von Schutz und Geborgenheit. Wie die »Herrscherin« ist sie eine Vertreterin des Weiblich-Mütterlichen, der Natur. Im Tarot erscheint sie mitunter als die altitalische Göttin der Ehe und Geburt, als Jupitergemahlin Juno, sowie als die ägyptische Muttergöttin Isis. Die Rede von einer ägyptischen Hohepriesterin entbehrt jeder sachlichen Grundlage. Schon eher existierte das Amt der Hierophantin (Hohepriesterin) in den Eleusinischen Mysterien (RIJNBERK 1947, 230).

Schutz und Geborgenheit

Das Buch in den Händen der Päpstin weist zugleich auf ihren belehrenden Charakter hin. Es ist ein Symbol der religiösen Offenbarung und des Dogmas. Die hieroglyphische Bedeutung des 2. Buchstabens des hebräischen Alphabetes »Beth« ist ›Mund‹, ›Sprechorgan‹. Kabbalistisch entspricht er der 2. Sephirot oder Emanation Gottes, Chochmah, der theoretischen Vernunft. Die Unterweisung erfolgt hier demnach auf theoretischem Wege. Die Päpstin wird zu einer Instanz des Wissens und besitzt eine ratgebende Funktion.

Mund und Meinung

Als Verkünderin des göttlichen Wortes vermittelt sie zwischen Himmel und Erde, zwischen Gott und

Mensch. Ihr numinoser Charakter und die Beziehung zum Überirdischen ist auch aus der graphischen Struktur der Karte ersichtlich: Ähnlich wie manche gotischen Portalfresken läßt sie sich graphisch in ein Viereck (Unterkörper) und ein darüber befindliches Dreieck (Oberkörper und Kopf) gliedern, was einer Aufteilung in irdische und himmlische Welt gleichkommt. Die Höhe des Dreieckes ist hier größer als seine Basis (Grundlinie). Im Marseiller Tarot wird der vorhangartige Schleier zudem vom oberen Bildrand abgeschnitten, was in beiden Fällen ein Zeichen von Transzendenz und naher Verbundenheit mit dem Göttlichen sein kann.

Zeichen von Transzendenz

Es ist naheliegend, die Päpstin mit der christlichen Kirche, der *Mater Ecclesia* zu identifizieren. Seit Paulus kennt man die Kirche als Braut Christi. Da der Papst als Stellvertreter Christi gilt, ist die Kirche seine Braut. Ein Kartenspiel aus dem späten 15. Jahrhundert (Israhel von Mechenen) verdeutlicht die Beziehung zwischen Päpstin und ›Mutter Kirche‹: Im Hintergrund der Päpstin ist eine Kirche zu sehen. So sind der Papst als ›Pater patrum‹ (Vater der Väter, Obervater) und die Ecclesia Mater (Mutter Kirche) die *Eltern der Christenfamilie*.

Priesterin und Hexe

Dieses Bild ist aber auch in anderer Hinsicht interessant: Die Päpstin ist von *hexenhaftem* Aussehen. Dies ist ein typisch mittelalterliches Motiv, kamen im Mittelalter doch einige Päpste, die sich durch große Gelehrsamkeit, sittenlosen Lebenswandel oder politische Aktivität hervortaten, in den Ruf, mit dem Teufel im Bunde zu stehen. – Die Frage, ob die Päpstin eine historische Figur ist oder nicht, ist für die Interpretation von sekundärer Bedeutung.

Eine Frage des Bewußtseins

Wenn wir mit Jung davon ausgehen, daß die alchemistischen Bildprodukte wie die Traum- und Phantasiebilder *Symbole*, d.h. bestmögliche Formulierungen noch unbekannter bzw. unbewußter Tatbestände sind, die sich meist kompensatorisch zum Bewußtseinsinhalt bzw. zur bewußten Einstellung verhalten, so liegt der Schluß nahe, daß die durchgängige *Betonung der Ein-*

heit alles Gegensätzlichen und das wiederholte, beinahe zwanghafte Darstellen von einander entsprechenden, sich gegenseitig aufhebenden Gegensatzpaaren ein dissoziiertes Bewußtsein voraussetzt.

Für die Evokation (Hervorrufung, Herbeirufung) des Einheitsarchetypus bedarf es nach JUNG einer bewußten Notlage. Daraus läßt sich folgern, daß sich die Gestalter der Tarotkarten in der damaligen christlichen Weltanschauung nicht aufgehoben fühlten, obschon sie von deren Wahrheit überzeugt schienen, worauf auch rein äußerlich die christliche Kleidung einiger Tarotbilder hinweist. Andere Karten beinhalten wieder Mythen oder Teile von Mythen heidnischen Ursprungs, was dem Ganzen ein recht skurriles, mitunter groteskes Gepräge gibt und den Vergleich mit der Welt des Unbewußten und seiner Phantasieprodukte nahelegt.

Skurrile Züge

Nach JUNG basiert der den alchemistischen Projektionen zugrundeliegende unbewußte Komplex auf der Geistzentrierung der christlichen Kirchenlehre. Der Alchemist, dessen ›Großes Werk‹ vornehmlich physischer Natur war, kam jedoch über die Wirklichkeit des körperlichen Lebens nicht hinweg und versuchte deshalb, die durch die Gottesvorstellung antizipierte Einheit durch Verbindung der *unio mentalis* (der geistigen Einheit) mit dem Körper zu verwirklichen. Da dieser nach christlicher Vorstellung aber sündig und korrupt und nur der innere Mensch, die Seele erlösungsfähig war, kam es zu einer Spaltung des Bewußtseins in eine geistige und physische Persönlichkeit. Diese versuchten die Alchemisten durch die Extrahierung einer reinen, inkorrupten, würdigen Quintessenz zu überbrücken. Im Tarot erscheint dieses geistig-physische Gegensatzpaar verschiedentlich auf ein und derselben Karte in transzendierter, d.h. die Spaltung aufhebender Form. Die Idee der Entsprechung von ›oben und unten‹, ›hell und dunkel‹, ›gut und böse‹ usw. kann, wie wir gesehen haben, hypothetisch als Ausdruck des unbewußten Versuches, die Spaltung von Geist und Materie kompensatorisch zu überbrücken, interpretiert werden (JUNG 1972).

Weg zur Einheit des Geistes

Die männliche Entsprechung zum zweiten Tarotbild ist der *Papst* auf Karte V. Nach PAPUS, der den Tarot nach kabbalistischen Gesichtspunkten zu interpretieren versucht, bilden jeweils die zwei Karten, deren Zahlensumme 7 ergibt, eine Einheit: II (Päpstin) + V (Papst) = 7. Und: III (Herrscherin) + IV (Herrscher) = 7.

Wie die Päpstin befindet sich auch der Papst auf einem Thron mit zweisäuliger Rückenlehne, trägt ein weites, umhüllendes Gewand, das wieder den Eindruck von Schutz und Geborgenheit vermittelt, ferner eine Tiara und zum Zeichen seiner Reinheit manchmal auch Handschuhe. Als Attritut von Attis, Mitra, Ceres und Kybele symbolisierte die dreifache Krone die Herrschaft über Himmel, Erde und Unterwelt. Die Tiara des Papstes ist ein Symbol seiner Souveränität als Vater, Fürst der Erde und Stellvertreter Christi. Außerdem wird sie mit der Trinität, sowie mit den drei göttlichen Tugenden, Glaube, Hoffnung, Liebe in Zusammenhang gebracht. Die Handschuhe wurden frühestens ab dem 10. Jahrhundert zum Bestandteil der liturgischen Kleidung. RIJNBERK vermutet, daß die Papstfigur im Tarot nach einer Vorlage des späten 13. Jahrhunderts entstanden ist.

Tiara und Handschuhe

Im Tarotbild wird der Papst meist als alter Mann mit weißem Bart und väterlich-gütigem Blick dargestellt. In der linken Hand hält er ein Zepter, das in einem dreifachen Kreuz endet und ähnliche Bedeutung wie die Tiara hat. Mit der Rechten macht er eine segnende Gebärde über zwei im Vergleich zu seiner erhabenen Größe recht klein erscheinenden Priestern oder Mönchen mit Tonsur. Dieser Haarschnitt spielt auf das zentrale Thema der Wandlung an, ist das Scheren des Haupthaares doch seit alters mit der Weihung, d.h. mit der geistigen Wandlung oder Initiation verknüpft. So hatten beispielsweise die Isispriester kahlgeschorene Schädel zum Zeichen dafür, daß der Gewandelte ein neugeborenes Kind, ein Neophyt mit noch kahlem Kopfe sei.

Tonsur: Offenheit und Neugeburt

Der eine der beiden Mönche erhebt seinen Blick zum Papst, während der andere sich in Bittstellung vor ihm

neigt. Ihre Kleidung und Haarfarbe weist darauf hin, daß es sich auch bei ihnen um einander kompensierende Gegensatztypen handelt.

Der Papst verkörpert, wie kaum ein zweiter, eine Vaterfigur, was schon sein Name, der sich vom griech. pappas herleitet, deutlich macht. Das Oberhaupt der katholischen Kirche gilt als Nachfolger des Apostelfürsten und Stellvertreter Christi und besitzt die unmittelbar von Gott stammende oberste Hirtengewalt. Diese umschließt die höchste, von jeder menschlichen Gewalt unabhängige Herrschaft im kirchlichen Bereich sowie die oberste Lehrgewalt. Als höchster Gesetzgeber und Richter der Gläubigen gilt er in Glaubens- und Sittenfragen als unfehlbar. Die Amtsvollmacht des rechtmäßig gewählten Papstes wird durch persönliche Sündhaftigkeit nicht aufgehoben, wohl aber durch öffentliche Häresie und Schisma von seiner Seite, da er nur als Glied der Kirche ihr Oberhaupt sein kann. Der Ehrentitel Pontifex Maximus weist auf seine Mittlerrolle hin: Der Papst stellt die Verbindung zwischen Gott und der Welt her.

Stellvertreter Gottes

Wie die Päpstin hat der Papst im Tarot mit religiöser Unterweisung und Vermittlung von geistig-geistlicher Traditionsweisheit zu tun. Die schutzgewährende segnende Geste hat auch etwas Belehrendes und Mahnendes. Ihr Sinn liegt in der Übermittlung der göttlichen Kräfte. Die demütig-verehrende, fast unterwürfige Haltung, die dem Papst von den beiden Mönchen entgegengebracht wird, zeugt von seiner überragenden Macht und Bedeutung. Als anerkannter Stellvertreter Jesu Christi auf Erden, als Diener seiner Dienstbarkeit ist er selbst vom Nimbus des Göttlichen umgeben. »Die sinnliche Wahrnehmbarkeit der religiösen Gestalt unterstützt in gewissem Sinne die Überleitung der Libido auf das Symbol, vorausgesetzt, daß die Verehrung nicht beim sichtbaren Gegenstand überhaupt stehen bleibt« (JUNG 1973, GW 5, 223).

Segen und Mahnung

Herrscherin und Herrscher

Päpstin (II) und Papst (V) umrahmen das Herrscherpaar, die Karten III und IV. Die Aufteilung in die beiden Paare entspricht dem Gegensatz von irdischer und geistiger Welt. Der Konflikt zwischen der Weltlichkeit und dem Willen Gottes wurde dem mittelalterlichen Menschen durch die Jahrhunderte hindurch vom Gegensatz zwischen kaiserlicher und päpstlicher Macht demonstriert. Auf moralischem Gebiete spitzte er sich zum Kampfe zwischen Gut und Böse zu.

Kaiser und Papst

Die spezielle Anordnung der vier Karten im Tarot, ihre gegenseitige Durchdringung und Umrahmung zeugt erneut vom kompensatorischen Bedürfnis, jede Dualität zu transzendieren: Zwischen Physis/Natur/Welt (Herrscherpaar) und Geist (Papst/Päpstin) besteht ein Komplementärverhältnis; das eine ist das Spiegelbild des anderen. So repräsentiert das königliche Paar auf Erden, was die göttlichen Stellvertreter an ›himmlischer Macht‹ innehaben. Die vier Karten bilden zusammen eine *Quaternität*, die ja ebenfalls als Symbol der Ganzheit gilt.

Himmel und Erde

Die Betonung der Einheit von Geist und Materie kommt besonders deutlich im Bild der Herrscherin zum Ausdruck, die auch »Venus-Urania« und »Himmelsherrscherin« genannt wird.

Der dieser Karte zugeschriebene Buchstabe Ghimel bedeutet die Kehle des Menschen, was nach Haich (1972) ein Symbol der materiellen Offenbarung geistiger Ideen ist. In der Kabbala ist der 3. Buchstabe des hebräischen Alphabetes der 3. Sephirot und entspricht Binah, der praktischen Vernunft.

Symbol materieller Offenbarung

Bei der Herrscherin handelt es sich wieder um eine Frau in langem, weitem Gewand, die majestätisch auf einem Thron sitzt und eine Krone aufhat. In den Händen hält sie ein Zepter, das oben im Symbol der Erde, im Reichsapfel, endet, und einen Schild, auf dem ein Adler mit erhobenen Flügeln dargestellt ist. Der Adler galt in der Alchemie als Symbol des Geistes und der

sublimierten Seele. Man glaubte, daß er höher als alle anderen Vögel fliege, weshalb er zum Sinnbild für die Bezähmung niederer Kräfte und geistige Entwicklung genommen wurde. Statt des Adlers finden wir in einer von ägyptischer Symbolik inspirierten Ausgabe auch den Horusfalken, ein Symbol für das geistige Prinzip, das aus der Vereinigung von Osiris (Bild I) und Isis (Bild II) resultiert. So eröffnet die 3. Karte »Die Herrscherin« auch den »Horusweg«, den Weg der Erkenntnis und des Leidens (WINCKELMANN 1954). Teilweise besitzt auch die Herrscherin selbst Flügel.

Venus und Maria

In der von der OFFENBARUNG DES JOHANNES inspirierten Darstellung bei O. WIRTH finden wir auch Sterne und Mondsichel sowie das Mariasymbol der weißen Lilie, was alles auf das reine und göttliche Wesen dieser Figur hinweist. Auf unserem Tarotbild erscheint das Irdisch-Materielle also in transzendierter Form: Die Herrscherin ist Herrscherin über Himmel und Erde, d.h. sie vereinigt in sich wieder *beide* Aspekte, was sich besonders deutlich in ihrem Zepter zeigt (Kreuz und Globus).

Mutterwelten

Wie die Päpstin verkörpert sie auch den Mutterarchetypus. In einigen Tarotausgaben wird ihre Beziehung zur Erde und Natur mittels mehrerer Pflanzen hervorgehoben, in anderen wieder wird eher ihre Himmelsnähe betont. Wir sehen, daß die Grenzen zwischen ›oben‹ und ›unten‹ auch hier unscharf sind. Auch die Abgrenzung zur Päpstin ist nicht eindeutig, was wieder ein Beispiel für die im Tarot verbreitete Tendenz zu Verschiebungen und Überschneidungen ist.

Helm und Krone

Ähnliches zeigt sich auch bei Karte IV. Der Herrscher, die männliche Entsprechung zu Karte III, besitzt dieselben Attribute wie seine Partnerin, Zepter, Reichsapfel und Adleremblem. Letzteres befindet sich im Vergleich zum vorhergehenden hier mehr in *Erdnähe*. Im Unterschied zur Herrscherin hält der Herrscher den Herrschaftsstab senkrecht in der rechten Hand. Die Krone ist helmartig. Auch die Kleidung hat etwas Kriegerisches. Sie ist ein Zeichen von männlicher Stärke, Macht und Widerstandskraft.

Der Aspekt des Maskulin-Aggressiven tritt eher zurück, sitzt der Herrscher doch mit gekreuzten Beinen, als eine Art väterlicher Herrscher auf seinem Thron. Das Kreuzen der Beine ist eine alte Herrschersitte aus dem Orient, die besonders im französischen Hof des Mittelalters verbreitet war. Sie wird mit der Macht des Herrschers als richterlicher Instanz in Verbindung gebracht. Der durch die Beinstellung angedeutete Schritt nach vorn mag im Tarot auch auf Fortschritt und Evolution hinweisen, wozu auch die halbgeöffnete Blume paßt.

Herrschersitte

In der Tarotliteratur erscheint der Herrscher meist als positive Figur, nicht als Tyrann. Dazu paßt, daß dieser Karte nach kabbalistischer Interpretation der 4. Sephirot, Chesed, welche Liebe und Güte bedeutet, zugeordnet wird.

Der Thron des Herrschers hat die Form eines Würfels. Der Kubus, der auch mit dem *lapis,* dem ›Stein‹ der Alchemisten in Zusammenhang gebracht wird und den wir wieder auf Karte VII-Der Wagen antreffen, ist die einfachste Kristallisationsform der Materie, weshalb er auch als Symbol für die materielle Welt und das Physische gilt. Rudolf Bernoulli zeigt in seiner Schrift »Zur Symbolik geometrischer Figuren und Zahlen« (1934), wie man für die verschiedenen *Aggregatszustände* der Materie sowohl planimetrische wie stereometrische, d.h. zweidimensionale und dreidimensionale Symbole verwendete. Letztere sollen zum erstenmal in Platos »Timaeus« Erwähnung gefunden haben. So wird das lodernde Feuer durch den Tetraeder (›Vierflächengebilde‹, zum Beispiel Pyramide), das Wasser durch den allseitig drehbaren Ikosaeder (›Zwanzigflächengebilde‹), die feste Erde durch den Würfel, die Luft durch den Octaeder (›Achtflächengebilde‹), wiedergegeben. Der 5. Zustand, der allerfeinste hypothetische Grundstoff der *Quinta Essentia*, hat das geometrische Symbol des Dodekaeder (›Zwölfflächengebilde‹), der alle Elemente der übrigen regulären Polyeder (›Vielflächengebilde‹ oder ›Vielflächenkörper‹) in sich schließt.

Energieformen

Die Herrschaft des *Herrschers* betrifft demnach den Bereich des *Irdischen*. Auch diese Figur läßt sich als Vaterbild, als *Vater-Imago* deuten. Wie der Papst ist der Herrscher eine übergeordnete, einflußreiche Instanz, der hier eine wohl ähnliche Bedeutung wie im Märchen zukommt. Die kindliche Psyche neigt dazu, übermächtigen Figuren königliche, herrscherhafte Attribute zuzuschreiben. Mit der Autorität des Herrschers verbindet sich Gesetz, Sitte und Ordnung in weltlichen Belangen, Wille, Macht, Reichtum und Schutz.

Der Herrscher und sein weibliches Pendant sind aber auch ein häufiges Motiv der Alchemie, was für die psychologische Deutung neue Perspektiven eröffnet.

Häufiges Motiv der Alchemie

Nach JUNGscher Auffassung drückt die herrschaftliche Qualität der Figuren, wie das wirkliche Herrschertum, deren archetypischen Charakter aus, d.h. es handelt sich um kollektive Figuren, die einer Vielzahl von Menschen gemeinsam sind. Als ausgezeichnete, das Gewöhnliche überragende Persönlichkeit werde der Herrscher zum Träger des Mythus, d.h. der Aussage des kollektiven Unbewußten, was sich schon rein äußerlich in den Symbolen des Herrschertums zeige. Die Krone steht in Beziehung zur Sonne, der juwelenbestickte Mantel entspricht dem Sternenhimmel und der Reichsapfel der Welt. Dem Herrscher wurden durch die ganze Geschichte hindurch, vor allem im Alten Ägypten, göttliche Attribute zugesprochen. Noch in jüngster Zeit bestand das königliche Gottesgnadentum. Die hohe Bedeutung des Herrscher- und Königtums ist nach JUNG »ein psychisches Apriori, das in die Tiefe der Primitivität und der Prähistorie hinunterreicht und daher einer natürlichen Offenbarung der seelischen Struktur gleichkommt« (1972, 2).

Träger des Mythus

Die alchemistische Königssymbolik lehnt sich an das Königtum Christi in der christlichen Anschauungswelt an. Ihr vornehmster Stoff ist das königliche Gold, das wiederum dem alchemistischen ›Stein‹ entspricht. In einer Tarotausgabe finden wir denn auch einen goldenen würfelförmigen Thron vor. Der Stein der Alchemisten

Gesucht: Das königliche Gold

ist ein lebendiges Wesen aus corpus, animus und spiritus und deshalb leicht zu personifizieren als göttliches Lebewesen oder als ›ausgezeichneter‹ Mensch, wie eben beispielsweise als König und Herrscher.

Goldsuche und Reifeprozeß

Wie jeder Archetypus ist auch der Herrscher nicht bloß ein statisches Bild. Er bedeutet zugleich einen Prozeß, d.h. einen dynamischen Ablauf. Die Goldsuche der Alchemisten, deren Prozeduren häufig das Motiv der Königswandlung beinhalten, läßt sich psychologisch als Reifeprozeß des menschlichen Bewußtseins deuten. Die Wandlung des Königs aus einem unvollkommenen Zustand zu einem heilen, ganzen Wesen entspricht der Suche nach der Ganzheit der eigenen Persönlichkeit. Vereinigt kann aber nur werden, was zuvor als Gegensatz erkannt wurde, d.h. der Synthese geht Analyse voraus. In der Alchemie wird diese Naturgesetzlichkeit mehrfach zum Ausdruck gebracht: Zu Beginn trennen sich die Elemente, es kommt zunächst zu Auflösung und Trennung (separatio, divisio, putrefactio, mortificatio, solutio).

Zerstückelung und Neubildung

Häufig ist auch das Zerstückelungsmotiv. Wir finden es im Tarot auf Karte XIII-Tod: Der Wiedergeburt des Herrschers, d. h. des inneren Menschen in neuer, verwandelter Gestalt geht Tod und Vernichtung voraus. Die Wandlung der Herrschersubstanz, die Krönung, Apotheose (Vergöttlichung) und ›Königliche Hochzeit‹ bedeutet die Geburt des ›neuen, wahren‹ Menschen, d.h. eine auf höchster Stufe möglich gewordene Gleichberechtigung von Bewußtem und Unbewußtem, eine erlösende Gegensatzvereinigung (Jung 1972). Dieser »wahre Mensch« ist der gesuchte Lapis Philosophorum, der Stein der Weisen.

Neue Bewußtseinsqualität

Die Apotheose des Herrschers bedeutet die Herstellung einer neuen Bewußtseinsdominante und damit eine Umkehrung des psychischen Potentials: Das Bewußtsein steht nicht mehr unter der Herrschaft des Unbewußten, sondern bildet mit diesem eine Ganzheit. Dem erneuerten Herrscher entspricht dieses erneuerte Bewußtsein, das sich wie die Sonne aus dem nächtlichen

Dunkel des Unbewußten erhebt. So ist der alchemistische *Rex* (König) auch mit *Sol* (Sonne), der Tageshelle der Psyche, synonym.

Auch im Tarot hat *der Herrscher* Beziehung zur Sonnensymbolik: Ordnet man die 22 Karten in zwei Reihen an, so kommt Bild XIX-Die Sonne vis-à-vis von Bild IV-Der Herrscher zu liegen. Die auf diese Weise entstehenden Kartenpaare haben nach allgemeiner Auffassung eine innere Verwandschaft zueinander. Außerdem gehören Karte IV-Der Herrscher und XIX-Die Sonne beide zum sog. Osirisweg. Dies gilt u.a. auch für Bild VII-Der Wagen und XIII-Tod. Der Wagen wird auch oft als Sonnenwagen bezeichnet. In einer Ausgabe ist außerdem auf der 13. Karte eine Sonne zu sehen.

VI
Die Liebenden
Entscheidung, Scheideweg, die Verliebten, Heirat

»Denn an dem Einklang der Weisheit
sind beteiligt rechte und linke Kräfte«
(Acta S. Joannis)

»Zwei Seelen wohnen, ach, in meiner Brust,
Die eine will sich von der andern trennen;
Die eine hält in derber Liebeslust
Sich an die Welt mit klammernden Organen;
Die andere hebt gewaltsam sich vom Dust
Zu den Gefilden hoher Ahnen«
(J.W.v. GOETHE, *Faust*)

Zwei Frauen, ein Jüngling und ein Engel

Das 6. Tarotbild, dessen Bezeichnung je nach Ausgabe variiert, zeigt einen Jüngling, der an einem Scheideweg steht. Auf jeder Seite der Weggabelung befindet sich eine weibliche Gestalt: Die Frau zu seiner Rechten ist eine königlich gekleidete, tugendhaft-sittsame und ›vergeistigte‹ Figur, deren Antlitz halb verdeckt ist, da sie uns den Rücken kehrt. Diejenige zur Linken hingegen wirkt freizügig-verführerisch, teilweise ist sie auch nackt dargestellt, was ihren sinnlich-erotischen Charakter noch betont. Beide Frauen versuchen den Jüngling auf ihre Seite zu ziehen. Über ihnen schwebt Amor, dargestellt als nacktes, geflügeltes Kind mit gespanntem Pfeilbogen.

Das Gegensatzproblem

Wie schon bei der Besprechung der Bildpaare »Päpstin« / »Papst« (II/V) und »Herrscherin« / »Herrscher« (III/IV) angedeutet, beherrscht die Gegensatzproblematik den ganzen Tarot. Auch hier steht der Jüngling zwischen zwei Gegensätzen. Wir werden bei der Interpretation von Karte VII-Der Wagen eingehend auf das Gegensatzproblem zu sprechen kommen, d.h. wir werden versuchen, es auf verschiedenen Ebenen, nämlich auf archaisch-mythischer, philosophischer und psychologischer, anzugehen. Hier soll vor allem die psychologische Betrachtungsweise zur Anwendung kommen, wozu sich besonders die Theorie der Analytischen Psychologie anbietet. Zuvor wollen wir jedoch nach dem mythologischen Gehalt des 6. Tarotbildes fragen.

Der Jüngling am Scheideweg erinnert an die bekannte griechische Sage von Herakles, dem auf seinem tatenreichen Weg zwei Frauengestalten, die Tugend (Arete) und die Liederlichkeit (Hedone) begegnen. Beide versuchen ihn für sich zu gewinnen, indem sie mit Worten um ihn werben: Die Liederlichkeit, ein Weibsbild von üppiger Fülle, verführerischer Kleidung und eingebildeter Selbstgefälligkeit, verspricht Herakles ein angenehmes, bequemes und genußvolles Leben, ohne Mühe und Arbeit. Die Tugend, welche die Summe aller wertvollen Eigenschaften im Menschen verkörpert (lat. virtus), macht Herakles auf einen langen und mühseligen Weg zur Zufriedenheit aufmerksam. Sie strahlt Anstand und Adel, Reinheit und Bescheidenheit aus. Im Gegensatz zur Liederlichkeit spiegelt sie Herakles keine Genüsse vor, sondern belehrt ihn, daß es ohne Anstrengung keinen Lohn gebe. Auch wenn es beschwerlich sei, diesen Weg zu gehen, so führe er den Menschen doch zum höchsten Glück. Herakles entschließt sich für den zweiten Weg.

Zwischen Laster und Tugend

Die beiden Frauengestalten verkörpern über ihren spezifischen Bedeutungsgehalt hinaus das Prinzip des Gegensatzes schlechthin, das zur Gesetzmäßigkeit des Lebens gehört: »Nur am Gegensatz entzündet sich das Leben« (Jung, 1971, GW 7, 58). Das Gegensatzproblem ist ein der menschlichen Natur inhärentes Prinzip, das auf mannigfaltigste Weise ›nach außen‹, d. h. zur Darstellung gelangt.

Herakles und die Wahl des Weges

In mythischer und religiöser Form erscheint es vor allem in der Perspektive von Gut und Böse, was auch in der Heraklessage anklingt. Wie in der orphischen und pythagoräischen Tradition, wo die Seele nach dem Tod an eine Weggabelung kommt und nur der Weg nach rechts ins Land der Glückseligen führt, scheint die Wahl, vor der Herakles steht, auf den ersten Blick eine Alternative zu sein. Er geht den Weg des Guten und läßt sich nicht wie Adam zum Bösen verführen. In einigen Tarotausgaben finden wir im 6. Bild anstelle des Jünglings am Scheideweg auch die Darstellung des Sünden-

falles, wie ihn die Genesis lehrt.

Die Schöpfung beginnt in vielen Mythen mit einer Trennung oder Entzweiung (vgl. z.B. die mythisch-philosophische Lehre des EMPEDOKLES, wo die Ureinheit durch die trennende Macht des Neikos [Streit, Zwietracht] gespalten wird und die Entmischung der vier Elemente beginnt). So bedeutet auch das Essen vom Baume der Erkenntnis den Verlust der paradiesischen Ur-Einheit, d.h. psychologisch die Bewußtwerdung und damit das Gewahrwerden der (eigenen) Gegensatznatur.

Vom Baum der Erkenntnis

In verschiedenen rabbinischen Kommentaren wird Adam auch als androgyner Urmensch vorgestellt. Die ›Geburt‹ Evas erfolgt dann durch eine Spaltung dieses ursprünglichen Doppelwesens in Mann und Weib. Die Heirat hat in der Kabbala die Bedeutung der Wiedervereinigung dieser getrennten Prinzipien – eine Idee, die der ganzen Hieros-Gamos-Vorstellung zugrunde liegt, jener Vision von der Heiligen oder Königlichen Hochzeit, die zu den zentralen Leitbildern der historischen Alchemisten zählt.

Heilige Hoch-Zeit

So ist auch das alchemistische ‚Werk‹ oft in der Form der Heiligen Hochzeit (Hieros-Gamos) und ihrer mystischen Folgeerscheinungen dargestellt worden. Psychologisch bedeutet dieses Prozeßgeschehen nach JUNG die Vereinigung der dem Menschen seit der Bewußtwerdung innewohnenden gegensätzlichen Tendenzen und Strebungen im Sinne einer Transzendierung derselben zu einer ›höheren Einheit‹ und ›Ganzheit‹.

Individuation: Sich selbst als Aufgabe

Wir finden dafür auf mythischer und philosophischer Ebene verschiedene Begriffe, in denen das angedeutet sein will, was sich nach menschlicher Vorstellung bei der coniunctio oppositorum, der Vereinigung der Gegensätze, ereignet (vgl. Bild VII-Der Wagen). Im Verlauf des Individuationsprozesses – das Wort »Individuation« leitet sich von lat. ›individuus‹ = ›ungetrennt‹ her – produziere das Unbewußte via Traum, Phantasie und bildnerischem Ausdruck eine Art mandalaförmiger Zielbilder, die von JUNG als Symbol für die gegensatzvereinigende, transzendente Größe des Selbst interpretiert werden. Ein solches ›Zielbild‹ stellt etwa die 21. Tarotkarte »Die Welt« dar.

Wir sehen, daß das Ziel der Gegensatzvereinigung vor allem als Idee wichtig ist, wesentlicher ist das ›Werk‹, der Prozeß, der zum Ziele hinführt. In ihm vereinigen sich »rechte und linke« Ströme, Bewußtes und Unbewußtes kooperieren.

Liebe und Selbstliebe

Auf dem 6. Bild »Entscheidung« steht der Mensch noch am Anfang dieses Prozesses. In der Ausgabe nach Oswald Wirth hält der Jüngling die Augen geschlossen; die Arme sind passiv über der Brust gekreuzt, was auf das frühe Stadium seiner Bewußtseinsentwicklung hinweist.

Eine Stufe weiter, im Bild VII »Der Wagen«, hat er sich bereits über das Gegensatzprinzip, welches hier in Form von zwei Pferden oder Sphinxen erscheint, erhoben und dieses ins Gesamt seiner Persönlichkeit integriert. Der Wagenlenker ist nicht mehr hin und hergerissen zwischen gegensätzlichen Kräften, sondern es ist ihm gelungen, diese in gleichem Sinne auszurichten, d.h. eine Art Verbindung zwischen ihnen herzustellen und ihr gemeinsames Kraftpotential zu nutzen. Wir sehen daran, daß es sich bei der Lösung des Konfliktes am Scheideweg nicht um eine Alternativwahl handeln kann.

Aufhebung der Alternativen

Bei O. Wirth finden wir dies darin angedeutet, daß der Jüngling mit je einem Fuß auf den beiden verschiedenen Wegen steht. In einer andern Ausgabe hält er einen Arm nach oben, den andern nach unten, während die tugendhafte Frau beide Arme nach oben, zum ›Geistigen‹ hinstreckt, die lasterhafte hingegen nach unten, dem ›Irdisch-Materiellen‹, ›Niederen‹ zu. Im Jüngling hat also eine Synthese zwischen ›Ätherischem‹ und ›Tellurischem‹ (zwischen Geistartigem und Erdhaftem) stattgefunden.

Aspekte der eigenen Persönlichkeit

Die beiden Frauengestalten, zwischen denen der Jüngling steht, verkörpern demnach zwei verschiedene Aspekte seiner eigenen Persönlichkeit. Es handelt sich

bei ihnen um zwei sich gegenseitig kompensierende Gegensatztypen von charakterologischer Natur, d.h. die eine ist der Schatten der anderen. Die Existenz einer positiven Eigenschaft beruht auf einem Sieg über das Gegenteil, nämlich über das entsprechende Laster, ohne das die Tugend unwirklich wäre.

Nach JUNG, der seine psychologische Theorie auf das Gegensatzprinzip gründete, ist alles Menschliche relativ, weil alles auf innerer Gegensätzlichkeit beruhe. Diese sei Voraussetzung für jenes Gefälle, aus dem die psychische Energie hervorgeht. Energie bedeutet lebendiger Ausgleich zwischen Gegensätzen.

Energiegefälle

Nicht nur in der modernen Physik und Biologie, sondern auch in der Psychologie spielt die Theorie der Ausgleichstendenzen von Energiegefällen eine entscheidende Rolle: Alle Lebensformen drängen nach Spannungsausgleich, wirken ihm aber gleichzeitig entgegen, indem künstlich neue Spannungszustände geschaffen werden (vgl. Todestrieb im Widerstreit mit dem Lebenstrieb bei FREUD).

Schon HERAKLIT machte den Kampf des Gegensätzlichen zum Prinzip allen Geschehens; die Vereinigung der Gegensätze löse die Spannung und bedeute Harmonie. Betrachtet man die Psyche energetisch als ein System mit Selbstregulierung, so führen auch ihre Energieumsetzungen zum Ausgleich von Differenzen, d h. es wird gleichsam von innen, aus sich heraus ein Zustand allgemeinen Gleichgewichtes angestrebt. Die Auseinandersetzung mit dem Unbewußten bewirkt nach JUNG eine Veränderung der menschlichen Psyche im Sinne einer neuen Zentrierung der Gesamtpersönlichkeit und der Bildung eines neuen, stabileren Gleichgewichtes, das dem Menschen eine sichere Grundlage gewährt.

Selbst-Regulierung

Das in der Annäherung zwischen Bewußtem und Unbewußtem neu gefundene Zentrum fällt nicht mehr mit dem Ich zusammen, sondern ist ein Punkt in der Mitte zwischen den beiden Bereichen Bewußtes und Unbewußtes. Dieses virtuelle Zentrum, das Selbst, woraufhin der Individuationsprozeß in kreisenden, spiralförmigen

Virtuelles Zentrum

Bewegungen angelegt ist, bedeutet das Vereinigende der Gegensätze, das Resultat des Konfliktes oder die »Leistung« der energetischen Spannung (Jung). Wir werden weiter unten, bei der Betrachtung des Liebesgottes Amor, auf den Energiebegriff zurückkommen.

Das Wort »Entscheidung«

Zuvor wollen wir jedoch der Etymologie des Wortes Entscheidung nachgehen, wirft die Geschichte eines Wortes doch manchmal ein überraschendes Licht auf die Natur des ihm zugrundeliegenden psychischen Gegenstandes. Bisher haben wir die »Entscheidung«, wie sie auf dem 6. Tarotbild zur Darstellung gelangt, im Sinne einer Suche nach dem »Weg der Mitte«, nach Gegensatzvereinigung interpretiert. Nun stellen wir uns die Frage, ob sich das Wort »Entscheidung« auch etymologisch in diesem Sinne auffassen läßt.

Wenn wir dieses Wort zur Kategorie der Privativa (der Wörter, die eine Aufhebung oder Verneinung anzeigen) zählen, was linguistisch möglich ist, bekommt die Vorsilbe ›ent‹ eben die Bedeutung eines aufhebenden Gegensatzes. In diesem Falle heißt ›sich entscheiden‹ soviel wie ›eine Gespaltenheit aufheben‹, d.h. ›vereinen‹. Dies wurde zum oben Gesagten passen: Wenn ich entschieden bin, dann bin ich mit mir eins.

Scheidung aufheben

Für die »wahre« Bedeutung oder den »eigentlichen« Sinn eines Wortes gibt es in der Linguistik jedoch kein gültiges Kriterium. Ausschlaggebend ist einzig die Verwendungsweise im alltagssprachlichen Kontext. Nur wenn sich erhärten läßt, daß ein Wort in bestimmter Weise verwendet wird, kann man den linguistischen Standpunkt rückwirkend kritisch betrachten. Wenn man also zeigen kann, daß das Verbum ›sich entscheiden‹ psychologisch die Bedeutung von ›vereinen‹ haben kann (= Verwendungsweise), dann läßt sich das Wort auch linguistisch in die Kategorie der Privativa einordnen. Dies heißt nicht, daß dasselbe Wort nicht gleichzeitig noch andere, einander gar widersprechende Bedeutungen haben kann.

Die Ursprungsbedeutung, d.h. die älteste überlieferte Bedeutung ist nicht unbedingt die gültige, ist diese doch

im Laufe der Zeit vielfacher Wandlung ausgesetzt.

Ursprünglich bedeutete das starke Zeitwort ›entscheiden‹ soviel wie ›absondern‹, d.h. den Akt der Scheidung einleiten. Daraus entwickelte sich die allgemeine Bedeutung ›bestimmen‹, ›beschließen‹. Der reflexive Gebrauch (»sich entscheiden«) ist jung. Wir finden ihn in GOETHES Dichtung »Hermann und Dorothea«: »Nun ist die Stunde gekommen; Ja er hat gefühlt und gewählt und ist männlich entschieden«. In diesem Sinne wird das Wort ›entschieden‹ seit dem 19. Jahrhundert völlig zum Adjektiv als ›fest‹, ›sicher‹, ›bestimmt‹. Die Abfolge der GOETHE-Worte ist auch für unseren Zusammenhang interessant:

Entschiedenheit

Das emotionale Angesprochenwerden geht der Wahl und Entscheidung voraus – ein Motiv, das wir auch im 6. Tarotbild angedeutet finden: Amor schwebt über dem noch unentschiedenen Jüngling. Im »männlichen Entschiedensein« klingt wohl auch die vom vorigen abweichende Bedeutung von ›entscheiden‹ im Sinne des kämpferischen ›das-Schwert-aus-der-Scheide-ziehen‹ (›evaginare›) mit an (»frumenta vaginis exeunt«, PLINIUS). Ausgangspunkt für den germanischen Namen der Schwertscheide bildeten die beiden Holzplatten, die die Klinge schützten. In einer Tarotausgabe finden wir in Bild VI auch ein offenes Schwert, das am Boden vor einem nackten, von den beiden gegensätzlichen Frauengestalten eingerahmten Jüngling liegt. Dies ist gleichzeitig eine deutliche Anspielung auf eine Gegensatzvereinigung in sexuellem Sinne. Wahrscheinlich spukt hier auch die biologische Lehnübersetzung ›weibliche Scheide‹ mit herein, die in diesem Sinne erst seit 1678 (J. VESLING) gebräuchlich ist.

Bedeutungen des Amor

Ein weiteres, die bisherige Interpretation ergänzendes und bestätigendes Element ist der über den drei Figuren schwebende Liebesgott Amor. Seine Attribute sind in allen Kulturen dieselben: Pfeil, Bogen, Köcher, manchmal verbundene Augen und eine Weltkugel in der Hand zum Zeichen seiner Universalität. Bei HESIOD ist er der schönste unter den unsterblichen Göttern. Oft erscheint er als Sohn von Aphrodite und Hermes. Im »Goldenen Esel‹ des APULEIUS stellt Psyche fest, daß man Amor – auch Cupido genannt – nicht bewußt wahrnehmen könne, da er sonst entschwinde. Dieser Gedanke mag auch in unserem Arkanum anklingen, befindet sich Amor doch, dem Blick der Menschen entzogen, direkt vor dem Sonnenlicht, welches als Symbol des Bewußtseins interpretiert werden kann.

Nahe der Sonne

In diesem Sinne wäre die Liebe eine autonome Funktion des Unbewußten (NEWMAN 1975). Dazu paßt auch, daß der Verliebte ohne schützenden Hut dargestellt ist. Der Pfeil trifft sein Innerstes, den Emotionalbereich, und nicht den Intellekt, d.h. das Geschehen entzieht sich seiner bewußten und willentlichen Kontrolle, die ›Affektion widerfährt ihm‹.

Der Pfeil des Amor

In der orphischen Kosmogonie steht Amor am Anfang der Weltentstehung; er entschlüpft dem Ei, das die Ur-Nacht gebiert, und hat kosmische Kraft. Cupidos Kindlichkeit weist auf den ewigen Quell der Liebe als Grundkraft allen Lebens hin. Wieder stoßen wir hier auf die Vorstellung einer allgemeinen Lebensenergie, die JUNG auch mit dem Begriff » Libido« kennzeichnete. Auch der FREUDsche Libidobegriff paßt in den Rahmen der Amor-Interpretation. Nach JUNG manifestiert sich diese Energie hauptsächlich in den Trieben und Affekten und sonstigen dynamischen Vorgängen. Der Liebe wurden zu allen Zeiten göttliche Attribute zugesprochen, wurde das schlechthin Mächtigste in der Psyche doch von jeher als »Gott« bezeichnet. Bei ARISTOTELES finden wir den Begriff hormé, bei PLATO »Eros«, bei EMPEDOKLES »Liebe und Haß der Elemente«.

Zwischen Gott und Mensch

Im berühmten Lehrgespräch »Symposium« belehrt Diotima den Sokrates, daß Eros »ein mittleres zwischen sterblich und unsterblich« sei, ein großer Daimon, denn alles ‚Dämonische‹ stehe in der Mitte zwischen Gott und Mensch. Eros vermittle zwischen oben und unten, und indem er die Kluft zwischen Göttern und Sterblichen ausfülle, sei das All in sich verbunden. Die Liebe sei es auch, die die menschliche Natur heile, indem sie

versuche, aus zweien eins zu machen und damit den ursprünglichen Vollkommenheitszustand des Menschen wiederherzustellen, war dieser im Urzustand doch ein androgynes, kugelförmiges Doppelwesen, das der erzürnte Zeus in zwei Hälften schnitt. In gewisser Weise läßt sich tatsächlich von einer »Androgynisation« des Menschen durch die Liebe sprechen, denn in der Liebe erwirbt jedes Geschlecht gewisse ›Qualitäten‹ des anderen (ELIADE 1954).

Die Liebe als Heilerin

In Analogie zu den empedokleischen Naturmächten können »Liebe« und »Haß‹ als triebhaft wirkende Naturkräfte im Menschen, als Seinsprinzipien seiner psycho-physischen Wirklichkeit verstanden werden: In der Liebe strebt der Mensch nach Vereinigung, woraus ihm Hedone (ARISTOTELES), Laetitia (SPINOZA), Lust (FREUD) erwächst. Dieses Streben (Orexis; Conatus, Appetitus, Cupiditas; Trieb, Libido), dessen letztes Ziel es ist, im Sein zu beharren, ist immer auch mit dem Erfahren von Unlust (Lype; Tristitia) verbunden: Es wird in der Versagung von der Härte des Realen zurückgestoßen. Dem Streben nach Einheit wirken die trennenden Kräfte des Hasses entgegen, die alte Bindungen lösen und neue zu verhindern suchen. Es ist der Widerstreit zwischen »Eros« und »Thanatos«, der den Lebensprozeß im Gange hält.

Liebe und Haß

Bisher haben wir die psychologische Bedeutung des Gegensatzprinzipes eher allgemein zu erläutern versucht. Die beiden Frauengestalten an der Wegkreuzung erwiesen sich als verschiedene, einander komplementär ergänzende Persönlichkeitsaspekte des noch unentschiedenen Jünglings. Wenn wir nun noch eigens ihren Geschlechtscharakter berücksichtigen, so stoßen wir auf den JUNGschen Animus/Anima-Begriff.

Anima und Animus im Bild

Nach JUNG betrifft der Komplementärcharakter der Seele auch den Geschlechtscharakter enthält sie doch alle diejenigen allgemeinmenschlichen Eigenschaften, die der bewußten, äußeren Einstellung fehlen. So wird die Seele, die innere Einstellung, bei Männern vom Unbewußten in der Regel als weibliche Person dargestellt, bei Frauen ist es umgekehrt. Diese innere Einstellung bezeichnet JUNG als Anima bzw. Animus, die sich zum äußeren Charakter und Verhalten, der sog. Persona (Maske), komplementär verhalten.

Die Anima, eine unbewußte Subjekt-Imago (ein unbewußtes Seelenbild des Ich), ist ein bedeutender Faktor in der Psychologie des Mannes, wo immer Emotionen und Affekte im Spiel sind. Wie die Alchemie entspricht die Bilderfolge des Tarot mit großer Wahrscheinlichkeit einer männlichen Psychologie, weshalb wir uns hier auch auf den Anima-Begriff beschränken wollen.

Männliche Psychologie

In einigen Tarotversionen besteht das Frauenpaar aus einem jungen Mädchen und einer alten Frau, die manchmal auch als Hexe erscheint. Von einigen Interpreten wird sie als Mutterfigur angesehen. Außer »Entscheidung« und »Scheideweg« heißt die 6. Karte auch »Die Verliebten« oder »Heirat«.

Cherchez la femme

Die Mutter ist die erste Trägerin des Seelenbildes, weshalb die Ablösung von ihr schwierig, aber elementar ist. Der heranwachsende Jüngling muß sich von der Anima-Faszination der Mutter befreien können, um eigenständig zu werden. So ist der Pfeil Cupidos in der Regel auf die junge Frau gerichtet, die auf der rechten Bildseite steht, was für Entwicklung, für Progression spricht. Nicht selten wird die Anima in Form der Mutter-Imago (des Seelenbilds der Mutter) jedoch auf die Frau übertragen, so daß diese die Mutterrolle weiterführt.

Wenn wir die Figuren der verschiedenen Tarotbilder als personifizierte Züge einer bestimmten Persönlichkeitseinstellung interpretieren, wie dies die subjektstufige Traumdeutung der Analytischen Psychologie mit den im Traum erscheinenden Gestalten versucht, so entspricht die »Heirat«, wie sie auf der 6. Karte teilweise zur Darstellung gelangt, einer Art ›Hieros-Gamos‹, einer Heiligen Hoch-Zeit, d.h. einer Vereinigung der Persona mit der hinter der Maske liegenden gegengeschlechtlichen Seite in der eigenen Seele, im Falle des Mannes mit der Anima.

Selbstverwirklichung im JUNGschen Sinne bedeutet

unterscheiden lernen zwischen dem, als was man sich selbst und anderen erscheint, und dem, was einem von der Realität des Unbewußten aufgedrängt wird.

Die Bewußtwerdung und Anerkennung der eigenen unbewußten Gegensatznatur bedeutet eine Art Objektivation der Anima, was einer Anpassungs- und Schutzfunktion gleichkommt. Eine solche Anpassung erfordert jedoch Konzessionen an die Bedingungen der inneren und äußern Welt. Dieses Wechselspiel zwischen innen und außen, die Einigung der Gegensätze auf einem mittleren Wege machen die Dynamik des Lebensprozesses aus. Das Abweichen von diesem mittleren Sinne, »der sozusagen notwendigerweise aus dem Individuum freiwillig oder unfreiwillig geboren und daher von diesem auch geahnt wird«, bedeutet Leid, Irrtum und Krankheit (JUNG 1974, 216).

Akzeptanz des eigenen wie des anderen Geschlechts

Bei aller Widersprüchlichkeit und Zwiespältigkeit der menschlichen Natur liegt das wesensmäßig Gemeinsame jedes Gegensatzprinzipes in seiner Zugehörigkeit zur ureigensten Persönlichkeit eines Menschen. Immer ist es mein Licht, mein Schatten, der sich so oder anders manifestiert und sich im »Ich bin« als höherer Einheit alles Gegensätzlichen ausspricht.

Neue Einheit

VII
Der Wagen

Ein königlich gekleideter Mann mit Rüstung, Schwert oder Zepter und Krone steht aufrecht in einem von zwei Pferden oder Sphinxen angetriebenen würfelförmigen Triumphwagen. Auf seiner Schulter liegen zwei Masken, welche je eine Mondsichel oder die beiden Himmelskörper Sonne und Mond darstellen. Der Wagen ist von einem durch vier Säulen getragenen Baldachin überdacht. Auf der Vorderseite ist das männlich-weibliche Konjunktionsprinzip sowie teilweise das ägyptische Logossymbol, die schöpferische Horuskraft, in vereinfachter Form zu sehen.

Der Wagen und seine Attribute

Die beiden Zugtiere, von denen das eine weiß, das andere schwarz ist, streben in gegensätzliche Richtungen auseinander, besitzen manchmal aber einen gemeinsamen Unterkörper, der sie wiederum aneinander bindet. In der Regel besteht zwischen ihnen und dem Wagenlenker keine direkte Verbindung. Dieser läßt sich weder nach rechts noch nach links wegreißen und ist als ruhiger Pol Meister in der Erscheinungen Flucht, was den siegreich-triumphalen Charakter dieses Bildes noch unterstreicht. Dies muß in unmittelbarem Zusammenhang mit dessen Stellung innerhalb des Tarotweges gesehen werden: Der Konflikt der Karte VI-Die Entscheidung/Die Liebenden ist überwunden. Der Jüngling hat sich auf den Weg gemacht. Er ist nun nicht mehr hin- und hergerissen zwischen zwei Gegensätzen, sondern steht, indem er sie als der eigenen Natur zugehörig erkannt und integriert hat, gleichsam über ihnen, was im Bild unmittelbar räumlich zum Ausdruck kommt. An diesem Beispiel sehen wir einmal mehr, was für Möglichkeiten die bildliche Darstellung in sich birgt und welches ihre Aussagemittel sind. Wie im Traum, dessen Sprache mehr plastisch-konkret denn begrifflich-abstrakt ist, bekommt die Dimension des Raumes beim

Neue Stufe

bildlichen Ausdruck besonderes Gewicht, offenbaren sich in ihr doch oft bestimmte ›Seinsweisen‹ des Menschen in ursprünglicher, gleichsam ›lebensverwurzelter‹ Form.

Von solch urtümlichem Erlebensgehalt kündet uns auch die gesprochene und geschriebene Sprache, obgleich sie im Verlauf jahrtausendelanger Entwicklung zu einem großen Teil auf einen Komplex abgeschliffener Begriffe nivelliert wurde. Während der Mensch im Urwort noch unmittelbar das darstellte, was er erlebte, sind uns die alltäglich gebrauchten Wörter heute oft nur noch leere Chiffren. In vielen Fällen ist die sachliche Bedeutung eines Wortes auch hinter einer uns allgemein geläufigeren, symbolischen Bedeutung zurückgetreten. So hat das Wörtchen »über«, welches Ausgangspunkt unserer kurzen sprachanalytischen Betrachtung war, in unserem Beispiel sogleich die übertragene Bedeutung von »über-einer-Sache-stehen«, »etwas-überwunden-haben« bekommen. Wollen wir uns aber den sachlichen Gehalt dieses Wortes vergegenwärtigen, müssen wir es als solches, das heißt wörtlich nehmen. Dann leuchtet uns seine ursprüngliche Beziehung zum Räumlichen wieder auf, und wir haben zugleich in die Tiefe des vor aller begrifflichen Formulierung bildlich Offenbarten zurückgefunden.

Das Wort »über«

Das ›Wörtlich-nehmen‹ sowohl des bildlichen wie sprachlichen Ausdrucks, d.h. die Orientierung am unmittelbar Vorliegenden führt uns ins bunte Reich der Anschauung und läßt unser verstehendes Deuten zu lebendiger Erfahrung werden.

Vielschichtige Bedeutung des Wagen

Der Bedeutungsgehalt der 7. Tarotkarte ist sehr dicht und vielschichtig. Sie läßt sich sowohl statisch wie dynamisch interpretieren, d.h. wir können sie in ihre Elemente zerlegen oder mehr ihre Bewegung, die Frage nach dem Woher und Wohin der Wagenfahrt berücksichtigen. In beiden Fällen klingen bekannte Motive aus der Mythologie an. Diese wiederum sind psychologisch interessant. Bisweilen wird uns das Zweigespann gar in die ›ätherischen Höhen‹ der Philosophie geleiten. Von

hier aus läßt sich andererseits wieder besonders gut zeigen, wie tief die Symbolik des Tarot im magisch-archaischen Denken verwurzelt ist.

Daß sich unsere Karte gleichsam auf drei verschiedenen, jedoch untrennbar miteinander verknüpften, ja auseinander hervorgehenden Ebenen, der mythischen, psychologischen und metaphysisch-philosophischen nämlich, interpretieren läßt, hängt mit ihrer zentralen Thematik, dem Gegensatzproblem zusammen. Dieses ist schon verschiedentlich angeklungen. Nun wollen wir es zum Gegenstand einer möglichst ganzheitlichen Betrachtung machen.

Drei Interpretationsebenen

Während uns die 6. Karte »Entscheidung« vor allem in psychologischer Hinsicht wichtig schien, scheint die Symbolik des 7. Bildes »Wagen« unserem Anspruch nach Synthese verschiedener »Denkstufen« bei der Interpretation in besonderer Weise entgegenzukommen, was nicht heißt, daß sich dafür nicht auch andere Karten, so u.a. die Nachbarkarten VIII-Justitia und IX-Der Eremit eignen würden. Bei diesen stehen aber, wie wir sehen werden, andere wichtige Themata im Vordergrund, die das des Gegensatzes verdrängen würden, wollte man es gleichzeitig mit ihnen behandeln. Wir müssen uns deshalb bei ihrer Besprechung, was das Gegensatzthema angeht, auf einige wenige, teilweise schon hier vorweggenommene Hinweise beschränken.

Nachbarkarten

Das Motiv des von Pferden oder anderen Tieren angetriebenen Gefährtes, in dem Götter und Menschen Land, See und Himmel durchqueren, ist in vielen Mythologien vertreten. Denken wir etwa an den Feuerwagen als Symbol des Geistes oder an den Sonnenwagen des Gottes Helios oder Apolls.

Helios und Apoll

Ein bekanntes indisches Götterbild zeigt einen Fahrer, der von sieben Löwen gezogen wird. Ähnlich wie auf unserer Karte ziehen drei von ihnen nach rechts, drei nach links. Nur der siebente, mittlere befindet sich auf geradem Wege. Nach ihm orientiert sich der Lenker. Über diesem steht der Gott *Vishnu-Krishna*, der Erhalter des Lebens, mit seinen beiden Gattinnen, den

Lakshmis, die inneres und äußeres Glück symbolisieren. Das Zusammenspiel all dieser Kräfte bewirkt das Gleichgewicht des Gefährtes. Das weitverbreitete mythische Zwillingsmotiv erscheint manchmal in der Form eines schwarzweißen Pferdepaares. Dazu paßt, daß der dieser Karte zugeschriebene hebräische Buchstabe ›Zain‹ astrologisch dem Zeichen der Zwillinge entspricht.

Zwillingssymbolik

Die Symbolik des Wagens, der in der Kabbala als Merkabah erscheint, wird auch in unmittelbarem Zusammenhang mit der Natur des Menschen gesehen, die sich nach alter psychologischer Lehre in drei Hauptteile gliedern läßt:

Drei Hauptmotive

Der Lenker des Gefährtes entspricht im allgemeinen dem Verstand, die Zugtiere dem Gefühl oder der Seele und der Wagen, der zwischen diesen beiden Polen vermittelt, ist ein Symbol für den Körper, wozu die Würfelform unseres Tarotwagens besonders gut paßt (vgl. Würfelform des Königsthrones von Bild IV).

Das Wechselspiel von Körper, Geist und Seele, welches nach dieser Anschauung das Leben des Menschen ausmacht, kann nur dann harmonisch und reibungslos ablaufen, wenn alle Teile gleichermaßen zur Geltung und zum Austrag kommen. Gleichwohl hat der Intellekt als ordnendes und kontrollierendes Prinzip eine gewisse Vorrangstellung, weil er die Emotionen und Leidenschaften, welche im Tarot meist in der geballten Kraft widerspenstiger Pferde versinnbildlicht sind, im Schache hält.

Säulen und Baldachin

Die vier Säulen, die auch mit den vier Elementen in Zusammenhang gebracht werden, vermitteln gleichsam zwischen der ›oberen‹, intellektuellen und ›unteren‹, triebhaft-animalischen Ebene. Sie tragen den Baldachin, der in diesem Sinne als Ausdruck eines besonderen Himmels, d.h. hier als Zeichen der ›Geistesnähe‹ verstanden werden kann, stellt er doch mit den an verschiedenen Stellen aufgesetzten Sternen eine Art Himmelszelt dar. Obwohl die Art der Zugtiere meist variiert und das Gespann in einzelnen Tarotausgaben auch von

Sphinxen angeführt wird, werden wir unsere Interpretation nach den Pferden ausrichten. Die Sphinxsymbolik wird bei Arkanum X »Lebensrad« eigens zur Sprache kommen.

Das Motiv des Pferdegespanns hat unseren Blick auf drei Schriften unterschiedlicher Provenienz gelenkt, in denen wir jedoch viel Gemeinsames zu entdecken glauben (was noch nicht für eine direkte Berührung spricht). Nach ihnen wollen wir die Deutung der 7. Tarotkarte ausrichten. Es handelt sich dabei um eine Stelle in der indischen KATHA UPANISHAD (3. Kap.), um das PARMENIDEISCHE *Prooemium* und um einen Abschnitt aus PLATOS *Phaidros*.

Motiv des Pferdegespanns

Die Katha Upanishad ist für uns sowohl von allgemeinem als auch speziellem Interesse. Einmal ist sie eine Vertreterin jener großen Schriften Indiens, die von der Identität alles Seienden handeln. ›Upanishad‹ heißt letztlich wohl die Lehre von der esoterischen Äquivalenz, wenn sich diese Bedeutung im deutschen Sprachgebiet auch noch nicht einhellig durchgesetzt hat (s. dazu: RENOU, § 590). Weil es nur die eine absolute Identität gibt, wird allem in gleicher Weise, unterschiedslos gehuldigt. Auf der anderen Seite finden wir in der Katha Upanishad das Bild des Pferdegespanns als Metapher für den Menschen, d.h. für das Verhältnis des Atman als des innersten Selbst zu den Organen des psychischen Lebens und der Umwelt: Die Pferde sind hier ein Symbol für die Sinne. Der Leib des Menschen (sharira) ist der Wagen, der nach bestimmten Zielen, nämlich den Außenweltsobiekten hinfährt. Der Verstand (manas) ist der Zügel, die Vernunft (buddhi) der Wagenlenker, der Atman der Fahrgast, um dessentwillen die Fahrt unternommen wird, der an ihr aber nicht tätig mitwirkt, weil sein Wesen nicht in aktiver Kraftentfaltung, sondern in der Bewußtmachung des organischen Lebensprozesses liegt (GLASENAPP, 1974, 160 f.).

Trieb und Vernunft

Wem es an Einsicht gebricht, heißt es weiter, und wessen Willen unbeherrscht ist, dessen Sinne sind noch ungehorsam wie widerspenstige Rosse ihrem Herrn. Wer

Mit Atman zu Brahman

jedoch starken Verstandes und friedvollen Herzens ist, der erreicht das höchste Ziel, Brahman, das All-Eine, auf das hin die ganze Fahrt angelegt ist: Die Sinneskräfte (indriya) entspringen den Sinnesgegenständen (vishaya), diese der Vorstellung, die Vorstellung dem Intellekt, der Intellekt dem Ich, dieses dem unoffenbarten Ursprung und der unoffenbarte Ursprung Brahman.

Dieses Gleichnis sagt nicht nur Wichtiges über die Natur des Menschen aus, sondern enthält auch eine Art psychologische Lehre, die den Suchenden auf den rechten Weg geleiten will. Es ist für uns besonders auch deshalb von Bedeutung, weil die Ganzheit des Bildes, welches ja den Menschen darstellt, nach neuen Gesichtspunkten interpretierend gegliedert wird und wir auf der andern Seite hier auch etwas über das Wohin der Wagenfahrt erfahren: Das Rad der Wiedergeburt kommt dann zum Stillstand, wenn der Atman in das Brahman, in die vor aller Schöpfung waltende Einheit des Seins eintritt.

Lingam-Yoni-Symbol

Wie bereits einleitend erwähnt, sind an der Vorderfront unseres Tarotwagens die vereinigten menschlichen Geschlechtsorgane zu sehen, die an das indische Lingam-Yoni-Symbol erinnern. Ein ähnliches Symbol finden wir auch auf der 15. Tarotkarte »Teufel« wieder, allerdings mit eher negativer Färbung. Die Verhaftung im naturhaften Sexualismus wird hier durch die Zwitternatur des Teufels noch unterstrichen, welche ebenfalls die Vereinigung der höheren Gegensätze versinnbildlichen soll.

Hermaphroditismus

Auf die psychologische Bedeutung der Hermaphroditismus-Vorstellung werden wir bei Karte XV noch eigens zu sprechen kommen. Einiges ist bereits in der Interpretation des 6. Bildes angeklungen und wird auch bei unserm jetzt in Rede stehenden 7. zur Sprache kommen, ist die Hermaphroditismus-Symbolik doch nur eine extreme, die biologische und psychologische Realität aber doch in gewissem Sinne mitberücksichtigende Lösungsmöglichkeit innerhalb der vielfach angedeuteten Gegensatzproblematik.

Die biologisch-sexualistische Sprache, deren Symbolik oft so kraß wie möglich ist, ist der Ausdruck eines archaischen, noch wenig differenzierten Bewußtseins und Denkens. Der Archaismus, der sich u.a. durch den Konkretismus des Denkens und Fühlens auszeichnet, haftet nach JUNG in erster Linie den Phantasien des Unbewußten an. Dieser Konkretismus ist stets auf die Sinnlichkeit bezogen; er klebt an der materiellen Erscheinung und erhebt sich höchstens zur Stufe der Analogie.

Archaische Vorstellungen

So bediente sich das mythische und religiöse Denken der archaischen Ontologie einer biologischen Terminologie, woraus sich erst allmählich eine metaphysische oder theologische entwickelte. Dennoch dürfen wir die auf dieser Karte angedeutete körperliche Symbolik, die man in ähnlicher Form in vielen Mythen und Glaubensvorstellungen antrifft, nicht in ihrem konkreten, profanen Wortsinn auffassen, hat sie doch theoretische Bedeutung: Die Vereinigung auf biologischer Stufe wird zum Symbol der unio oppositorum, der Einheit der Gegensätze, schlechthin.

Aufhebung der Trennung

Das Prinzip der aus dieser Konjunktion resultierenden höheren Einheit wird im Bild teilweise durch einen stilisierten Horusfalken, ein Logos-Symbol, versinnbildlicht: Der Geist steht über der Spaltung, d.h. er transzendiert die Dualität. Dies ist ein weitverbreitetes mythologisches und religiöses Motiv, eine ›archetypische Größe‹, die in mannigfaltiger Form erscheint. In der Alchemie finden wir diese Idee u.a. als »coniunctio solis et lunae« (Verbindung von Sonne und Mond), was auch auf unserer Karte mitanklingt (Masken auf der Schulter). Aus dieser Verbindung geht das Eine und Geeinte hervor, das sowohl in der gnostischen wie christlichen Symbolik mit dem Logos identisch ist, der vor aller Schöpfung war (vgl. Anfang des Johannes-Evangelium) und durch den Hieros-Gamos neu geboren wird. Daran sehen wir, daß wir es im Grunde mit einer kosmischen Idee zu tun haben, der psychologisch die Entwicklung des menschlichen Bewußtseins zugrundeliegt.

Jenseits der Zwienatur

Wie wir in der Besprechung von Karte VI gesehen haben, ist das Ziel des Individuationsprozesses die Wiederherstellung der mit der Bewußtwerdung verlorenen paradiesischen Ur-Einheit im Sinne einer Transzendierung (Überschreitung) der dem Menschen wesenseigenen psychischen ›Zwienatur‹. Diese Einheit und Ganzheit, die JUNG mit dem Begriff des ›Selbst‹ zu umreißen versucht, ist, weil sie sich aus bewußten und unbewußten Elementen zusammensetzt, eine letztlich transzendente Größe. Insofern das Selbst eine complexio oppositorum (Verbindung der Gegensätze) darstellt, erscheint es in Träumen, Mythen und Märchen nicht nur in der Figur einer übergeordneten Persönlichkeit, sondern auch als geeinte Zweiheit. Beides finden wir auf unserem Tarotbild mehrfach vor:

Der Wagenlenker erscheint als triumphierender Held und Herrscher, der den Widerstreit der dunklen und hellen Mächte siegreich beherrscht. Wir können ihn demnach als Symbol des Selbst verstehen. Das Zusammenspiel zwischen ihm und den beiden Zugtieren läßt sich dynamisch als Vorgang der Gegensatzvereinigung interpretieren, der die Entwicklung der Persönlichkeit ermöglicht und ein Leben lang bestimmt.

Entwicklung der Persönlichkeit

Ähnliche psychologische Bedeutung hat wohl auch das Lingam-Yoni-Symbol, in welchem die Idee von der geeinten Zwienatur direkt konkretisiert ist. So finden wir beispielsweise an einer Stelle der Brihadaranyaka-Upanishad das Bild vom Mann, der in Liebe seine Gattin umarmt, als Vergleich für das, was bei der Gegensatzvereinigung im Selbst geschieht. Diese Idee beherrscht auch den ganzen indischen und buddhistischen Tantrismus.

Tantrische Symbolik

Anstatt des indischen Lingam-Yoni-Symbols könnte auf unserm Bild auch das chinesische Gegensatzpaar Yang-Yin stehen, welches das lichte männliche und das dunkle weibliche Prinzip symbolisiert. Das Problem des Gegensatzes ist im östlichen, und vor allem indischen, Denken besonders tief verwurzelt.

Das Sanskritwort für »Gegensatz« ist »Dvandva«.

Genau bedeutet es Paar (besonders Mann und Weib), Streit, Zweikampf, Zweifel und auch Dualismus in psychologischem Sinne. Das Gegensatzproblem tritt in diesem Wort also gleichzeitig auf verschieden hohen Abstraktionsniveaus in verdichteter Form in Erscheinung. Interessant ist die Vorstellung, daß Zweiheit im Grunde Streit bedeutet. Harmonie gibt es nur, wo Einheit herrscht. So muß der Mensch, will er Erlösung erlangen, ›nirdvandva‹, d.h. frei von Gegensätzen, gegensatzlos werden, und zwar indem er sich darüber erhebt.

Erlösungsweg

So heißt es beispielsweise im Mahabharata: »Wer im Leben und im Sterben, im Glück wie im Unglück, bei Gewinnen und Verlieren, in Liebe und Haß sich gleich bleibt, der wird erlöst. Wer nichts erstrebt und nichts gering achtet, wer frei von den Gegensätzen (nirdvandva) ist, wessen Seele die Leidenschaft nicht kennt, der ist gänzlich erlöst. Wer weder Recht noch Unrecht tut, und den in früherem Dasein aufgehäuften Schatz von (guten und bösen) Werken fahren läßt; wessen Seele sich beruhigt, wenn die körperlichen Elemente dahinschwinden, wer von den Gegensätzen sich frei hält, der wird erlöst.«

Neue Glückseligkeit

Ähnliches erfahren wir aus dem Manava-Dharma-Shastra: »Wenn er durch die Einstellung seines Gefühls gleichgültig wird gegenüber allen Objekten, so erlangt er ewige Glückseligkeit, sowohl in dieser Welt, wie nach dem Tode. Wer in dieser Weise alle Bindungen allmählich aufgegeben hat und sich befreit hat von allen Gegensatzpaaren, ruht in Brahman allein.«

Die Reihe der Zitate ließe sich noch lange fortsetzen, so reiches Material bietet die indische Literatur zu diesem Thema. Es gibt verschiedene Arten von Gegensatzpaaren, unter denen die Welt zu leiden hat (Ramayana), so die Gegensätze Hitze und Kälte, Liebe – Haß, Lust – Schmerz, Verlangen – Widerwille etc. Die Befreiung aus der Gegensatzspannung, als welche alle affektiven und emotionalen Bindungen an das Objekt verstanden werden, ist gleichbedeutend mit dem Erlösungsweg, der allmählich zum Brahmanzustand führt, was aber nicht als statisches Stillestehen mißverstanden werden darf. Ähnlich wie das JUNGsche Selbst ist das Brahman eine transzendente und dynamische, schöpferische Größe. Es bedeutet die Vereinigung und Aufhebung aller Gegensätze und steht daher zugleich auch als irrationale, im letzten unfaßbare Größe darüber.

Das Ziel der Wagenfahrt

Eben dieses Brahman ist, wie wir weiter oben gesehen haben, das Ziel der Wagenfahrt, wie sie in der Katha Upanishad zur Darstellung gelangt, so daß wir, die im 7. Tarotbild enthaltene Thematik gleichsam von zwei verschiedenen Seiten her einkreisend, bei unserem Interpretationsversuch zum gleichen Ergebnis gelangen: Sowohl die ganzheitliche Betrachtung, die den Vergleich mit einer Upanishadentextstelle nahelegte, als auch die Analyse eines einzelnen Bildelementes, das des männlich-weiblichen Konjunktionssymboles, hat gezeigt, daß unser Pferdegespann auf das hohe, nie gänzlich einholbare, weil dynamische Ziel einer Coniunctio oppositorum (Vereinigung, Aufhebung der Gegensätze) in umfassendem Sinne zufährt. Die Symbolik dieser Gegensatz-Einung reicht je nach Entwicklungsstand im großen Bewußtseinsprozeß des Menschen vom krassen Konkretismus bis zur hoch abstrakten Konstruktion, wovon weiter unten noch die Rede sein wird.

Weg in der Mitte

So vielfältig die Aspekte, unter denen dasselbe Thema in Erscheinung tritt, im einzelnen sein mögen, haben sie doch alle die Gegensatznatur der menschlichen Seele zur gemeinsamen Grundlage. Unser Tarotbild zeigt, daß der Wagenlenker in der Mitte zwischen den nach links und rechts drängenden Zugtieren steht. Nur die gleichmäßige Verteilung der Kräfte verhindert ein Kippen des Wagens und das Abkommen vom Weg der Mitte.

Der in einigen Tarotausgaben angedeutete gemeinsame Unterkörper der beiden Tiere weist auf die untrennbare Verknüpfung und gegenseitige Bedingtheit aller Gegensatzpaare hin. Das eine existiert nur, insofern es das andere gibt. Aus der Verbindung der beiden Extreme erwächst eine neue, schöpferische Kraft, die den Wagen in Bewegung hält und geradlinig fahren läßt.

Die Lehre vom mittleren, zwischen den Gegensätzen liegenden Pfad, die ein wesentlicher Bestandteil der Analytischen Psychologie C.G. JUNGs geworden ist, finden wir außer im indischen und buddhistischen Denken vor allem auch in China.

Das vereinigende Symbol der chinesischen Philosophie ist das dem indischen Brahman vergleichbare Tao, welches sich in das prinzipielle Gegensatzpaar Yang und Yin teilt (vgl. oben). Licht und Dunkel sind zwei aufeinanderfolgende Aspekte ein und derselben Realität. Betrachtet man sie isoliert, so erscheinen diese Aspekte getrennt und entgegengesetzt, doch bilden sie im Grunde eine einzige Wesenheit. Das eine Symbol des Tao bedeutet die mittlere Straße zwischen den Gegensätzen, befreit von ihnen und sie doch in sich einend, eine irrationale Größe also, der der Mensch als ein die Weltgegensätze in sich vereinigendes Wesen auf mikrokosmischer Ebene entspricht. Die taoistische Ethik hat zum Ziel, die aus dem Weltgrund hervorgegangene Gegensatzspannung durch Rückkehr zum Tao aufzuheben.

Der Weg des Tao

Die coincidentia oppositorum läßt sich auf sehr verschiedene Weise realisieren.

Die zahlreichen kontemplativen Techniken und Methoden des Ostens (Askese, Yoga, Meditation) zielen alle darauf ab, jede Qualität, welcher Natur sie auch sei, zu transzendieren. Der indische und chinesische Weise versucht, in seinem Erleben und Bewußtsein einen Zustand vollkommener Neutralität und Indifferenz zu erreichen, in dem sich eine Koinzidenz und ›Totalisation‹ alles Gegensätzlichen ereignet. So heißt es im Yogasutra des PATANJALI einmal: »Dann (in der tiefsten Versenkung = samadhi) erfolgt Unbetroffensein von den Gegensätzen.«

Samadhi als Weg

Dasselbe erfährt der Mensch auch in der großen Einsamkeit. Eine Stelle aus dem *Mahabharata* (I, 113, 8f.) wirft zum voraus etwas Licht auf das Eremitendasein, welches wir in der 9. Tarotkarte versinnbildlicht finden: Pandu, der ein Einsiedel werden will, sagt: »Mit Staub ganz bedeckt, im Freien hausend, will ich an der Wurzel eines Baumes meine Wohnung nehmen, alles Liebes und Unliebes aufgeben, weder Kummer noch Freude empfinden, Tadel und Lob gleich aufnehmen, weder Hoffnung hegen, noch Verehrung bezeugen, frei von den Gegensätzen, ohne Hab und Gut.«

Askese und Orgie

Auf elementar-religiöser Erlebensstufe ist es die »Orgie«, in der der Mensch seiner Sehnsucht nach Wiederherstellung eines uranfänglichen Ganzen Ausdruck gibt (Eliade 1954, 475f.). Indem der Neophyt seine Erlebnisse »kosmisch macht«, d.h. den Rhythmen, die das All beherrschen, anpaßt, vollzieht er in sich und für sich die Ur-Einheit vor der Schöpfung, welche nicht Chaos, sondern undifferenziertes, ununterschiedenes Sein ist. Diese Reintegration in der paradiesischen Verfassung des ersten »Menschen« bedeutet Aufhebung der »Geschichte« und damit neue Geburt. Wie alle anderen Attribute koinzidieren in diesem Urzustand auch die beiden Geschlechter. Die Androgynie des ersten Menschen ist eine Überlieferung, die in den sog. »primitiven« Gesellschaften noch sehr lebendig ist.

Doppelgeschlechtlichkeit als Urzustand

Noch bei Plato (Symposion) und später bei den Gnostikern finden wir die Doppelgeschlechtlichkeit als Ausdruck der Vollkommenheit und Ganzheit, weshalb das ursprüngliche Doppelwesen oft auch kugelförmig gedacht wird (vgl. ›sphaira‹ bei Parmenides, ›sphairos‹ bei Empedokles). Bei der Deutung von Karte VI »Entscheidung« sind wir auf den Begriff von Animus und Anima gestoßen, der psychologisch formuliert, was in der mythischen Androgynievorstellung ursprünglich offenbart ist.

Anima und Animus als seelisches Doppelgeschlecht

Diese ist eine der altertümlichsten Ausdrucksweisen für das Paradoxon der in der coniunctio oppositorum liegenden Realität. Wie bereits erwähnt, werden wir bei der Besprechung von Karte XV »Teufel« auf sie zurückkommen.

Bis jetzt haben wir uns bei der Interpretation der 7. Tarotkarte vorwiegend von östlichem Seinsverständnis leiten lassen. Ganz ähnliches Gedankengut finden wir aber auch in der abendländischen Philosophie, vor allem bei den griechischen Denkern.

Die Beiziehung des PARMENIDEISCHEN *Lehrgedichtes* (»Der Weg der Wahrheit«) und einer Stelle aus PLATOS *Phaidros* (246a-249d) soll unseren bisherigen Verstehenshorizont noch mehr erweitern. Die innere Verwandtschaft dieser beiden Schriften erweist sich an der Ähnlichkeit der gewählten Metaphern und ihrer philosophischen Ausarbeitung.

Bei PLATO finden wir den Gedankengang des PARMENIDEISCHEN *Prooemiums* ergänzt und bestätigt.

Pferdegespann als Zentralmotiv

An beiden Orten ist das Bild des Pferdegespanns ein wesentliches Motiv. Auch die Beschreibung des Zieles der Wagenfahrt ist fast identisch. Sie erinnert in vielem an die von uns weiter oben explizierten indischen und chinesischen mythisch-philosophischen Vorstellungen.

Wagenfahrt zur Wahrheit

Das *Prooemium* des PARMENIDES ist eine Art Erkenntnislehre, die das Verhältnis von Sein und Schein behandelt. Er verkündet sie mit dem Pathos einer religiösen Enthüllung, doch ist sein Anliegen ein primär philosophisches. Auf dem Wege des reinen Denkens soll die Wahrheit an sich erfaßt werden. Es geht um Einheit und Ganzheit in der Vielheit, um die Totalität der Wirklichkeit überhaupt. Die parmenideische Sprache ist die der archaischen Logik, abstrakt-verallgemeinernd, aber doch bis zu einem gewissen Grade noch an eine quasi materialistische Denkweise gebunden.

Für uns ist PARMENIDES deshalb von besonderem Interesse, weil wir bei ihm das Leitthema der 7. Tarotkarte, das Gegensatzproblem, zu einer abstrakt-ontologischen Frage erweitert finden. Dieser wiederum liegt die uralte mythische Vorstellung des Dualismus von Licht und Finsternis und die der zwei Wege, von denen nur der eine zum Licht führt, zugrunde, was uns den Bezug zur Bildsprache des Tarot gewährleistet.

Zwischen den Polen

Die Hell-Dunkel-Symbolik hat bei PARMENIDES also rein erkenntnismässige, von jeder Moralität unberührte Bedeutung. Das Licht ist die notwendige Voraussetzung aller Einsicht. Es erschließt sich dem Menschen auf dem Wege des Denkens. Das Dunkel, das ursprünglich mit Schuld und Vergehen in Verbindung gebracht wurde, wird zu einer bloßen Gegenvorstellung des Lichtes.

Das uns nur in Fragmenten erhaltene Lehrgedicht schildert uns den Philosophen auf einer Wagenfahrt durch den Himmel:

Kluge Rosse ziehen das Gefährt vom Hause der Nacht aus über die ganze Erde hin ›zum Licht‹. Zuvor muß es ein Tor passieren, durch das die Pfade von Tag und Nacht gehen (vgl. auch Karte XVIII-Der Mond, wo das Tormotiv wieder auftaucht). Das Tor ist von mächtigen Türflügeln ausgefüllt, zu denen nur *Dike*, die Göttin des Rechts und der Vergeltung, die Schlüssel besitzt. Das der 7. Tarotkarte unmittelbar folgende achte Bild trägt den Titel »Justitia«. Diese ist das römische Pendant zur griechischen Rechtsgottheit Dike. Wie im Gedicht des Parmenides geht die Fahrt also der Göttin des Rechtes entgegen, die im allgemeinen mit Schuld und Strafe zu tun hat. Auch Parmenides nennt sie »die Vielstrafende«, doch ist dies für die Interpretation seines Lehrgedichts nicht weiter von Bedeutung, hat es doch, wie bereits erwähnt, nichts mit Moralität zu tun.

Dike, die Göttin des Rechts

Dennoch ist die Wahl gerade dieser Göttin nicht zufällig, denn unmittelbar mit ihr ist das Thema der Wahrheit und das der Unterscheidung von Sein und Schein verbunden. Die Heliadenmädchen, heißt es weiter, die das Pferdegespann des Parmenides begleiten, überreden die Göttin mit schmeichelnden Worten, das Tor zu öffnen. Parmenides findet Einlaß, weil er dem Pfad von Recht und Gerechtigkeit gefolgt ist. Hier im Reiche des Lichtes belehrt ihn die Gottheit über die Wahrheit.

Suche nach Wahrheit

Wir sehen also, daß das Ziel der Wagenfahrt das Erfahren von Wahrheit ist. Auf diesen Zusammenhang werden wir bei der Interpretation von Bild 8 zurückkommen.

Interessanterweise führt die Lehre der Wahrheit, wie sie von Dike gekündet wird, zum Begriff vom einen Sein, das mit der Masse einer Kugel als des gleichmäßigsten aller Körper verglichen wird. Dieses Sein bedeutet wie das indische Brahman und das chinesische

Das Sein als Kugel

Tao Einheit aller Gegensätze.

Das Wohin der Wagenfahrt bedeutet bei PARMENIDES also die Erkenntnis, daß sich Gegensätzliches in einer höheren Identität aufhebt. Das Motiv der Gegensatzvereinigung aber ist, wie wir gesehen haben, das zentrale Thema unserer Tarotkarte.

Gegensätze gibt es, so lehrt uns die wahrheitskündende Dike weiter, nur auf der Ebene des Scheins, der auch die Menschen angehören. Weil sich das menschliche Wesen aus den beiden Grundkräften Licht und Nacht zusammensetzt, erscheint den Sterblichen auch die ganze Welt als ein Zusammenspiel von gegensätzlichen Kräften. Die Hell-Dunkel-Polarität erscheint auf unserem Bild, wie wir gesehen haben, in Form des Schwarz-Weiß-Gegensatzes der beiden Pferde. Das Wechselspiel von Werden und Vergehen, das sich auf der Ebene der Menschen abspielt, hat jedoch nur bedingte Gültigkeit; als Scheinhaftes wird es vor der ungewordenen, unveränderlichen und unvergänglichen, d.h. ewigen Präsenz des Seins bedeutungslos.

Vom Schein zum Sein

Dieses Sein, das sich im »es ist« ausdrückt, bedeutet die Einheit und Aufhebung der beiden großen Weltkräfte Licht und Nacht, die ihrerseits alle möglichen Gegensätze, ausgenommen das Paar Sein-Nichtsein, in sich bergen. Die Grundkräfte Licht und Nacht »sind«, und indem dieses »es ist« gedacht wird, vollzieht sich ihre tiefere, sie beide bedingende und aufhebende Einheit.

Auf diese Weise kann jedes Gegensatzpaar in einer höheren Identität im Sein vereint und transzendiert werden, und es folgt mit logischer Konsequenz die Unmöglichkeit des Nichtseins. Dieses ist undenkbar, weil das Denken ein Bezeugnis des Seins ist: Im Denken kommt der Mensch also mit dem Sein in Berührung, hier steht er gleichsam in der Wahrheit, d.h. er übersteigt die Ebene der bloßen Meinung, die Welt der *Doxa*.

Höhere Identität

Die Herabsetzung der Sinnenwelt zu bloßem Schein, wie sie in der Doxalehre des PARMENIDES vollzogen ist, ließe eine Ermahnung zur Einkehr in die innere Welt des

Ich, der Seele erwarten. Sie bleibt jedoch aus, was mit der wenig entwickelten geistigen Individualität innerhalb der frühen griechischen Kultur zu tun hat. Der denkende Geist reflektierte nicht auf sich selbst, sondern schritt bis an die Grenzen seiner Welt hinaus. Diese durchgängige Projizierung nach außen ist besonders deutlich an der parmenideischen Lehre vom Licht zu sehen.

Reine Erkenntnis

Das Prooemium beschreibt also keine innere Erleuchtung, es geht nicht um die Suche nach dem eigenen Selbst als dem tieferen Logos der Seele, sondern um reine Erkenntnis (vgl. SCHWABL).

Anders ist es bei PLATO: Sein Denken steht ganz im Dienste tätiger Selbsterkenntnis, seine Philosophie ist Paideia durch und durch. Die von ihm zur Veranschaulichung gewählten Metaphern und Gleichnisse sollen das Verständnis und damit die Verwirklichung der Idee des Guten durch jeden einzelnen Menschen fördern.

Bildung der Seele

Im *Phaidros* (246a-249d) benutzt Plato das Bild des Pferdegespanns als Symbol für die menschliche Seele. Ihr Wesen lasse sich nur mit Hilfe eines Gleichnisses annähernd beschreiben, denn zu schildern, wie sie wirklich ist, das bedürfte einer langen und göttlichen Abhandlung. Dieses platonische Wort erinnert an das berühmte Fragment von HERAKLIT: »Der Seele Grenzen kannst du im Gehen nicht ausfindig machen, und ob du jegliche Straße abschrittest; so tiefen Sinn hat sie« (84 fr. 45).

Auch die Bilder des Tarot sind, wie wir mehrfach gesehen haben, solche Gleichnisse, die gewisse »Grundtatsachen« menschlichen Daseins beschreiben und sich dabei manchmal durch große Wesensnähe auszeichnen. Es gehört aber gerade zum Wesen des im Tarot Dargestellten, daß es sich nicht im letzten ›einfangen‹ läßt, was nicht als Defizienz, sondern umgekehrt als positives Charakteristikum verstanden werden muß:

Lebendige Wirklichkeit läßt sich nicht abbilden. Sowenig wie PLATO die Wirklichkeit der Seele definieren kann, weil diese gerade in ihrer Dynamik liegt, und

nichts Statisches ist, gelangt in den Tarotbildern »Eindeutiges«, klar Definierbares zur Darstellung. Eben dies macht aber ihre Tiefe und Lebendigkeit aus.

So sind auch dem Deuten praktisch keine Grenzen gesetzt, was sowohl positiv wie negativ ist: Einerseits wird die Phantasie angeregt, und es kommen ganze Assoziationsketten in Gange, was für den Betrachter wertvoll und fruchtbar sein mag, andererseits droht derjenige, der sich um eine dem Bildinhalt einigermaßen adäquate und mehr oder weniger allgemeinverbindliche Deutung bemüht, in der Fülle des Materials zu ersticken.

Die Reise der Seele

Vor ihrem irdischen Dasein, heißt es im *Paidros*, ziehen die menschlichen Seelen ihre Bahn am Himmel und verwalten den Kosmos. In ihrer Ganzheit bestehe die Seele aus einem Wagenlenker und zwei geflügelten Rossen. Bei den Göttern seien Lenker und Rosse gut, bei den Menschen wird das Gespann von einem guten und einem schlechten Pferd angetrieben. Auch hier klingt also das Motiv der Gegensatzspannung an. Die Flügel nun sind fähig, die Schwere zu überwinden und die Seele in die Höhe zu den Behausungen der Götter zu tragen. Wir erinnern uns, daß der Wagen im Tarot manchmal auch von zwei geflügelten Sphingen gezogen wird und das Signet des Horusfalken, das ägyptische Geistsymbol trägt.

Flügel für die Seele

Diese Flügel wachsen dann am kräftigsten, wenn die Seele sich von dem Schönen, Weisen und Guten nährt, das bei den Göttern ist. So versuchen die zukünftigen Seelen der Sterblichen dem Zug der Götter mit Wagen und Roßen bei ihrer Himmelsumfahrt zu folgen. Auf ihrem Weg nun kommen die göttlichen Gespanne an einen »überhimmlischen Ort«, welcher der Wohnsitz des reinen wahren Seins ist, das nur vom reinen Geist erkannt werden kann.

Begegnung mit dem Wahren

Dieses Wahre ist ein farb-, form- und stoffloses Wesen, das sich aus Gerechtigkeit, Besonnenheit und Wissen zusammensetzt.

An ihm laben sich die Götter auf ihrer Fahrt, doch auch die Seelen der Menschen sehnen sich nach seinem

Anblick. Während die Wagen der Götter aber mit Leichtigkeit fahren und im Gleichgewicht sind, ist die Steuerung des menschlichen Seelenwagens beschwerlich und mühsam, weil das Pferd, das an der Schlechtigkeit Anteil hat und vom Lenker nicht gut erzogen wurde, zur Erde hinabdrängt und nur das gute nach oben, der Wahrheit entgegenstrebt. Diese aber ist nur dem Wagenlenker, der Vernunft sichtbar. Kraft ihres Führers vermag sich die Seele also am umfassenden, ewigen Nous (Geist, Sinn, Verstand) zu nähren, woraus ihr die Kraft der Bewegung erwächst. Als ein sich selbst Bewegendes ist die Seele auch Ursprung jeder anderen Bewegung, d.h. sie gestaltet als der ewig sich selbst bewegende Quell alles Lebens die Gesamtheit des Irdischen.

Ursprung und Motor der Bewegung

Auch hier wird der Vernunft als Vermittlerin zur Wahrheit überragende Bedeutung zugemessen. Das Wesen der Seele liegt in der Kraft der Bewegung, die sich in der geballten Energie und Dynamik der Pferde kundtut. Wir sehen, daß wir unserem Tarotbild mit einer rein statischen Betrachtungsweise nicht gerecht würden.

Der Anblick des Wahren gelingt den menschlichen Seelen wegen der widerspenstigen Pferde nur mit Mühe. So vermögen nur gerade die besten unter ihnen einen Blick in den Raum außerhalb zu werfen, voller Angst zwar vor den Pferden und deshalb das wahrhaft Seiende kaum sehend. Andere werden von den Rossen gewaltsam weggerissen, kaum haben sie an Höhe gewonnen. Den meisten fehlt ganz die Kraft sich zu erheben. Da sie sich nicht vom wahrhaft Seienden nähren können, müssen sie sich mit dem Vermeinten, der Doxa begnügen (vgl. PARMENIDES). So werden sie unter der Oberfläche herumgetrieben, wobei sie einander schlagen und stoßen, sich die Federn zerbrechen und gegenseitig zu verdrängen suchen. Es entsteht Verwirrung und Streit, wobei infolge der Untüchtigkeit der Wagenlenker viele Seelen lahm geschlagen werden, so daß sie ihre Flügel sinken lassen und auf die Erde zurückfallen.

Der Anblick des Wahren

Wir erinnern uns, daß das altindische Wort für ›Gegensatz‹, ›Paar‹ immer auch Streit und Kampf bedeutet.

Auf der Erde nun gehen die Seelen je nach dem Maß ihrer Schau in die verschiedenen Lebewesen ein. Jene, die von der Wahrheit am meisten gesehen hat, geht ein in den Lebenskeim eines Mannes, der ein Freund der Weisheit, Schönheit, Muse und Liebe ist. Diejenige, die am wenigsten gesehen hat, setzt sich im Körper des Tyrannen fest. Nur wenige Menschen von den insgesamt neun Gruppen bleiben übrig, die sich an das erinnern, was sie einst gesehen haben, als sie gemeinsam mit den Göttern durch den Himmel fuhren. Am meisten von allen weilt der Philosoph in seiner Erinnerung bei der vormals geschauten Wesenheit, so daß denn auch sein Denken als einziges beflügelt ist. Wahrhaft vollkommen aber wird auf Erden nur der, welcher solches Sich-Erinnern unermüdlich pflegt. Hierin liegt die Bestimmung des Menschen.

Weisheit, Schönheit, Muse und Liebe

Auch im Phaidros ist das Ziel der Wagenfahrt also das All-Eine, die Wahrheit des Seins. Dieses entspricht aufs genaueste dem Sein des PARMENIDES als der Grenze der sichtbaren Wirklichkeit, an der die Schau des Nous (Sinn, Erkenntnis) einsetzt. Nach ihm sehnt sich die Seele, die in sich selbst die Kräfte trägt, die sie zugleich nach oben, zur Wahrheit des Seins und nach unten, zur Doxa, d.h. zum Schein ziehen. In der Erinnerung an ihre vorherige Existenz kann sich die Seele nach der Einkörperung in einen sterblichen Leib über sich selbst erheben und die Menschen zu der allen gemeinsamen höheren Natur, zu ihrem höheren Selbst führen.

Unsterblichkeit und höhere Natur

Darauf zielte die platonische Lehre, deren philosophischer Gehalt sich in der Paideia des SOKRATES lebendig verwirklichte.

Angesichts der Vielfalt der für die Interpretation der 7. Tarotkarte beigezogenen Quellen wollen wir uns die wichtigsten Gedanken zum Schluß noch einmal kurz vergegenwärtigen: Das zentrale Thema der in Rede stehenden Karte ist das Problem des Gegensatzes und seiner Überwindung, das wir einer möglichst ganzheitlichen, d.h. verschiedene Betrachtungsebenen berücksichtigenden Untersuchung zugrunde gelegt haben.

Der Wagen: Ein Fazit

Drei Interpretationsebenen

In der Orientierung am unmittelbar vorliegenden Bildgehalt gelangten wir so zur Abgrenzung dreier Interpretationsebenen, auf denen das Gegensatzthema auf je eigene Weise zur Sprache kam: Auf der Ebene des archaisch-mythischen Denkens zeigte es sich uns in sinnenhaft-konkreter, sexualistisch gefärbter Form. Wir sahen, daß sich die archaische Ontologie zunächst einer biologischen Terminologie bediente, aus der sich erst allmählich eine metaphysische und theologische entwickelte. Daß dieser frühen Denkstufe auch die Bildersprache des Tarot entspricht, zeigte sich uns hier vor allem am männlich-weiblichen Konjunktionssymbol auf der Vorderseite des Wagens. Dieses hat jedoch nicht konkret-profane, sondern theoretische Bedeutung, was uns auf den Begriff der coniunctio oppositorum als Transzendierung (Überschreitung) jedes Gegensatzpaares im Sinne der Herstellung einer höheren, alles umfassenden Einheit brachte. Die weitere Untersuchung zeigte, daß dieses Thema auch ein Gegenstand der Philosophie ist, deren begrifflich-abstrakte Sprache wir dem Konkretismus der archaischen Denkstufe gegenübergestellt haben.

Mythos und Logos jedoch sind unterschiedliche Ausdrucksformen ein und derselben Realität: Es ist die Wirklichkeit der menschlichen Psyche, die sich je nach Entwicklungsstand innerhalb des großen Bewußtseinsprozesses des Menschen in anderer Form manifestiert. So gelangten wir zur These, daß die in Mythologie, Religion und Philosophie weitverbreitete Gegensatzthematik ein Problem der psycho-physischen Wirklichkeit der menschlichen Natur ist (psychologische Ebene).

Alte und neue Ur-Einheit

Nach Jung zielt die Entwicklung der menschlichen Persönlichkeit auf die Wiederherstellung der mit der Bewußtwerdung verlorenen paradiesischen ›Ur-Einheit‹ im Sinne einer Transzendierung der psychischen ›Zwienatur‹ zu einem übergeordneten, alle gegensätzlichen Tendenzen und Strebungen in sich einenden, harmonischen Ganzen. Dieser ›Einheit und Ganzheit‹, für die Jung den psychologischen Begriff des Selbst prägte, entsprechen

auf anderer Ebene die Begriffe Brahman, Tao, Sein, Geist, Logos, Wahrheit, Nous, auf die wir in der Orientierung an östlichem Seinsverständnis sowie unter Heranziehung von abendländisch-philosophischem Schrifttum gestoßen sind.

Bei all diesen Begriffen handelt es sich im letzten um irrationale, bewußtseinstranszendente Zielgrößen, in denen sich nach menschlicher Vorstellung die Einheit des Seins als allumfassende coniunctio oppositorum ereignet.

VIII

Justitia

Das 8. Arkanum zeigt uns die altrömische Göttin der Gerechtigkeit Justitia in Frontalansicht. In den meisten Darstellungen sitzt sie auf einem stabilen Thron, der zwischen zwei Säulen plaziert ist. In den Händen hält sie ein Schwert mit der Spitze nach oben und eine Waage, deren zwei Schalen sich im Gleichgewicht befinden. Oft trägt sie auch eine Augenbinde.

Wir haben bei der Besprechung der Karte VII-Der Wagen u.a. versucht, die Wagenfahrt im Lichte vom PARMENIDEISCHEN *Prooemium* und von PLATOS *Phaidros* zu interpretieren. Dort zeigte sich, daß die Fahrt der Wahrheit und Gerechtigkeit entgegenging. PARMENIDES macht die Göttin Dike, die der römischen Justitia entspricht, zur Hüterin der Schwelle, an der sich die Pfade des Tages und der Nacht scheiden. Das Tor in Äthers Höhen ist von mächtigen Türflügeln ausgefüllt. – Die gleiche Göttin finden wir auf dem der 7. Karte folgenden Bild dargestellt. Die Rücklehne ihres Thrones mit den beiden säulenartigen Pfosten vermittelt ebenfalls den Eindruck eines Toreinganges. In einer Tarotausgabe sind die beiden Türflügel auch durch zwei Schwanenflügel stilisiert. Diese haben Beziehung zum Ätherisch-Geistigen. Die beiden Säulen werden mit denjenigen vom Tempel Salomo, Jakim (Wille) und Bohas (Vorsehung), in Verbindung gebracht (O. WIRTH). Das Justitia-Bild steht – nicht ohne Grund – in unmittelbarer Nachbarschaft zum Eremiten, der nächsten Stufe innerhalb des Tarotweges.

Hüterin der Schwelle

Bohas und Jakim

Wir glauben, in der Dreierfolge VII »Wagen« – VIII »Justitia« – IX »Eremit« eine Auswahl von mythisch-philosophischem Gedankengut vor uns zu haben, die in besonderer Weise von ›vorbewußtem‹ Seinsverständnis im Tarot zeugt. Darin spricht sich der Mensch über sich selbst aus, und zwar ›ursprünglich‹, d.h. weder bestimmt durch theoretische Interpretation, noch solche beabsichtigend (HEIDEGGER 1972, 197). Solch ›vorontologische‹ Selbstauslegung kann den Weg bahnen für ontologisches Fragen. Dies betrifft, wie wir sehen werden, vor allem die Beziehung von Karte 8 und Karte 9.

Alte und neue Attribute der Justitia

Im alten Rom wurde die Göttin Justitia mit Füllhorn, Ölzweig, Zepter und Waage dargestellt, in nachantiker Zeit mit verbundenen Augen, Waage und Schwert. Als Personifikation der Gerechtigkeit ist sie nahe verwandt mit der Aequitas, der ›Billigkeit‹. Entsprechend der griechischen Dike (Astraia) verließ sie im eisernen Zeitalter als letzte der Himmlischen die von Verbrechen erfüllte Erde.

Die vier Kardinaltugenden

Neben Fortitudo (Kraft, vgl. Karte XI), Temperantia (Mäßigkeit, XIV) und Prudentia (Klugheit) ist Justitia eine der vier Tugenden, die häufiges Motiv mittelalterlicher Kunst sind. Schwert und Waage galten im frühen Mittelalter als Attribute des Erzengels Michael (vgl. Flügel im Bild). Das Motiv der Seelenwaage in der Hand des Erzengels Michael stammt aus dem ägyptischen Raum. Der Glaube, daß Osiris im Schattenreich die Seelen der Toten wägt, wurde mit wenig Modifikation ins Christliche übertragen. Hier handelt es sich nun also um ein echt ägyptisches Motiv.

Doppelnatur der Justitia

Ihre ursprüngliche Doppelnatur – Göttin auf der einen, menschliche Tugend auf der anderen Seite – weist zunächst auf die enge Verknüpfung von Religion und moralisch-geistiger Einstellung des Menschen hin. Nach JUNG (1971, 98f.) ist die Religion eines Volkes immer Ausdruck seiner Psychologie. Die Angst vor Geistern und Dämonen, die Verehrung von Göttern, Gesetzen und Idealen entspreche der Auseinandersetzung mit den positiven und negativen Mächten in der eigenen Seele. Als »Gott« wirke diejenige psychologische Tatsache, die die größte Macht im Menschen besitzt, sei sie nun positiver oder negativer Natur. Als überwältigender psychischer Faktor erfordere das Göttliche in seiner geheimnisvollen Mächtigkeit (von Jung oft »das Numinosum«

oder das »Numinose« genannt) sorgfältige und gewissenhafte Beobachtung. Der Mensch sei immer viel eher Opfer denn Schöpfer des Numinosen, was mit der autonomen Natur des Unbewußten zu tun habe.

Daß Justitia allmählich ihre Wirkung als antike Göttin verlor, liegt nicht an ihrem Wesen, sondern hängt mit der allgemeinen Wandlung der religiösen Einstellung im Verlaufe der Geschichte zusammen: Mit der Menschwerdung Gottes begann ein neues Mysterium. Die alten Götter hatten ihren Dienst getan und verloren ihre direkte Macht als Götter, nicht aber als »archetypische Größen«. Eine solche archetypische Größe finden wir in der Justitia-Figur versinnbildlicht. Als Personifikation der Gerechtigkeit ist sie Symbol von Ethik und Moral. In ihr verdichtet sich die Urfrage der Menschheit nach Recht und Unrecht, Schuld, Strafe, Gericht, Buße.

Urfrage der Menschheit

Die Vorstellung von einer richterlichen Instanz, vor der sich der Mensch am Ende seines Lebens zu verantworten hat, ist in den Mythologien aller Völker und Zeiten anzutreffen (vgl. auch Karte XX »Jüngstes Gericht, Unsterblichkeit«). Sie ist Ausdruck eines dem Menschen innewohnenden moralischen Verantwortlichkeitsbewußtsein, das Voraussetzung für Entstehen und Funktionieren der Kultursozietät ist. Nach FREUD (1912-13, 430ff.) ist das phylogenetisch am Ödipus-Komplex erworbene Schuldbewußtsein der Menschheit letzte Quelle von Religion und Sittlichkeit. – Überall zeichnet sich diese Instanz aus durch hartes, aber gerechtes Urteilen und absolute Objektivität. Unerbittlichkeit und Strenge stehen im Dienste der Wahrheitsfindung. Positive und negative Taten werden gegeneinander abgewogen, Echtes von Unechtem, Gutes von Bösem, Sein von Schein geschieden. Der Mensch kann sich diesem Gericht nicht entziehen. Es gibt kein Entrinnen, weil sich die Wahrheit letztlich immer durchsetzt.

Moralische Verantwortung

Die charakteristischen Attribute Justitias sind Schwert, Waage und Augenbinde.

Symbol Schwert

Das Schwert symbolisiert ihre Durchsetzungskraft und Unerbittlichkeit im Urteil. Es hat auch zertrennende und scheidende Funktion. Im Mittelalter galt es vor allem auch als Symbol des göttlichen Geistes und Wortes. Im Neuen Testament wird das Wort Gottes mit einem scharfen zweischneidigen Schwert verglichen: »Denn das Wort Gottes ist lebendig und wirksam und schärfer als jedes zweischneidige Schwert und durchdringend bis zur Scheidung von Seele und Geist, sowohl der Gelenke als auch des Markes, und ein Beurteiler der Gedanken und der Gesinnung des Herzens; und kein Geschöpf ist vor ihm unsichtbar, sondern alles bloß und aufgedeckt vor den Augen dessen, mit dem wir es zu tun haben« (Hebr. 4, 12), oder: »Und aus seinem Munde ging ein scharfes, zweischneidiges Schwert« (Off. I, 16).

Symbol Waage

Die Waage ist ein Symbol ausgleichender Gerechtigkeit. Es ist wahrscheinlich chaldäischer Herkunft und hat mit der rechten Verteilung von Schuld und Strafe zu tun.

Parmenides nennt die Gottheit, die die Schlüssel zum Tor der Wahrheit besitzt, Dike, die Vielstrafende, die ihn mit den Worten begrüßt, daß Gesetz (Themis) und Recht (Dike) ihn auf den rechten Weg geleitet haben.

In der Ilias (22, 209ff.) sowie der Äneis (12,725ff.) hält Jupiter als Schiedsrichter im Kampf feindlicher Parteien ›zwei gleiche Schalen der Waage prüfend empor‹. Die Waage erscheint auch als Attribut von Osiris, der das Herz des Verstorbenen gegen eine Feder als Symbol unbelasteter, reiner Wahrheit aufwiegt. Erst das sorgfältige Abwägen und Prüfen ermöglicht die Herstellung eines Gleichgewichtes zwischen gegensätzlichen Tendenzen.

Der dieser Tarotkarte zugeschriebene Buchstabe Cheth kann als stilisierte Waage und damit als Gleichgewichtssymbol angesehen werden.

Astrologisch wird Justitia manchmal dem Libra-Zeichen zugeordnet, welches »inneres Urteil« und »Befragung« verkörpert. Es liegt ihm die Idee zugrunde, daß alle Schuld automatisch die Kräfte der Bestrafung entfessle. Auf einem italienischen Kunstwerk aus dem 16. Jhdt. ist eine Justitia-ähnliche Frauenfigur als Sybille

dargestellt (in: GETTINGS 1973, 54, Abb. 116).

Die Astrologie kennt mehrere Symbole, die eine Verdoppelung in sich tragen, so auch den Krebs, den GLAHN (1975) der Justitiafigur zuordnet. Mit Krebs ist ein erster Lebensabschnitt abgeschlossen, der u.a. durch »mit sich selbst zu Gerichte gehen« gekennzeichnet ist; dann beginnt ein neuer Aufbruch (Löwe). Es handelt sich dabei um eine erste Stufe der Selbstwerdung.

Richten und vergleichen

Justitia mißt und wägt solange, bis die beiden Schalen gleichgewichtig sind. Es geht also nicht um blindes Verurteilen oder Ausmerzen von Negativem, sondern um Integration und Synthese. Die Waage besteht aus zwei Schalen. Nur wo eine Zweiheit besteht, kann gegeneinander abgewogen und neu geeint werden. In ähnlicher Weise ist auch das Schwert zusammen mit seiner Schutzhülle ein Symbol der Vereinigung (vgl. Karte VI »Die Liebenden«). – Der in einer Tarotausgabe zu sehende Schwan im Hintergrund von Justitia gilt mit seinem phallischen Hals und dem weiblich-runden Körper als hermaphroditisches Symbol, das bei den Alchemisten die ›coniunctio oppositorum‹ versinnbildlicht.

Einmal mehr begegnen wir hier also dem Thema vom Gegensatz, das schon bei Karte VI »Liebende/Scheideweg« und VII »Wagen« eine wichtige Rolle spielte. Während der Jüngling an der Wegkreuzung noch zwischen zwei Gegensätzen, der Tugend und dem Laster steht, ist es dem Wagenlenker auf Bild VII gelungen, diese in den Griff zu bekommen. Die beiden Pferde (Sphinxen) streben zwar noch auseinander, und es muß um Ausgleich und Gleichgewicht gerungen werden. Dieses Gleichgewicht scheint auf Karte VIII »Justitia« erreicht. DOUGLAS (1974, 72f.) spricht von einem Kräftegleichgewicht zwischen bewußten und unbewußten Strebungen im Menschen.

Streben nach Gleichgewicht

Symbol Augenbinde

Die Augenbinde weist darauf hin, daß das Urteil nicht aufgrund äußerer Wahrnehmung gefällt wird. Es kommt beim Richten also nicht auf das äußerlich Sichtbare an. Dieses ist bloß Hülle, hinter der sich das wahre Wesen verbirgt (vgl. indische Mayavorstellung). In PLATOs *Gorgias* müssen Richter und Gerichtete tot und nackt sein, weil sich das wahre Wesen erst entberge, wenn man vom Äußeren abstrahiere. Alle sichtbare Form sei bloße Bekleidung: Schöne Körpergestalt, hohe Abstammung, Reichtum und falsche Fürsprecher sind trügerischer Schein, der gerechtes Urteilen verunmöglicht.

Das Wesentliche schauen

Die Augen sind blind, wenn sie am Sichtbaren haften, das Wesentliche bleibt ihnen verborgen: »Man sieht nur mit dem Herzen gut; das Wesentliche ist für die Augen unsichtbar«, heißt es bei SAINT-EXUPERY (1946). Ähnlich in PLATOs *Gorgias*: »Mit der Seele selbst die Seele selbst anschauen«. Zum griechischen Zitat noch ein indisches (Shankara): »atmanyatmanatmanam – (Erkenne) im atman mittels des atman den atman (= das Selbst)«.

Bisher haben wir uns vom Symbolgehalt Justitias als göttlicher Instanz ansprechen lassen. Nun stellt sich die Frage, was für eine Projektion ihr zugrunde liegt. Die folgende Analyse wird zeigen, daß Justitia einen Eigenschaftskomplex verkörpert, der derjenigen »psychologischen Tatsache« im Menschen entspricht, welche wir gemeinhin mit »Gewissen« bezeichnen.

Die Gewissensfunktion

Bei FREUD ist es die theoretisch postulierte zensorische Instanz des Über-Ich, der die Funktion des Gewissens zukommt. Das Über-Ich arbeitet als ein System introjizierter Gesetzesnormen nach dem sog. Moralitätsprinzip, welches dem Sittengesetz KANTs, der seiner Gewissensinterpretation die »Gerichtshofvorstellung« zugrundelegt, entspricht. Es vertritt die moralischen Forderungen und idealen Strebungen der Person und ist zentriert um die Funktionen der Selbstkritik, Selbstverurteilung und Selbstbestrafung, um Reue und Buße, aber auch um Selbstliebe und Eigenlob.

Nach HEIDEGGER (1972) ist das wesenhafte Schuldigsein die existenziale Bedingung der Möglichkeit für das »moralisch« Gute und Böse im Menschen. Dieses ursprüngliche Schuldigsein werde dem Dasein durch

den Ruf des Gewissens erschlossen. Im Heideggerschen Sinne wird das Gewissen nicht einfach als anthropologisches, psychologisches oder theologisches Phänomen, sondern als Existenzial, d.h. als Wesensmerkmal menschlichen Lebens verstanden.

In seiner Gewissens-Analyse (SUZ §§ 54-62) versucht HEIDEGGER die ontologischen Fundamente dessen herauszustellen, was die vulgäre Auffassung in gewissen Grenzen immer verstanden und als »Theorie« des Gewissens auf einen Begriff gebracht hat (269). Die »Tatsache« einer Gewissensinstanz im Menschen sei umstritten, ihre Funktion werde verschieden eingeschätzt und das »Gesagte« mannigfaltig ausgelegt. Gerade diese »Zweideutigkeit« beweise aber, daß es sich hier um ein ursprüngliches Phänomen des Daseins handle (268).

Stimme des Gewissens

Man spricht allgemein von der Stimme des Gewissens. Die Deutung dieser Stimme als ›vox dei‹ (Stimme Gottes), d.h. als eine in das Dasein hereinragende, fremde Macht oder sich bekundende Gottheit hängt mit der Wesensart des Gewissensrufes zusammen: »›Es‹ ruft, wider Erwarten und gar wider Willen. Andererseits kommt der Ruf zweifellos nicht von einem Anderen, der mit mir in der Welt ist. Der Ruf kommt aus mir und doch über mich« (275). Er trifft den Angesprochenen eindeutig, unerbittlich und unverwechselbar: »Der Ruf bedarf nicht erst eines tastenden Suchens nach dem Anzurufenden, keines Kennzeichens, ob er der Gemeinte ist oder nicht« (274). Er übergeht im Anruf alles »weltliche« Ansehen und Können des Daseins.

Unmittelbarkeit des Anrufs

Der Ruf des Gewissens gibt auch selbst keine Antwort »auf die Fragen nach Name, Stand, Herkunft und Ansehen« (274).

Diese HEIDEGGERsche Formulierung erinnert in bemerkenswerter Weise an PLATOs *Gorgias*, was uns als Beispiel für die enge Verknüpftheit von Mythos und Logos gelten mag. Wir sehen jetzt auch, wieviel Verstehensgehalt in unserer Justitiafigur drinliegt: In bildhaft-symbolischer Sprache wird schlicht und ursprünglich zum Ausdruck gebracht, worum diskursives Denken und Formulieren mühsam ringt.

»Vom Ruf getroffen wird, wer zurückgeholt sein will« (271). Die Sicherheit, mit der der Gewissensruf den Angerufenen trifft, liegt in der Unverwechselbarkeit des auf sich vereinzelten Daseins, das durch den Gewissensruf in die »Verschwiegenheit seiner selbst« gezwungen wird.

Gewissen und Einsamkeit

Wir werden bei der Besprechung des nächsten Arkanums, dem »Eremit«, sehen, wie der Mensch auf diesem Weg zu sich zurückfindet. Die innere Beziehung der beiden Karten »Justitia« (VIII) und »Eremit« (IX) hängt damit zusammen, daß die beiden Phänomene »Gewissen« und »Einsamkeit« zwei tragende Wesenszüge menschlichen Daseins sind, die dem gleichen Ursprung entstammen.

Schlüssel zur Wahrheit

Justitia und Dike sind als Gerechtigkeitsgöttinnen ein Symbol der Wahrheit. In PLATOs *Phaidros* sehnen sich die als Pferde vorgestellten Seelen nach der Wahrheit, die aus wahrhafter Gerechtigkeit, Besonnenheit und Wissen besteht. Das Zweigespann von Bild VII fährt der wahrheitskündenden Göttin Justitia entgegen. Während auf Karte II-Die Päpstin die Wahrheit noch geheimnisvoll verschleiert wird (Vorhang, Schleier), ist der Blick nun frei und offen.

Die Wirklichkeit entdecken

Auch bei PARMENIDES ist Aletheia das Ziel der Wagenfahrt (griech. Wahrheit; wörtlich: das Nicht-Verborgensein; vgl. unten, S. 116). Die Wahrheit ist nur im Licht, d.h. bei der Sonne und mit Hilfe eines ›guten Geistes‹ zu erreichen. Ohne eine göttliche Instanz, die mittelnd zwischen den Weltmächten steht und ihre Wirksamkeit in sinnvolle Formen bringt, ist es dem Menschen unmöglich, den Schein auf das Sein hin zu durchschauen. Die Laterne des »Eremit« von Bild IX kann in diesem Sinne als Symbol für die der Dunkelheit abgerungene Wahrheit gedeutet werden.

Interessant ist auch die Beziehung des im Tarot anklingenden Pferde- und Schwanmotivs. Es erinnert an die Lohengrinlegende, in welcher der Mythos vom Sonnenwagen, der bei Tag von Pferden, bei Nacht von einem Schwan gezogen wird, aufgenommen ist (vgl. auch Karten XIX »Sonne« und XX »Gericht«).

Das Gewissen hat, wie wir gesehen haben, eine kritische Funktion, die unser Handeln und Verhalten sowohl prüft als auch be- bzw. verurteilt. Meist werden wir seiner nach faktisch vollzogener oder in der Phantasie durchgespielter Tat bzw. Unterlassung gewahr. Es meldet sich als ungutes Gefühl, als Druck auf der Brust, als rügende Stimme aus dem eigenen Inneren, bald laut, bald leise anklagend, dann wieder untertauchend im Lärm der jetzt erst recht willkommenen geschäftigen Alltäglichkeit, jedoch nie ganz verstummend. Ein Nagen und Bohren am Grunde des Herzens, das stille Zufriedenheit und Ruhe verwehrt, ein jähes Rufen, das aufscheucht und zusammenfahren läßt, kaum glaubt man sich an sicher geschütztem Orte. Da hilft kein trotziges Sichauflehnen oder beschwichtigendes Zureden, kein Davonlaufen, kein flüchtiges Verdecken: wohin man auch geht, der Gewissensruf folgt nach. Darin kann etwas durchaus Positives liegen: Der Mensch wird zur Stellungnahme und Konfrontation gezwungen. Er muß sein Tun vor der Instanz im eigenen Innern verantworten und rechtfertigen können. Der Stachel des schlechten Gewissens und die diesem entsprechende unterscheidende Fähigkeit spornt zu Selbstkritik und Selbstbeobachtung an, was Voraussetzung und Chance für Veränderung und Wandlung ist.

Unausweichlichkeit der 'Gerechtigkeit'

Der Stachel des Gewissens

Gleichzeitig ist »das Gewissen« – seine Existenz und ›Funktionstüchtigkeit‹ vorausgesetzt – als warnende Stimme auch eine Orientierungshilfe, die den Menschen bis zu einem gewissen Grade vor unethischem Tun schützt. Die individuellen Unterschiede variieren aber in einem Maße, daß sich kaum etwas Allgemeines über »das Gewissen« aussagen läßt. In jedem von uns klingt vielmehr, wird er – beispielsweise durch die Betrachtung unseres Justitia-Bildes – mit der Gewissensproblematik konfrontiert, etwas anderes an, und doch wissen wir alle, mehr vorsprachlich-intuitiv denn begrifflich formulierbar, ›worum es geht‹. Von den pathologischen Formen, welche die Gewissensinstanz im Menschen annehmen kann, wollen wir an dieser Stelle absehen.

Orientierungshilfe

IX
Der Eremit

Das neunte Tarotbild, das »Eremit«, »Einsiedler«, »Pilger«, »Weiser« genannt wird, zeigt einen alten bärtigen Mann mit langem Kapuzengewand, der einsam durch eine menschenleere, verlassene Wüstengegend zieht. Eine hochgehaltene Laterne spendet ihm Licht im Dunkel. In der anderen Hand hält er einen Wanderstab, mit dem er vorsichtig den Weg abtastet. Teilweise ist noch eine Schlange am Boden zu sehen.

Das Licht bereithalten

Die hieroglyphische Bedeutung des 9. Buchstabens des hebräischen Alphabetes, Teth, ist »Dach«, »Schutz«, »Sicherheit«, die auf dem Boden der Weisheit wächst.

Dieser Schutzcharakter wird durch den weiten, verhüllenden Mantel, die Kapuze und das nächtliche Dunkel, das den Eremiten einhüllt, bildlich veranschaulicht. Es wird der Eindruck von Geheimnisvoll-Verborgenem, Tiefem vermittelt. Der Wanderer schreitet langsam und bedächtig, in bewegter Ruhe. Sein Blick ist aufmerksam auf den Boden gerichtet. Mit dem Stab erschließt er sich vorsichtig voraustastend den Weg, Schritt um Schritt. Die Laterne spendet Licht und Wärme; ihre Strahlen durchbrechen das Dunkel und leuchten hell in der Nacht.

Verhüllung und Enthüllung

Der Eremit ist, wie sein Name schon sagt, ein Mensch, der allein, als einzelner geht. In der Gestalt des *Einsiedlers* kommt das äußerst vielschichtige Thema der Einsamkeit in verdichteter Form zur Sprache. Das Einsamkeitsproblem ist in erster Linie ein psychologisches, zugleich aber auch ein religiöses, philosophisches, ein charakterologisches und kulturell-historisches Problem.

Einsamkeit als Grundtatsache

Es ist schwierig, etwas Allgemeines über »die Einsamkeit« auszusagen. Einerseits ist sie »ein konstitutiver Faktor des Menschen überhaupt« (RÜSSEL 1940), andererseits unterliegt sie so bedeutungsreichen Zeiteinflüssen, daß sich nicht mehr von einer einheitlichen Erfahrungsqualität sprechen läßt. Im folgenden werden wir versuchen, die allen Formen gemeinsame Kernsubstanz des Einsamkeitserlebens herauszuarbeiten, um dann in einem nächsten Schritt einzelnen, uns besonders wichtig erscheinenden Aspekten innerhalb des mannigfaltigen Bedeutungsreichtums nachzugehen.

Die Leitidee, nach der wir uns dabei orientieren, ist das Eremitentum in allgemeiner und spezieller Sicht, das wir uns mit Hilfe eines Exkurses in Geschichte und Dichtung vergegenwärtigen wollen. In einem eigenen Abschnitt soll schließlich die dem Eremitenthema inhärente psychologische Bedeutung zur Sprache kommen. Dabei wird sich zeigen, daß der Eremit als ›archetypisches‹ Sinnbild für die Einsamkeit gerade in der heutigen Zeit von hoher Aktualität ist.

Einsamkeit als Archetyp

Die Frage nach der Einsamkeit ist eine Grundfrage aller Menschen und Zeiten. Nach L. Maduschka (1933) ist die Einsamkeit eine Naturform des menschlichen Daseins, Ausdruck und Form des Lebens, ihm entwachsen und durch alle Verwandlungen hindurch unzertrennlich mit ihm verknüpft. Er nennt sie ›innere Artung‹, ›Anlage‹, ›substantielle Wesenheit‹, ›Seinsstand‹, ›Urerlebnis des Seelischen‹, ›eine primäre Qualität des persönlichen Lebens ›. In ihr werde eine Form des Sichverhaltens, der Beziehung und Beziehungslosigkeit zu Welt, Leben und Mensch offenbar, die der Seele von vornherein innewohne und ihre Struktur maßgebend bestimme. Ihr letztes Motiv liege im ›einzelseelischen Fühlen‹ des Individuums (Schmalenbach 1920, 62), im primären Gefühl des Außenstehens und der Isoliertheit innerhalb von Welt und mitmenschlicher Gemeinschaft, was nicht unbedingt schon dem Gefühl qualvoller Verlassenheit gleichkommen müsse. Zunächst sei es das Empfinden von Besonderheit und Einmaligkeit der eigenen Persönlichkeit, die sich irgendwie von der großen Mehrheit der anderen Menschen unterscheide. Diese Ausnahmestellung bedeute jedoch zugleich auch schon

Erfahrung der Besonderheit

Trennung und Isolierung von »Anderem« und Eingeschlossenheit in das eigenste Wesen.

Ähnlich schreibt DILTHEY in einem Jugendbrief an die Schwester (22. Jan. 1860): »Denn in seiner tiefsten Eigenart ist jeder Mensch einsam. Wie selig es ist, wenn wir das sinnende Auge eines Freundes herandringen fühlen an unser innerstes Wesen: nur Berührung ist es, nie Durchdringung ... Wohl verknüpfen sich die Seelen zu Harmonien, aber Jeder bleibt für sich, sie verschwinden nicht.« Meist, aber nicht immer, ist mit solcher Einkapselung auch Alleinheit verbunden. Umgekehrt kann man auch einsam sein, wo man nicht allein ist. Die Alleinheit meint also bloß einen äußeren, räumlichen Zustand im Unterschied zur Einsamkeit als »innerer Angelegenheit« (RILKE 1907). Hierzu zwei Zitate:

Einsamkeit und Alleinsein

»Die Einsamkeit ist not, doch sey nur nicht gemein, so kannst du überall in einer Wüste sein« (ANGELUS SILESIUS). Bei SAINT-EXUPERY sagt der Kleine Prinz zur Schlange: »Es ist ein wenig einsam in der Wüste.« Darauf erwidert die Schlange: »Es ist auch einsam bei den Menschen« (1946).

Einsam sein heißt bei MADUSCHKA, eine Welt für sich, eine Art Mikrokosmos oder Monade sein, in der eine gewisse Eigengesetzlichkeit herrscht. Die Einsamkeit bestimme Werken und Wirken des Individuums als schicksalshaftes Motiv und offenbare sich in manchen ihrer Gestaltungen als dem Leben entgegengesetzt, gehöre diesem aber wie der Tod unmittelbar und ursprünglich zu. Als eine ›große Kategorie des Geistes‹ sei sie auf fast allen Lebensgebieten irgendwie wirksam und auf irgendeine Weise verzahne sich fast jede entscheidende Frage menschlichen Daseins mit ihrem Problem.

Raum für das Eigene

KOELBEL (1960) nennt die Einsamkeit ›ein allgemeinmenschliches Erleben‹, bei W. BITTER ist sie ›eine Grundsituation des Lebens‹. Der russische Gesellschaftsphilosoph NIKOLAJ BERDJAJEW bezeichnet die Einsamkeit als menschliches Grundproblem; ihre Geneaologie sei von der des Menschen gar nicht zu trennen (RAKUSA 1975).

Nach R. Moehrmann (1974) gehört die Einsamkeit wie Liebe, Angst und Tod zu den ›archetypischen Erfahrungen‹ des Menschen. Trotz des aristotelischen Wortes vom »zoon politikon« (der Mensch als Gemeinschaftswesen), als welches sich der Mensch im Erleben des Miteinander erfährt (Lersch 1952, 132), könne nicht eindeutig gesagt werden, ob der natürliche und erstrebenswerte Zustand des Menschen Gemeinschaft oder Einsamkeit sei. Zunächst habe das gemeinschaftliche Leben nur einen äußeren, soziologisch-biologischen Aspekt, was das Einsamkeitserleben nicht ausschließe. Gerade physische Nähe könne das Gefühl der Isolation aufkommen lassen. Mit steigender Entwicklung der Lebewesen nimmt auch die Individualität und damit die Möglichkeit des Für-sich-Seins zu.

Nähe und Distanz

Nach Karl Vossler (1950, 22) gibt es auch Zeiten und Völker, wo die Einsamkeit Norm und Vorbild, die Gesellschaft hingegen das Naturwidrige ist. Denken wir etwa an die Individualtendenzen in den Hochreligionen, an das Mönchtum, oder an den frühen Buddhismus, wo der Arhat (buddhistischer Mönch) der Erlöste ist, was heißt, daß der Mönchsweg der bessere Weg ist. Hier wird die Kulturabhängigkeit von ›Einsamkeit‹ besonders deutlich.

Keine Einsamkeit ohne Miteinander

Bei alledem müssen wir aber im Auge behalten, daß sich Einsamkeit und Gemeinschaft nicht als isolierte Phänomene betrachten lassen: Einsamkeit gibt es nur insofern Mitsein ist. Sie verweist von sich aus auf diesen ursprünglichen Wesenszug menschlichen Existierens. Ihre Möglichkeit ist gleichsam der Beweis dafür, daß die Welt des Menschen immer Mitwelt ist. Einsamkeit und Gemeinsamkeit bedingen einander. Binswanger (1964, 131) nennt die Einsamkeit »ein der liebenden Gemeinsamkeit oder Wirheit immanenter Wesenszug« ... »Im Gegensatz zur Alleinheit oder Isoliertheit ist Einsamkeit nur möglich auf dem Grunde der wahren Zweisamkeit.«

Im Alten Testament wird der Mensch im Einsamkeits-Erlebnis auf das Wir-Sein als Fundament seines

Daseins geworfen, denn außerhalb der Gemeinschaft ist in Israel kein Leben denkbar. Gleichzeitig erfährt er aber auch die Bezogenheit seines Personseins auf Gott (SEIDEL 1969, 120f.).

M. BOSS (1971) spricht von der Einsamkeit als Privationserscheinung im Vollzug des primären Mitseins mit anderen. Auf der anderen Seite kommt der Mensch gerade in und durch die Vereinzelung zu sich selbst. Die »Vereinzelung holt das Dasein aus seinem Verfallen zurück und macht ihm Eigentlichkeit und Uneigentlichkeit als Möglichkeiten seines Seins offenbar« (HEIDEGGER 1972, 191). HEIDEGGER bezeichnet die Flucht in das »Zuhause der Öffentlichkeit« als defizienten Seinsmodus, d.h. als mangelhafte Lebensweise. Indem sich das Dasein an das alltägliche »Man« und sein Gerede verliert, *überhört* es das eigene Selbst und versteht sich immer aus dem, was es selbst nicht ist: aus der »Welt« und aus der öffentlichen Ausgelegtheit eines beruhigt-vertrauten, das eigenste Wesen verdeckenden In-der-Weltseins. Diese dem Dasein eigene Verdeckungstendenz, welche durch den Lärm öffentlichen Tuns und Treibens noch begünstigt wird, kann nun aber gerade durch ein Rufen unterbrochen werden, das nicht von außen, sondern meist unerwartet und gar wider Willen aus der Tiefe des eigensten Wesens kommt. Es ist der angstgestimmte, unheimliche Ruf des Gewissens, der das Dasein an seine wesenhafte Nichtigkeit gemahnt und diesem das Sein zum Tode als der eigensten, unbezüglichen Möglichkeit erschließt.

Schritt zur Eigentlichkeit

Diese Gewissens-»instanz« fanden wir bereits in der dem Bild des Eremiten unmittelbar vorangehenden Tarotkarte »Justitia« verkörpert. Sie zwingt den Menschen, eindeutig und unverwechselbar rufend, in die Verschwiegenheit seiner selbst.

Wüste als Metapher

Die menschenleere Wüsteneinöde wird uns zum Sinnbild des existenzialen Un-zuhause, in dem sich der Eremit als Symbol für Einsamkeit überhaupt aufhält. Die ihn einhüllende Dunkelheit betont diese Unheimlichkeit noch, weil in ihr in betonter Weise »nichts« zu sehen ist, obgleich gerade die Welt noch und aufdringlicher »da« ist (1972, 189).

Gang durch die Dunkelheit

Im Alten Testament, wo die Einsamkeit eines der tiefsten und umgreifendsten Erlebnisse des Menschen ist, wird das Erleben von Einsamkeit mit der Wüstenmetapher und den Motiven von Dunkelheit und Finsternis umschrieben. Ein allgemeiner Einsamkeitsbegriff fehlt. Dies hängt einerseits mit der lebendigen, erlebnisnahen hebräischen Denkart, anderseits mit dem Einsamkeitserleben selbst zusammen: Einsamkeit gehört zu den Erlebnissen, die nicht wie beispielsweise Furcht und Schrecken von sichtbaren Merkmalen begleitet werden, sondern sich vielmehr im »Innern« des Menschen ereignen, was kaum Anhaltspunkte für die Begriffsbildung gibt (Seidel 1969). Einsamkeit ist im Alten Testament kein Wert, sondern mehr Ursache für Gefahren. Sie wird weder gepriesen, noch für Meditation und Askese gesucht. Dennoch können diese Einsamkeitserlebnisse zu Gott führen.

Reifung

Das hohe Alter des Einsiedlers weist zunächst darauf hin, daß Einsamkeit, wie sie hier verstanden sein will, einem späten bzw. *reifen* lebensgeschichtlichen Stadium entspricht, in dem der Mensch vor die Frage nach dem, was er selbst ist, gestellt wird. Das appollinische ›Erkenne dich selbst‹ mahnt zu stiller Einkehr (*Myste* = schließen von Lippen und Augen). In diesem »Bei-sich-Sein« erlebt sich der Mensch zwischen Fülle und Leere, Geborgenheit und Heimatlosigkeit: »Im Eis der Einsamkeit wird der Mensch sich am unerbittlichsten zur Frage und eben daher, da die Frage sein Heimlichstes grausam aufruft und ins Spiel zieht, wird er sich zur Erfahrung« (Buber, 1954). Der Gang in die eigene Tiefe ebnet auch den Weg zur Erfahrung von Transzendenz, zur unio mystica (Mystischen Einheit) mit dem All-Einen, Göttlichen. Ähnlich heißt es bei Tschuang-Tse:

Verfeinerung

»Die Verfeinerung, welche der Besitz des höchsten Tao verleiht, ist einsamste Einsamkeit und dunkelste Finsternis; das höchste des höchsten Tao ist dunkelstes Dunkel und stillste Stille. Nichts ist da zu sehen, nichts

zu hören; sie hüllt die Seele in Schweigen ... sei also still und schweigsam und werde dadurch rein ...«

Was in Einsamkeit erfahren werden kann, sagt uns auch folgende kleine Geschichte aus dem »Corpus eremiticum«: Zu einem Einsiedler kommen Fremde und fragen ihn, was er aus seinem Eremitentum für Erfahrungen ziehe. Dieser ist gerade im Begriff, aus seiner Zisterne zu schöpfen. Er fördert das Wasser und bittet die Fremden alsdann, einen Blick in die Tiefe der Zisterne zu werfen. Auf seine Frage, was sie dort sähen, antworten die Fremden: »Nichts« Nach einer Weile wiederholt der Einsiedler die Frage, die Fremden blicken wieder in die Tiefe und sagen nun: »Wir sehen uns selber, unsere Gesichter«. Der Eremit: »Weil ich förderte, war Unrast in der Zisterne. Jetzt ist dort die Ruhe und man kann sehn, was man ist. Das ist die Erfahrung der Einsiedelei« (KÄSTNER 1975, 225f.).

Erfahrung und Ernte

Das Einsamkeitserleben, wie es hier zur Darstellung gelangt ist, nämlich als eine Begegnung mit der Tiefe des eigenen Wesens, ist also Frucht einer langen Kette von Erfahrungen; es ist *reifes Erleben.*

Endlichkeit und Ewigkeit

Die äußerste Form solchen Erlebens ist die Todeseinsamkeit: »Sterben muß jeder allein und in Einsamkeit. Die letzte diesseitige Antwort auf das Rätsel der Einsamkeit ist der Tod. Auf ein Rätsel antwortet ein Rätsel« (RÜSSEL 1940, 16). Nach BINSWANGER (1964, 247) läßt sich jedoch auch die Einsamkeit des Todes, wie alle Einsamkeit, nur aus der Zwei- und Mehrsamkeit des liebend-freundschaftlichen Miteinander, aus der Teilnahme verstehen.

JEAN PAUL (1929) vergleicht die Einsamkeit mit Schlaf und Tod, wo sich das Dunkel des eigenen Innern aufhelle: »Wie einsam ist der heilige Schlaf! Der Todesengel hat den Menschen aus der lichten Welt in die finster überbaute Einsiedelei geführt, seine Freunde stehen draußen neben der Klause; drinnen redet der Einsiedler mit sich, und sein Dunkel wird immer heller, und Edelsteine und Auen und ganze Frühlingstage *entglimmen* endlich.«

Das Bild vom greisen Einsiedel hat unseren Blick auf die Sterblichkeit als existenzialen Wesenszug menschlichen Existierens gelenkt.

Die *Laterne* des Eremiten, die er mit seinem Mantel vor dem Winde schützt, bedeutet Licht, Helle, Strahlen in der Dunkelheit. Nicht zufällig wird der Eremit auch ein *Weiser* genannt (vgl. Sapientia [Klugheit] als »lumen indeficiens« [Licht ohne Mangel, ohne Makel] bei den Alchemisten). Seine Lampe kann uns Symbol seiner in Einsamkeit gesuchten und gefundenen Erleuchtung sein. Außerdem mag sie auf die Ausstrahlung hinweisen, die er als Erleuchteter auf andere Menschen ausüben kann. Solch reifes Einsamkeitserleben ist oft erst Frucht eines langen und beschwerlichen Leidensweges durch die Welt. Dazu paßt, daß unser Tarotbild dem Horus-Weg, dem Weg des Leidens und der Erkenntnis angehört. Zur Illustration zwei literarische Hinweise: In den beiden Erzählungen »Siddharta« (Hesse 1968) und »Die Augen des ewigen Bruders« (Zweig 1973) findet der Held erst am Ende eines turbulenten Lebens Glück und Ruhe in der Abgeschiedenheit.

Licht der Erleuchtung

Die Absage an Weltliches bekommt erst dann Sinn, wenn solches zuvor erfahren wurde. So erlangten auch große Berufene und Religionsstifter, wie zum Beispiel Buddha Einsicht und Erleuchtung erst, nachdem sie die Scheinhaftigkeit und Leere ihres bisherigen Lebens und damit der Welt selbst erfahren und durchschaut hatten. Bei ihnen war die Abgeschiedenheit jedoch nicht letztes Lebensstadium, sondern vorbereitende Zwischenphase für die Rückkehr in die Welt. Der Prophet Moses ist ein eindrückliches Beispiel für die kultische Einsamkeit großer Religiösen: Die Offenbarung der zehn Gebote wird ihm in vierzigtägiger Einsamkeit, fern von Tier und Mensch, auf Bergeshöhe, umgeben von karger Wüste zuteil. Die solcherart entstandene Gesetzestafel konnte ihre Geltung als Wort Gottes über Jahrtausende hin behaupten.

Kultische Einsamkeit

Das helle Licht des Eremiten entbirgt Dunkel-Verborgenes, enthüllt Verdecktes – ein Sinnbild des antiken

Wahrheitsbegriffes, wie er von HEIDEGGER verstanden wird: Aletheia (griech. Wahrheit) heißt wörtlich Un-verborgenheit.

Nach HEIDEGGER gehört die Wahrheit zur Grundverfassung des menschlichen Daseins. In ihrer Erschlossenheit, auch Lichtung oder Gelichtetheit genannt, gründen Umsicht, Rücksicht und Fürsorge; der Eremit erscheint als Lehrer, Guru, Therapeut; er verkörpert eine Durchsichtigkeit im Sinne der ›Selbsterkenntnis‹.

Gelichtetheit

Alle Erleuchtung und Erhellung, jedes vernehmende »Sehen« wird erst durch das Licht dieser Wahrheit, der ursprünglichen Gelichtetheit ermöglicht. Nur weil Dasein als ek-sistierendes (*existierendes*, hier wörtlich: herausstehendes, herausragendes) selbst diese Lichtung ist, ist ihm Vorhandenes im Licht zugänglich, im Dunkel aber verborgen (133).

Zugang zum Schattenreich

Auch in anderer Terminologie führt uns die Laterne des Eremiten zum Begriffe des menschlichen *Bewußtseins*: Der Gang in die Einsamkeit bedeutet bei C.G. JUNG Erschließung des *Zugangs zum unbewußten Schattenreich* der Seele. Jeder, »der sich auch nur eines Teiles des Unbewußten durch Bewußtmachung bemächtigt, gerät etwas außerhalb seiner Zeit und Gesellschaftsschicht ›eis ten eremon‹, [griech.:] in die Verlassenheit«, wo ihm das Licht aus der Finsternis offenbar wird (1972, 219). Im Tarotbild schreitet der Eremit meist nach links, also nach der Seite des Unbewußten, Vergangenen, in die Introversion.

Seelen-führer/in

Der *alte Weise* personifiziert bei JUNG den Archetypus des Sinnes bzw. des Geistes, der die chaotischen Dunkelheiten des bloßen Lebens als Erleuchtender, Lehrer, Meister, ›Psychopompos‹ (griech., *Seelenführer*) durchdringt. Im Traum und Märchen erscheint er oft kompensatorisch als Ratgeber und Helfer, in verzweifelter Lage. Der Alte weiß, warnt, gibt kritische Urteile ab und regt zur Selbstbesinnung an. Mitunter erscheint er auch als Zauberer, der die Lösung eines Problems auf geheimnisvolle Weise herbeiführt. Im Märchen wird er manchmal mit der Sonne oder dem Feuer identifiziert.

So ist eines aus Nordamerika bekannt, wo der Alte ein Medizinmann ist, der das Feuer besitzt. Dies erinnert an den großen Titanen der Einsamkeit: Prometheus.

Das Selbst als ordnendes Zentrum

In JUNGscher Sprache verkörpert der alte Weise auch das Selbst. Bei der Aufhellung des Unbewußten werde in dessen chaotischem Dunkel allmählich ein »Sinn« und ein vom Ich unabhängiges ordnendes Zentrum, das Selbst, wahrnehmbar (1976).

Jungs Traum: Kampf zwischen Licht und Schatten

An dieser Stelle sei ein Traum angeführt, den C.G. JUNG im Alter von etwa zwanzig Jahren hatte. Die Ähnlichkeit zwischen diesem Traum und dem 9. Tarotbild als Gleichnis für den Kampf zwischen Licht und Schatten, Bewußtem und Unbewußtem in der Seele des Menschen spricht für sich selbst: »Es war Nacht an einem unbekannten Orte, und ich kam nur mühsam voran gegen einen mächtigen Sturmwind. Zudem herrschte dichter Nebel. Ich hielt und schützte mit beiden Händen ein kleines Licht, das jeden Augenblick zu erlöschen drohte. Es hing aber alles davon ab, daß ich dieses Lichtlein am Leben erhielt. Plötzlich hatte ich das Gefühl, daß mir etwas nachfolge. Ich schaute zurück und sah eine riesengroße schwarze Gestalt, die hinter mir herkam. Ich war mir aber im selben Moment bewußt – trotz meines Schreckens – daß ich, unbekümmert um alle Gefahren, mein kleines Licht durch Nacht und Sturm hindurch retten mußte« (1961, 93).

Bevor wir uns der literar-historischen Betrachtungsebene zuwenden, wollen wir mit MADUSCHKA der Frage nachgehen, wie die Einsamkeit als ›innere Artung der Seele‹ nach außen hin Gestalt gewinnt, wie sich diese ›qualitative Anlage‹ zu einer Lebensform und zu menschlichem Schicksal entwickeln kann. Anders gesagt ist es die Frage nach der motivgeschichtlichen Entwicklung der existenzialen Einsamkeit.

Einsamkeits-Triebe

Nach MADUSCHKA (1933) hat die Einsamkeit, von innen gesehen, zwei Komponenten: den Trieb nach und den Trieb aus ihr, das Glück und der Genuß der eigenen Einsamkeit einerseits, das Streben nach deren Lockerung und Aufhebung anderseits. Das Zusammenspiel

dieser beiden Triebkomponenten bestimmt die nach Art und Intensität sehr verschiedenen Formen der Einsamkeit. Ist die erste Kraft schwach, die zweite größer, doch ohne die Möglichkeit sich durchzusetzen, wird die Einsamkeit zu schmerzlicher Vereinsamung und Verlassenheit. Überwiegt hingegen die erste Kraft und ist die zweite schwach oder findet sie sonst einen notwendigen Ausweg, resultiert aus den beiden Komponenten ein Zustand von beruhigtem Spannungsgleichgewicht.

Aktive und passive Einsamkeit

So ergeben sich mannigfaltige Möglichkeiten der Einsamkeitsverwirklichung. Formal lassen sie sich grob in passive und aktive Einsamkeit gliedern: In der passiven Einsamkeit, die hauptsächlich vom Gefühl getragen wird, zieht sich der Mensch aus Enttäuschung, Weltschmerz, Resignation, Lebensuntüchtigkeit, Sentimentalismus, religiöser und mystischer Sehnsucht u.a.m. ganz in sich selbst zurück. Einsamkeit ist hier in hohem Maße Selbstzweck und birgt viele egozentrisch-quietistische Elemente in sich. Im Extrem kann sie zu ausgesprochener seelischer Inzucht werden, wo die Außenwelt um ihrer selbst willen nichts mehr gilt, sondern nur noch Mittel zum Zweck für den Selbstgenuß des Individuums ist.

Selbstgenuß des Individuums

Wenn auch in der aktiven, schöpferischen Einsamkeit gewisse Elemente der passiven Einsamkeit, wie etwa das »Behagen am Besitz seiner selbst« (GRILLPARZER) enthalten sind, treten diese hier in eine ganz bestimmte Funktion ein und sind nicht selbstgenügsam wie dort.

Schöpferische Pflicht

Die aktive Einsamkeit ist »das Los aller hervorragender Geister« (SCHOPENHAUER) und bedeutet für den produktiven Menschen auf allen Gebieten eine Lebensnotwendigkeit. Gleich dem wahren Klosterleben fordert das Leben in aktiver Einsamkeit nicht bloß grüblerisch-gefühlsreiche Vertiefung, sondern harte Arbeit und strenge Leistung. Dem schöpferisch Tätigen ist Einsamkeit nicht bloße Muße und Selbstgenuß, sondern ethische Pflicht, die ihre tiefste Begründung in der Sehnsucht nach Überwindung der Vergänglichkeit, nach Selbstverewigung und Unsterblichkeit durch das Werk findet. »Was not tut, ist doch nur dieses: Einsamkeit, große innere Einsamkeit« (Rilke 1930). – Nietzsche (III) nannte die Einsamkeit seine ›Heimat‹: »Lebe im Verborgenen, damit du dir selbst leben kannst! Lebe unwissend über das, was deinem Zeitalter das Wichtigste dünkt! Lege zwischen dich und heute wenigstens die Haut von drei Jahrhunderten!« Samuel Beckett geht so weit, die Kunst die »Apotheose« (Vergöttlichung) der Einsamkeit zu nennen (Rakusa 1975).

Alle die großen Geister, denen die Einsamkeit eine schöpferische Notwendigkeit ist, leben im Spannungsfeld *Einsamkeit* auf der einen und *Gesellschaft* auf der anderen Seite. Die Auseinandersetzung der beiden Prinzipien und die jeweilige Art der Lösung oder Nichtlösung bestimmen wiederum Form und Schicksal der Einsamkeit. Ein extremer und asketischer Weg ist die konsequente Ablehnung von Welt und der völlige Rückzug in die Einsamkeit. Dieser kann für das Individuum nur dann ohne schlimme Folgen bleiben, wenn bei ihm der Trieb nach der Einsamkeit stärker ist als der aus ihr und sein schöpferisches Vermögen ihm wirklich Erfüllung und Kraft bringt. Andernfalls kommt es zum tragischen Konflikt. Fehlt die Produktivität, treten Zeiten geistiger und seelischer Ebbe ein oder wird vergeblich Anschluß an die Gemeinschaft gesucht, wird die gewollte Einsamkeit zu einer unfreiwilligen und schließlich zum Verhängnis. Umhüllt vom »siebenfachen Eis« der Einsamkeit (Nietzsche, II), »ausgesetzt auf den Bergen des Herzens« (Rilke), geht das Individuum allmählich zugrunde.

Wie siebenfaches Eis

Eine andere, reifere Lösung der Gegensätze ist der Versuch, ein dynamisches Gleichgewicht zwischen den beiden Polen herzustellen, d.h. also »geistlichen Standes ein weltliches Leben zu führen«. In dieser Mittelstellung lebt der Mensch wohl für sich, aber nicht gegen Gemeinschaft, Leben und Welt. Die Früchte seiner Aktivität kommen dann direkt oder indirekt einer größeren Mehrheit zugute.

Mittelweg als Ausweg

Der eben skizzierte Versuch Maduschkas, eine typologische Ordnung in den mannigfaltigen Formenreich-

tum des Einsamkeitsproblems zu bringen, war in der Auseinandersetzung mit dem aus dem 18. Jahrhundert stammenden Werk »Über die Einsamkeit« von J.G. ZIMMERMANN (1784/85) gewachsen: Bei ihm finden wir die Unterscheidung von guten und schlechten Einsamkeitstrieben. Negativ sei die Einsamkeit aus Lässigkeit, Müßigkeit, Lebensschwäche, Hypochondrie, Schwärmerei, Mystizismus. Die von Askese und Kasteiung erfüllte anachoretische (einsiedlerische, zurückweichlerische) Einsamkeit bezeichnet er als Verbrechen gegen Welt und Gott. Sie sei nachteilig für Körper, Geist und Seele, führe zu ›kranker Imagination‹ und ›zügelloser Fliegsamkeit der Phantasie‹. Positiv und von pädagogischem Wert hingegen sei die Sehnsucht nach Gottgemeinschaft, das Verlangen nach Schaffensruhe, innerer und äußerer Freiheit, Selbsterkenntnis, Seelenerleuchtung, Herzens- und Charakterbildung, Schulung des Geistes, kurz, die *Werkeinsamkeit.*

Typen der Einsamkeit

Die Werkeinsamkeit

Schon über ein Jahrhundert vor FREUD erkannte ZIMMERMANN, der Arzt und Philosoph war, die Bedeutung der Einsamkeit als eines schöpferischen Sublimierungszustandes, indem in ihr das, »was in der Natur des Menschen liegt . . . nicht verdeckt, sondern zu guten Zwecken gewendet wird« (Bd IV, 188). – Ein nur einsames Dasein führe jedoch zu geistig-seelischer Verarmung. Ideal sei, wenn man die Einsamkeit »durch Weltumgang mildert, die Nachteile der Geselligkeit aber durch Einsamkeit« (Bd IV, 288f.) . . . »denn zwischen Welt und Einsamkeit liegt die wahre Weisheit in der Mitte«.

Halluzinationen in der Wüste

Wie bereits von ZIMMERMANN beobachtet, regt äußerste Abgeschiedenheit das Phantasieren und Imaginieren an. In einigen Tarotausgaben finden wir auf dem Weg des Eremiten ein kleines Ungeheuer, eine Art Schlange. Der Gang in die Wüste beschwört also ›Dämonen‹ herauf. Die Einsamkeitsillusionen und -halluzinationen von Wüstenwanderern, Seefahrern und Heiligen sind eine bekannte Erscheinung. Sie lassen sich als Ersatzbildungen für die normale Belebtheit der Umwelt und für den verlorenen Kontakt mit den Mitmenschen interpretieren.

Das Auftreten von Halluzinationen in äußerster Abgeschiedeneit und Einsamkeit, die den Zuspruch der »Welt« auf ein Mindestmaß reduzieren und mit einer Sinnesisolation verglichen werden kann, läßt sich also als Ersatzbildung für sonst fehlende Bezugsmöglichkeiten verstehen: Um überhaupt existieren zu können, klammert sich der Mensch an Gegebenheiten, die sich ihm sonst normalerweise nicht zeigen. Jung (1975) erklärt diesen Vorgang energetisch: Wenn die normalen Beziehungen zu den Außenwelts-Objekten abgeschnitten werden, entstehe eine Stockung der Energie, die diese Beziehungen sonst unterhält. Das Unbewußte werde aktiviert und es komme zu einer äquivalenten Ersatzbildung. So würden für den frühgeschichtlichen Menschen einsame, wüste Orte zur Wohnstätte von »Teufeln« und ähnlichem Spuk. Wenn wir nun den Schlangendämon als ein solches Äquivalent, als Einsamkeitshalluzination des Eremiten, und nicht einfach als charakteristisches Wüstenattribut interpretieren, gewinnen wir vielleicht mehr Aufschluß darüber, wie die Figur des Einsiedlers im Tarot verstanden sein will.

Wirkungen der Isolation

Symbol Schlange

Die Schlange ist ein dem Menschen meist unvertrautes, evtl. auch gefährliches, sich häutendes Kriechtier, ein Kaltblütler. Sie gehört der Welt des Instinktgebundenen, Kreatürlichen, noch weitgehend Undifferenzierten an. Die um sie herum entstandene Symbolik ist sehr reichhaltig und divergierend, besonders weil man sie als Ganzes, bezüglich einzelner charakteristischer Aspekte (Sinusbewegung, Häutung, Züngeln, Zischen, Art des Angreifens u.a.m.) oder nach ihrem Lebensraum (Wald, Wüste, Wasser) betrachten kann. So ist sie allgemeines Energie- und Kraftsymbol, gilt als Prinzip des Guten wie des Bösen, des Geistigen und Triebhaft-Kreatürlichen, Materiellen. Als böser Geist und Teufel symbolisiert sie die Versuchung und Verführung, weshalb sie oft auch mit dem weiblichen Prinzip in Verbindung gebracht wird. Erwähnt sei hier nur 1. Mose 3 sowie die

Schlange als Verführerin

biblische Versuchungsgeschichte, wo Jesus dem Teufel als Repräsentant des Widergöttlichen in einsamem Ringen widersteht. Wenn es gelingt, die negativen Kräfte zu bezwingen und zu sublimieren, können sie sich auch zu höheren Werten entwickeln.

Wächterin der Lebensquelle

Im Osten, besonders in Indien, ist die Schlange ein Wächter der Lebensquelle, der Unsterblichkeit und des geistigen Reichtums. Als Lebenskraft bestimmt sie den Kreislauf von Geburt und Wiedergeburt (vgl. gnostisches Uroborossymbol). Im Kundalini-Yoga (kundalin = sanskrit. Schlange) gilt sie als Bild für die innere Kraft, die durch geistige Übungen von niederen zu höheren geistigen Regionen aufsteigt (»sublimation of the personality«, AVALON 1961).

Hüterin der Weisheit

Im Westen ist sie auch ein Symbol der Weisheit. Ihre Häutung verweist ferner auf Wiederauferstehung, die Sinus-Bewegung auf Stärke und Kraft. Bei JUNG ist die Schlange als Vermittlerin zwischen Unter- und Oberwelt einerseits ein Symbol der Transzendenz, was zur numinosen Eigenqualität paßt, die auch jedem öden Ort anhaften soll (OTTO 1971). Auf der anderen Seite sei sie auch Sinnbild der destruktiven Macht des Unbewußten und wegen des phallischen Charakters auch Symbol der Libido.

Schlange als Ebenbild

Einige dieser zahlreichen Aspekte der Schlangensymbolik haben wir zuvor schon als charakteristische Wesenszüge des Einsiedlers gefunden: Als Symbol für Weisheit, geistige Erhöhung, Sublimationskraft und Transzendenz ist die Schlange gleichsam ein Attribut des Eremiten. Ihre negative, versucherische Seite mag andererseits auf den Kampf hinweisen, den dieser in der Einöde mit sich auszufechten hat: Die Befriedigung körperlicher Grundbedürfnisse und Leidenschaften muß hinter dem geistigen Anspruch zurücktreten. In solcher Entsagung (Abstinenz, Fasten, Keuschheit) liegt, wird sie nicht als sinnlose selbstquälerische Askese, sondern als maßvolles Verzichten verstanden, die Möglichkeit geistiger Erhebung, innerer Befreiung und »Steigerung der eigenen numinosen Mächtigkeit« (TWORUSCHKA 1974).

Der Eremit achtet auf die Schlange am Wege, er vernichtet sie aber nicht. Sein Ziel ist also nicht das selbstzerstörerische Ausmerzen seiner Triebe und Instinkte, sondern ihr Überführen in höhere Ebenen, die ›Sublimation‹, das Transzendieren des eigenen Wesens.

Nietzsche: Das Feuerzeichen

In Nietzsches Gedicht *Das Feuerzeichen* ist gleichsam in dichterischer Form ausgedrückt, was im Tarot bildlich zur Darstellung gelangt ist. Auch hier gehören zum Einsamkeitsmotiv Feuer, Flamme und Schlange, die von Jung in diesem Zusammenhang als Libidosymbole interpretiert werden.

Das Feuerzeichen
Hier, wo zwischen Meeren die Insel wuchs,
ein Opferstein jäh hinaufgetürmt,
hier zündet sich unter schwarzem Himmel
Zarathustra seine Höhenfeuer an ...

Diese Flamme mit weißgrauem Bauche
– in kalte Fernen züngelt ihre Gier,
nach immer reineren Höhen biegt sie den Hals –
eine Schlange gerad aufgerichtet vor Ungeduld:
dieses Zeichen stellte ich vor mich hin.

Meine Seele selber ist diese Flamme:
unersättlich nach neuen Fernen
lodert aufwärts, aufwärts ihre stille Gluth ...

Nach allem Einsamen werfe ich jetzt die Angel:
gebt Antwort auf die Ungeduld der Flamme,
fangt mir, dem Fischer auf hohen Bergen,
meine siebente letzte Einsamkeit!

Zur Geschichte der Einsamkeit

Nun hat das Einsamkeitsproblem noch eine andere Seite: die der geschichtlichen Verwirklichung und Verwandlung. Als ›Naturform des menschlichen Lebens‹ hat sich die Einsamkeit in manchen ihrer Ausdrucksformen auch im Laufe von Jahrtausenden kaum geändert; dies gilt besonders für die Bedeutung der schöpferischen

Einsamkeit, wie für gewisse Arten des metaphysisch-religiösen Erlebens, der Einsamkeit vor dem All und vor Gott. Daneben hat die ständige Auseinandersetzung mit diesem Problem auch geistige Bewegungen und Strömungen hervorgebracht, die eng an den historisch-kulturellen Hintergrund der jeweiligen Zeitepoche gebunden sind und ihren Niederschlag vor allem auch in Literatur und Dichtung finden (Literaturgeschichte ist immer auch Problemgeschichte!).

Der nun folgende Blick auf die historische Entwicklung des Einsamkeitsproblemes wird uns die Idee des Eremitenwesens noch näher bringen und soll zugleich die Auswahl einiger exemplarisch beigezogener Zeugnisse aus Literatur und Dichtung erleichtern.

Entwicklung des Mönchstums

Das Sich-zurückziehen und Sich-sammeln in der Einsamkeit, Weltabgewandtheit, Zuwendung zum Göttlichen und das Streben nach eigener Vollkommenheit kennzeichnen als universal-religiöses Wesensgesetz das Eremitendasein, welches eine besondere Form des allgemeinen Mönchtums ist. Das Wort Mönch (monachus) leitet sich ab vom griech. monos = allein. Der Art des mönchischen Lebens nach unterscheidet man den *Anachoreten, Eremiten oder Einsiedlermönch* und den *Zönobiten* (von griech. koinos bios = gemeinsames Leben), der in klösterlicher Gemeinschaft lebt (monasterium, claustrum).

Mönchtum im Osten

In allen Religionen der Welt trifft man Lebensformen, die sich am mönchischen Ideal orientieren. Im vor- und außerchristlichen Bereich findet das Mönchtum innerhalb des Taoismus, Jinismus, Buddhismus und Lamaismus große Verbreitung, ja, es handelt sich hierbei um eigentliche Mönchsreligionen. Die in mönchischer Abgeschiedenheit gefundene Erlösungsbotschaft Buddhas gipfelt in der Lehre der Einsamkeit des großen Schweigens. Erwähnt seien ferner die großen Weisen und Lehrer LAOTSE, TSCHUANG-TSE und der berühmte tibetische Yogi, Mystiker und Dichterasket MI-LA RAS-PA, dessen Eremitenpoesie bis heute im tibetischen Volksbewußtsein lebendig geblieben ist. Im folgenden einige Textbeispiele:

Aus dem Tao-Te-King

Laotse, *Tao-Te-King*:
O Einöde, habe ich noch nicht deine Mitte erreicht?
Die Menschen der Menge sind strahlend,
wie bei der Feier großer Feste,
wie wenn man im Frühling auf die Türme steigt:
Ich allein bin unschlüssig, noch ohne Zeichen für mein Handeln
Wie ein Kindlein, das noch nicht lachen kann!
Ein müder Wanderer, der keine Heimat hat!
Die Menschen der Menge leben alle im Überfluß:
Ich allein bin wie verlassen!
Wahrlich, ich habe das Herz eines Toren!
Chaos, ach Chaos!
Die Menschen der Welt sind hell, so hell:
Ich allein bin wie trübe! (Kap. 20)

Meine Worte sind sehr leicht zu verstehen,
sehr leicht zu befolgen.
Doch keiner in der Welt kann sie verstehen,
keiner kann sie befolgen.
Meine Worte haben einen Vater,
Meine Worte haben einen Herrn.
Weil er nicht verstanden wird,
darum werde ich auch nicht verstanden.
Wenige sind es, die mich verstehen.
Das ist eine Ehre für mich.
Darum trägt der Heilige ein hären Gewand
und verbirgt seinen Schatz im Innern. (Kap. 70)

Aus dem Visuddhi-Magga

Visuddhi-Magga (buddhistischer Text):
Ganz abgeschieden, abgeschlossen,
In einsamer Behausung froh,
Erfreut der Mönch des Meisters Herz
durch seinen Aufenthalt im Wald.

Das Glück, das der Asket gewinnt,
Der einsam im Wald lebt,
Bekommen nicht zu kosten je,
Die Götter samt dem Götterfürst.

Milarapa, *Das Lied des Yogin:*
Dies ist die Einsiedelei,
Schloß der Erleuchtung genannt.
Oben türmte sich der hohe und
weiße Gletscherberg machtvoller Götter,
unten finde ich zahlreiche gläubige Spender von
Gaben.

Aus dem Lied des Yogin

Und Sklaven weltlicher Habsucht
erfüllen die Erde, beschäftigt mit irdischem Tand.
Doch ich, der Yogin, der darauf niederblickt,
ich, auf dem weithin sichtbaren, herrlichen Felsen,
nehme die unbeständige Welt
der Erscheinung zum Gleichnis.
Die irdischen Güter acht‹ ich
dem Trugbild des Wassers gleich.
Dies Leben betracht‹ ich als Täuschung des Traums.
Den nicht Erkennenden weih‹ ich
Gedanken des Mitleids.
Der leere Luftraum, er dient mir zur Speise.
Bar jeder Zerstreutheit bleibt die Versenkung.
Daß all‹ die Vielfalt,
die in meinem Geist sich offenbart,
und ach, auch die Dinge
des Kreislaufs der drei Welten –
obwohl unwirklich, dennoch sichtbar sind: wie groß
ist dies Wunder.

Merkmale des Eremitenwesens

Diese Auszüge geben uns weiter Aufschluß über das Eremitenwesen: Sie schildern uns den Einsamen als Leidenden, Schwermütigen, sich nach dem unbeschwerten Leben der Masse Sehnenden, Unverstandenen, Ignorierten, aber auch als einen, der sich seiner Größe und Besonderheit wohl bewußt ist und Verachtung und Nichtverstandenwerden mit souveränem Stolz überwindet. Schmerz und Glück reichen sich in der Einsamkeit die Hand. Verzweiflung, Not und Mühsal sind der Preis für tiefe Erkenntnis, strahlende Erleuchtung und innere Kraft, woran die Menschen direkt und indirekt teilhaben können. Milarapa beispielsweise vermittelte seine in Einsamkeit gewonnene Erkenntnis in Form von meditativen Gesängen einer großen Schar von Schülern und wurde aus Mitleid zum Menschen auch ein Ratgeber für Hilfesuchende.

Mönchtum in der griechisch-römischen Antike

Des weiteren finden sich mönchische Lebensformen im Hellenismus, insbesondere in den griechischen Philosophenschulen der Pythagoreer und Stoiker, im Kynismus, bei Epiktet, Seneca, Epikur und den Neupythagoreern. Die griechisch-hellenistische Philosophie und Wissenschaft, neben der christlichen Religion wirkungsvollster Faktor der abendländischen Kultur, ist zu einem großen Teil das Werk einsamer Denker. Das Motiv zur Einsamkeit war nicht Heilssuche, sondern das Streben nach Selbsterkenntnis. Während die Stoiker noch die Auffassung vertraten, daß der Gleichmut, die »Ataraxia«, mittels Tugend überall zu erreichen sei, gab Epikur den Rat, im Verborgenen zu leben. Seine heitere Gartenphilosophie bestimmte die ganze Spätantike (Cicero: *Tusculum*; Horaz: *Sabinerlandgut*; Vergil: *Reiz des Landlebens*). – Der Gegensatz zwischen dem einsamen Philosophen und der politischen Wirklichkeit blieb in der ganzen griechisch-römischen Kultur wirksam, vor allem in der byzantinischen Zeit.

Christliches Mönchtum

Einige Begriffe des antiken Einsamkeitsbegriffes wurden vom christlichen Mönchtum übernommen, das seine Idee und Wesenform jedoch eher in der Heiligen Schrift als in der griechischen Philosophie begründet findet. Während sich Gotteserkenntnis in der Antike hauptsächlich in Verbindung mit den Ideen der Schönheit, Vollkommenheit und des Glücks gewinnen ließ und sich die Götter Griechenlands häufig vornehm zurückzogen, wo Elend, Not und damit tiefste Einsamkeit des Menschen begann, findet der christliche Mensch gerade in der Einsamkeit zu Gott.

Antonius, Paulus, Basilius und Hieronymus

Das christliche Mönchtum begann um die Mitte des 3. Jahrhunderts in Ägypten mit dem Hl. Antonius. Er verschenkte sein ganzes Vermögen, zog in die Wüste, lebte in Bedürfnislosigkeit, Entsagung, Gebet und Buße.

Neben ihm wurden Paulus, Basilius und Hieronymus als Urväter verehrt. Mehr als 1000 Jahre bestimmte die Beschreibung ihres vorbildlichen Lebens die geistige Formung des christlichen Eremitentums. Ihre exemplarische Absage an Weltliches wurde den Menschen zum Symbol für das Streben nach Vollkommenheit und hatte auch stellvertretende Funktion. Eine Grenzform solcher Stellvertretung ist die Einsamkeit von Christus, der darin zum Erlöser der Menschen wurde. »... von dem, was aus großer Einsamkeit kommt, leben alsdann die Vielen. Vom Einsamen kommt es, nun erst kann Gemeinsames sein. Er nimmt auf, was für Alle reicht und für lange« (KÄSTNER 1975, 266). »Der Kreis der Menschheit ist nun einmal unser Antheil, und der Umfang, worin unsere Ansprüche eingeschlossen sind« (WIELAND 1799). Das Mönchtum in der Wüste zeitigte jedoch auch Auswüchse und Verstiegenheiten. Die Bußübungen nahmen oft krankhaftes, selbstzerstörerisches Ausmaß an. Ein Höhepunkt asketischer Ausschweifung war das Leben von Simeon Stylites, der 30 Jahre auf einer Säule verbracht haben soll. Wenn auch der Lebenszweck solchen Entsagens problematisch ist, verlangte es doch äußerste Disziplin.

Früchte der Einsamkeit

Der Säulenheilige

Mit der Gründung des ersten Klosters durch Pachomius in der Thebais (um 320) und der Schaffung allgemeinverbindlicher Regeln wurden der Willkür und Eigengesetzlichkeit des einzelnen Grenzen gesetzt. Gemeinsames Beten und Arbeiten bestimmten nun das Leben der Mönche.

Das erste Kloster

Basilius d.Gr. (4. Jahrhundert) machte das Zönobium (Klosterleben) zum Abbild der Ekklesia (Kirche). Er erkannte die Sinnlosigkeit selbsterwählter Qualen und wies den Weg aus Schwärmerei und egozentrischer Abkapselung zu Arbeit und Dienst am Menschen.

Im Lauf des späteren 4. Jahrhunderts verbreitete sich das Mönchtum durch den ganzen griechischen Osten. Es entstand eine reiche asketisch-mystische Literatur (Euagrios). Im Abendland wurde es durch die Kirchenväter zuerst bekannt. Augustinus (354-430) schloß

Mönch-, Priester- und Seelsorgertum zu einer Einheit zusammen, welche im hohen Mittelalter Ausgangspunkt für die neu entstehenden Orden wurde (Augustiner, Dominikaner). Das Eremitentum kam vor allem durch *Martin von Tours* in den Westen, gewann aber nicht die gleiche Bedeutung wie im Osten. Seit der Klostergründung Benedikts von Nursia (529, Monte Cassino) setzte sich vielmehr das Kloster als Normalform durch. Die benediktinische Regula monachorum (Regel des Klosterlebens, ora et labora – *bete und arbeite*) wurde zur Norm des gesamten abendländischen Mönchtums. Der Weg zur Anachorese (Einsiedelei) war den Mönchen noch offen, es blieb trotz starker Bindung an die Gemeinschaft genügend Freiheit zur Entfaltung der eigenen Persönlichkeit. Die gesamte Askese war in das kultisch-sakramentale Leben der Kirche hineingestellt.

Ausbreitung des Klosterwesens

Wir sehen also, daß sich mit dem Mönch- und Eremitentum auch ausgesprochen altruistische Züge verbinden können. Viele Orden von Klostergemeinschaften machten sich die Seelsorge und Betreuung von Hilfsbedürftigen zur Hauptaufgabe. Das schlichte »ora et labora« zeugt von einer demütig-bescheidenen Haltung dem Leben gegenüber. In ihm ist in unnachahmlicher Weise die Idee einer Vereinigung von »vita activa« und »vita contemplativa«, d.h. von tätigem und meditativem Leben realisiert. Stille Betrachtung und Besinnung auf das eigene Wesen, religiöse Verehrung und Liebe zu Gott in sinnvoller Verbindung mit praktischem, lebensnahem Tun schufen die Basis für ein der Welt und dem Mitmenschen zugewandtes Leben in echt christlicher Nächstenliebe.

Ora et labora

Gottesliebe als Nächstenliebe

Beispiel eines bis in die heutige Zeit bestehenden Zentrums von Klosterburgen und Einsiedeleien ist die griechische Mönchsrepublik Athos. ERHART KÄSTNER findet in seiner Reisebeschreibung über Athos treffende Worte zur positiven Charakterisierung des Eremitentums: Der Einsiedler verzichte auf das Alibi vor sich selbst, das die Arbeit gewährt, auf das Pathos eines Berufes, den

Rauschtrunk der Leistung, auf Fortpflanzung und familiäre Geborgenheit (1975, 205f.).

Von der christlichen Frühzeit an bis zu Luther äußerte sich die Einsamkeit im Abendland durchwegs in religiöser Form. Weil sie aber meist Einsamkeit mit Gott war, wurde sie in gewissem Sinne wieder aufgehoben (unio mystica – *mystische Einheit*). Erst durch Luther wurde das Individuum in seine absolute, mittlerlose Einsamkeit vor (nicht mit) Gott gestellt.

Wandlung durch Luther

Im Mittelalter spiegelt sich die Einsamkeitsproblematik im Dualismus konkrete Welt *(Ritter)* – reiner Geist *(Mönch)* wider. Der wahre Held löst diesen Konflikt. Die beiden großen Dichtungen sind *Parzival* (WOLFRAM VON ESCHENBACH) und *Gregorius* (HARTMANN VON AUE). Bei Wolfram verkörpert der Einsiedler Trevrizent den typischen Lehrer und Ratgeber, der sich auch mitverantwortlich für das Weltgeschehen fühlt. Im *Gregorius* bekommt die Einsamkeit die Bedeutung einer Bußübung.

Minne und Mystik

Das Hochmittelalter kannte das Problem der individuellen Einsamkeit wegen der allseitigen Gottverbundenheit und der Pflege des gesellschaftlichen Lebens nicht. Daß diese aber, rein menschlich, dennoch lebendig war, zeigt eine intensive mystische Bewegung. Bei den spätmittelalterlichen Mystikern taucht auch das Wort »Einsamkeit« in der deutschen Sprache erstmals auf. Die äußere Zurückgezogenheit ist dabei für das mystische Einsamkeitserleben nicht wesensnotwendig.

»Wer ist wohl edler«, fragt MEISTER ECKHART, »als der zur Hälfte geboren ist vom Höchsten und Besten, das die Welt bietet, und zur anderen Hälfte aus dem innigsten Grunde der göttlichen Natur und der göttlichen Einsamkeit?«

Mit PETRARCA, dem Vater des Humanismus, vollzog sich in der Geschichte der Einsamkeit die »weltliche Wendung«. Im Unterschied zum »miser occupatus« (zum armen Vielbeschäftigten), der sich den ganzen Tag abhetzt, verbringt der »felix solitarius« (der glückliche Einsame) sein Leben in »laeto otio« (in froher Muße).

Einsamkeit bedeutet hier Ruhe, Muße, Freiheit von weltlichen Verpflichtungen. Der Einsiedler ist hier weder Asket noch Büßer, sondern eine Art »Bildungseremit« (1879).

Humanismus

Die religiösen Formen traten in der Renaissance also hinter der schöpferischen Einsamkeit des Individuums zurück, das unter seiner Einsamkeit auch leidet, was die titanische Qual eines Michelangelo beispielhaft zeigt.

Barock und frühe Neuzeit

Im Barock bekam die Einsamkeit wieder eher religiösen Charakter mit mystisch-sentimentalischem Beiklang. In der Gestalt des Einsiedlers spiegelt sich nun eine pessimistische Einstellung zum Leben wider. Ziel ist Befreiung vom Wahn der Welt, Enttäuschung von Schein und Tand der trügerischen Diesseitigkeit. So zieht sich der Held des barocken Schelmenromans, Picaro, nach buntem Leben in die Einsiedelei zurück.

1668, etwa 50 Jahre vor DEFOES *Robinson Crusoe*, entstand der Roman *Simplicissimus* von GRIMMELSHAUSEN. Das harte Leben des Einsiedels ist hier erfüllt von Arbeit und Gebet. Er vermittelt Einsicht in Vergänglichkeit und Eitelkeit alles Irdischen (vanitas vanitatum) und ruft zur »notitia sui« (Selbsterkenntnis) auf, jedoch nicht in psychologischem, sondern in religiösem Sinne. Begleitet von den Ratschlägen des Eremiten, zieht Simplicissimus in die Welt und kehrt nach abenteuerlichem Leben in die Abgeschiedenheit zurück, wo er als einsamer Klausner sein »Ade o Welt« spricht.

In der Folgezeit wurde die Einsamkeit immer mehr zum weltlichen Problem der Auseinandersetzung von Individuum und Gesellschaft.

Die Klassiker

In Deutschland setzte die Einsamkeit des modernen Menschen ungefähr mit der Isolierung der Klassiker ein. Bei GOETHE seien die Titanen der Einsamkeit, Prometheus und Faust, sowie der Schwächling der Einsamkeit, Werther, genannt. Berühmt ist ferner HÖLDERLINS Hyperion, dessen Einsamkeit Erlösung in einem erhöhten Diesseits bedeutet.

SCHILLER zeichnet in seinem Trauerspiel *Die Braut von Messina* das lebendige Bild eines alten Eremiten,

der, dem Leben fern, diesem durch seine Teilnahme am Menschengeschick doch nahe ist:

Einsiedelnd auf des Äthna Höhen haust
Ein frommer Klausner, von uralters her
Der Greis genannt des Berges, welcher, näher
Dem Himmel wohnend als der anderen Menschen
Tief wandelndes Geschlecht, den irdschen Sinn
In leichter, reiner Ätherlust geläutert
Und von dem Berg der aufgewälzten Jahre
Hinabsieht in das aufgelöste Spiel
Des unverständlich krummgewordenen Lebens.
Nicht fremd ist ihm das Schicksal meines Hauses
Oft hat der heilge Mann für uns den Himmel
gefragt und manchen Fluch hinweggebetet . . .

Ethisches Postulat

Die Einsamkeit war für die Klassik ethisches Postulat und ordnendes Lebensprinzip des Individuums. Gleichzeitig wurde aber eine Verbindung mit dem Gesellschaftlichen gefordert. In der heutigen Zeit ist dieses Wechselspiel zu einem allgemeinmenschlichen Konflikt von großer Tragweite geworden, der sich in der zunehmenden Isolierung des Individuums innerhalb der Gesellschaft spiegelt. Bevor wir uns aber der Einsamkeitsproblematik in psychologischer Sicht zuwenden wollen, sei kurz zusammengefaßt, was wir bisher zum Thema »Eremit« und »Einsamkeit« gefunden haben:

Ein Fazit

Die Betrachtung des 9. Tarotbildes führte uns zum Begriffe der Einsamkeit als *existenzial-ontologischem* Wesenszug menschlichen Daseins. Als ›konstitutiver Faktor des Menschen überhaupt‹ (Rüssel), als ›Seinsstand und Urerlebnis des Seelischen‹ (Maduschka), als ›eine Grundsituation des Lebens‹ (Bitter) bleibt die Einsamkeit in ihrem Kern von geschichtlicher Wandlung unberührt. Gleichen Ursprungs und untrennbar mit ihr verbunden sind das existenziale Mit-sein, das liebende Wir-sein im Sinne von Binswanger und die Grunderfahrungen von Angst und Tod, wo der Mensch zu seinem Eigensten aufgerufen wird. Die Einkehr in das Geheimnis des Seins vollzieht sich, wie wir gesehen haben, in der Einsamkeit als Rückkehr zu sich selbst. Solches Gehen erschließt sich uns auch in der Meditation. In dem Maße, wie man sich selber findet, wächst in einem auch die Offenheit für Mit- und Umwelt.

Homo viator

Die Nähe zum Sein wird also erst im Abschiednehmen, d.h. in der Distanz von Seiendem möglich. Weil sich dem Menschen in seiner Endlichkeit die letzte Tiefe des Seins jedoch notwendig entzieht, lebt er immer auch im Abstand vom Sein. Darin gründet seine tiefere Einsamkeit. Ähnlich erlebt sich der religiöse Mensch als zugleich in die Nähe und in die Ferne Gottes gestellt. Immer ist er zu ihm unterwegs, denn Pilgerstand ist sein Los (homo viator – *der Mensch als Wanderer*, Gabriel Marcel). Mit J.G. Lotz können wir die Einsamkeit nun kurz als »ontologische Nähe in ontischer Ferne« charakterisieren.

Resümee: Formen der Einsamkeit

So fanden wir bei J.G. Zimmermann und L. Maduschka Ansätze zu einer systematischen Typologie der Einsamkeit. Es wird ein Einsamkeits- und Geselligkeitstrieb unterschieden, deren Wechselspiel mannigfaltige Formen der Einsamkeitsverwirklichung zeitigt. Diese wiederum lassen sich nach den Kriterien aktiv-passiv, positiv-schöpferisch – negativ-destruktiv, freiwillig-unfreiwillig u.ä. gliedern. Postuliert wird eine ausgewogene Synthese zwischen Einsamkeit und Gemeinsamkeit.

Der Exkurs in Geschichte und Dichtung schließlich zeigte, daß die ontisch-existenzielle Ausgestaltung des menschlichen Einsamkeitserlebens mannigfaltigen Zeiteinflüssen unterworfen ist und sich nicht isoliert vom soziokulturellen Hintergrund betrachten läßt. »*Die* Einsamkeit« gibt es nicht. Wir haben gesehen, daß Eremitendasein und Einsamkeit ursprünglich vor allem religiöses Erleben war, in dem der Mensch zum letzten Grund allen Seins vorzudringen suchte. Unmittelbar mit dem Einsamkeitsthema ist deshalb das des Mönchs- und Klosterwesens verbunden.

Neben fragwürdigen, lebensfeindlichen und solipsistischen Formen fanden wir im Eremitentum auch

menschliche Größe, die sich uns besonders in der Fähigkeit, das eigene Wesen zu transzendieren, in reifer Gute, innerer Kraft, stiller Bescheidung, in lebensnahem Tun und altruistischer Weltzugewandtheit kundtat.

Wir sahen ferner, wie die ursprünglich religiöse Form des Einsamkeitserlebens allmählich hinter einer allgemeinen Verweltlichung zurücktrat und immer mehr zu einem Konflikt zwischen Individuum und Gesellschaft wurde, der besonders in unserer hochtechnisierten modernen Industriegesellschaft von hoher Aktualität ist.

Konflikt zwischen Individuum und Gesellschaft

Während sich uns die Vielschichtigkeit des Einsamkeitsthemas bisher vor allem an philosophischer und kulturanthropologischer Fragestellung erwies, wollen wir uns nun noch einige uns wesentlich erscheinende Züge des *individuellen* Einsamkeitserlebens und deren psychologische Bedeutung vergegenwärtigen. Wir fragen jetzt also nach der Einsamkeit als individuell-lebensgeschichtlichem Phänomen.

Etappen der individuellen Lebensgeschichte

Auch hier gibt es frühe, reifezeitliche und späte Formen des Einsamkeitserlebens, positive und negative, freiwillige und unfreiwillige, erfüllte und verzweifelte, kreative und destruktive, befreiende und einengende – je nach Alter, Reifegrad, Entwicklungspotential, Tragfähigkeit, Motivation, lebensgeschichtlicher Situation und soziokulturellem Hintergrund eines Individuums.

So wie sich das Einsamkeitserlebnis im Laufe der Kulturgeschichte differenziert (SCHMALENBACH 1920), wandelt sich das individuelle Einsamkeitsbewußtsein innerhalb der lebensgeschichtlichen Entwicklung des Menschen.

Die Entzweiung der symbiotischen Urverbundenheit mit der Mutter beginnt mit der Geburt als Musterfall menschlicher Isolation schlechthin. In ihr gründet, was im Tode seinen Höhepunkt findet: das Einsamkeitserleben als Fundament und Ermöglichungsgrund für die Heranbildung und Ausformung der ureigensten Identität.

In ähnlicher Weise wie die biologische geht im Verlauf der frühkindlichen Entwicklung allmählich auch die seelische Einheit des Lebens, die ursprüngliche »Alleinheit« verloren. Die Individuation des Menschen, seine Ich-Werdung, ist ein schrittweiser Trennungsvollzug, der zunehmende Differenzierung aus der ›paradiesischen‹ Ureinheit mit der Mutter und damit Abgrenzung von der Außenwelt und Bewußtwerdung bedeutet. Dieser Ablösungsprozeß ist Voraussetzung für Sozialisation. Der Weg in die Einsamkeit, der mit der Geburt beginnt, erschließt zugleich den Zugang zum Mitmenschen.

Schrittweise Trennung

Die Art der Einsamkeitsbewältigung hat entscheidenden Einfluß auf die Entwicklung der Persönlichkeit. Sie kann nur dann positiv verlaufen, wenn sich das Individuum in frühkindlicher Zeit genügend Sicherheit und Urvertrauen erwerben konnte. Frühe Kindheit, Pubertät, Adoleszenz, Wechseljahre und Greisenalter sind Stadien allgemeinen Um- und Aufbruchs, wo das Einsamkeitserleben akzentuiert und die Gefahr isolierender Vereinsamung und krankhafter Entartung besonders groß ist. Nach Carp ist die Vereinsamung Kern aller krankhafter Störungen.

Selbstfindung als Aufgabe

Die Grenzen zwischen der Vereinsamung des Gesunden und Kranken sind nicht scharf zu ziehen. Immer handelt es sich um eine Störung im Bereiche von Kommunikation und Interaktion, um eine Störung, in der die Beziehung zum Mitmenschen betroffen ist.

Neben psychogenetischen Faktoren gibt es auch äußere, lebensgeschichtliche Umstände, die die Gefahr menschlicher Vereinsamung erhöhen: Allgemeine Notzeiten, gesellschaftliche Krisen, Krieg, Gefangenschaft, geographische, kulturelle, politische, religiöse und familiäre Entwurzelung, das Leben in der Großstadt, Mechanisierung und Automatisierung, Verdinglichung des Menschen, Entmenschlichung der Arbeit, ferner Krankheit, Tod geliebter Menschen, Scheidung, Verwitwung, unerfüllte Liebessehnsucht, u.a.m. sind Faktoren menschlicher Vereinsamung. Je nach Art der traditionellen Rollenverteilung in Familie und Gesellschaft kann das Individuum mit dem Problem der Einsamkeit umgehen. Im Zeitalter der Kleinfamilie ist die geschie-

Gefährdungen

dene und verwitwete Frau sowie der alte Mensch besonders davon betroffen (R.S.WEISS, 1976).

Äußere Einsamkeit begünstigt das Auftreten von innerer Vereinsamung, bedingt es aber nicht zwangsläufig. Immer ist solches Erleben auch von der persönlichen Eigenart und Disposition abhängig. Manchmal kommen äußere Gründe auch einer inneren ›Bereitschaft‹ zu Abkapselung und Selbstisolation entgegen.

Lasten eines ungelebten Lebens

Das Leben des unglücklich Vereinsamten wird oft beherrscht von Schwermut, Angst, Verzweiflung, Verbitterung, Neid, Haß, Selbstmitleid, Resignation, vom Gefühl der Sinnlosigkeit und inneren Zerrissenheit, Selbstentfremdung und -verachtung bis hin zur aktiven Selbstvernichtung. Oft versucht der Mensch das quälende Gefühl der Vereinsamung auch durch Flucht in Geselligkeit, Rausch und Süchtigkeit zu betäuben. Einsamkeit wird zur Selbstwertkrise.

Wüsten der Langeweile

»Statt zu sich selbst zu kommen, flieht der Mensch vor sich und seiner Tiefe, statt mit den Dämonen der Wüste kämpft er mit den farblosen, aber wahrhaft blutsaugenden Gespenstern der Langeweile und der Sinnlosigkeit, der Zerfahrenheit und Widersprüchlichkeit des Daseins« (RÜSSEL 1940, 31).

So hat uns die Betrachtung des 9. Tarotbildes mitten in eine hochaktuelle psychologische Problematik geführt. Daran erweist sich der archetypische Gehalt der Eremitenfigur. Die in ihr gleichsam in verdichteter Form zur Darstellung gelangte Einsamkeitsthematik ist das Problem aller Zeiten und Völker und geht jeden einzelnen von uns an.

Die Konfrontation mit diesem Bild kann beim Betrachter Assoziationen wecken, die ihm Aufschluß geben über seine eigene Soziabilität, über seine Beziehung zum Mitmenschen, zu Gemeinschaft und Geselligkeit im allgemeinen, über Kommunikationsstil, Beziehungswünsche und -ängste, über Rollenverhalten, Stellung innerhalb des Kollektiv, Anpassung an Gesellschaft u.a.m.

X
Lebensrad, Glücksrad
Rad des Schicksals

»Fortuna nunquam sistit in eodem statu.
Semper movetur, variat et mutat vices
et summa in imum vertit ac versa erigit.
*Das Schicksal verharrt nie im gleichen Zustand.
Immer in Bewegung, ändert und verändert es
das Los,
wendet das Höchste ins Tiefste und richtet es
wieder auf.«*
(AUSONIUS, 310-395)

Das 10. Arkanum beinhaltet eine auf den ersten Blick recht verwirrende, skurril-bizarre Symbolik, die in den verschiedenen Tarotausgaben zahlreiche Modifikationen erfährt. Die Interpretation variiert dementsprechend. Zentrales Thema ist, wie der Titel schon sagt, der Bedeutungsreichtum des *Rades*.

Bizarre Symbolik

Im Bild sehen wir ein sich drehendes Rad, an dessen Peripherie sich Tiere oder Menschen befinden. Je nach ihrer Lage bewegen sie sich auf- oder abwärts. Bei den Tieren handelt es sich in der Regel um den aufsteigenden ägyptischen Gott Hermanubis, eine Figur mit Menschengestalt und Hundekopf, die hier das Konstruktiv-Fortschrittliche verkörpert, sowie um ein abwärtsfahrendes Typhon-ähnliches Ungeheuer mit Dreizack. Im Unterschied zu Anubis, der den *Caduceus*, ein Transzendenzsymbol, in Händen hält, ist letzteres ein Sinnbild für Destruktion. Der Trident (Dreizack), ursprünglich als Zahn eines Meeresungeheuers vorgestellt, gilt auch als Perversion des Kreuzsymboles und Attribut Satans. Auch hier klingt also wieder das Gegensatzprinzip an, ja es wird zum Prinzip allen Geschehens, insofern als das Rad seine Bewegung durch die beiden einander gegensätzlichen Kräfte erhält.

Cadudceus und Dreizack

Über dem kreisenden Rad thront eine Sphinx in bewegungsloser Ruhe, unterhalb ist in der Regel Wasser zu sehen. In einzelnen, eher späten Tarotversionen wird das Rad mit einer Kurbel angetrieben, und zwar meist durch die römische Schicksalsgöttin Fortuna, was den Glücksrad-Charakter dieses Bildes besonders betont.

Göttin Fortuna

Von der Antike bis zur Renaissance fand das Motiv des *Schicksalsrades* besonders in Kunst und Dichtung des Abendlandes große Verbreitung. Seit jeher fühlte sich der Mensch unerbittlich, ja, blind waltenden Schicksalsmächten ausgesetzt, die meist in Götter- und Dämonenfiguren personifiziert erscheinen und alle Menschen in gleicher Weise betreffen. Die *Göttin Fortuna* beispielsweise trägt zum Zeichen ihrer Universalität manchmal eine Augenbinde. Als Sinnbild für die flüchtig-schillernde Wechselhaftigkeit allen irdischen Glücks befindet sie sich oft auch auf einer instabilen Kugel oder sie wird selbst in den Kreislauf des Rades hineingerissen. Später wurden diesen Darstellungen auch Menschen- und Tierfiguren beigefügt, letztere vornehmlich ab 14. Jahrhundert. Beliebt war besonders im Mittelalter das Motiv des dem Gesetz der Vergänglichkeit wie jeder gewöhnliche Mensch unterstellten Königs.

Attribute der Fortuna

Häufig befinden sich auf dem Rad auch vier verschiedene Herrscherfiguren, denen je nach ihrer Lage unterschiedliche Attribute zukommen. Ein Straßburger-Manuskript aus dem 12. Jahrhundert. beispielsweise zeigt *vier Könige*, die je nach ihrer Lage einen anderen Ausspruch tun: »Spes, regnabo«; »Gaudium, regno«; »Timor, regnavi«; »Dolor, sum sine regno« (deutsch: *Hoffnung*, ich werde regieren; *Freude*, ich regiere; *Furcht*, ich habe regiert; *Schmerz*, ich bin ohne Reich; aus: *»Hortus deliciarum«*, Herrat v. Landsberg, in: Rijnberk 1947, 142). Im Grunde handelt es sich dabei um verschiedene Aspekte des menschlichen Lebens. Die Vierheit symbolisiert hier auch die Abfolge von Kindheit, Jugend, Reifezeit und Alter.

Das Rad der vier Könige

So wurde das ewige Auf und Ab des kreisenden Rades nicht nur zum Sinnbild für die Vergänglichkeit des irdischen Glücks und Reichtums, sondern auch für die Hinfälligkeit alles Gewordenen. Das eigene Schicksal wird zum Gleichnis ewig wechselhaften Seins, in dem sich das Prinzip von Werden und Vergehen, von ›Steigen‹ und ›Fallen‹, von Evolution und Involution fort-

Wirkungen der Ewigkeit

während manifestiert.

Nicht selten wurde das Rad im Mittelalter auch zu divinatorischen Zwecken verwendet, was mit seiner symbolischen Beziehung zum Schicksal des menschlichen Lebens zu tun hat.

Wie eingangs bereits angedeutet, läßt sich das 10. Tarotbild in der Regel in drei verschiedene Ebenen, je eine Wasser-, Rad- und Sphinxebene, d.h. in verschiedene Seinsstufen, einteilen.

Drei Interpretationsebenen

Jede dieser Ebenen oder Stufen bedeutet eine Sphäre mit einer gewissen Eigengesetzlichkeit, doch bilden alle drei zusammen ein sinnvolles Ganzes, eine übergeordnete Einheit gleichsam, die sich dynamisch interpretieren läßt. Die höhere Ebene geht aus der ihr zugrundeliegenden Ebene hervor, vereint in sich deren Qualitäten, modifiziert sie und entwickelt zusätzlich etwas Neues, das ihre spezifische Differenz ausmacht. Die höheren Seinsebenen sind auf die tieferen angewiesen, was umgekehrt nicht gilt. Andererseits sind sie von größerer Differenziertheit. So betrachtet, stellt dieses Arkanum einen *Entwicklungsprozeß* dar, den wir sowohl nach makro- wie mikrokosmischen Gesichtspunkten deutend zu betrachten versuchen.

Ebene des Wassers

Das *Wasser*, das im Tarot als bewegtes Wellental oder als eine Art amorphe Maße erscheint, gilt als Basis jeder Seinsentwicklung und damit als Symbol des Lebens. Viele Kosmogonien (Schöpfungsgeschichten) gehen von der Vorstellung eines Urmeeres als Quelle allen Seins aus. Als *Fons et Origo* (lat. Quelle und Ursprung) jeder Kreatur, als Sammelbecken aller Keime, als *Prima Materia* (lat. erste Materie) ist das Wasser Prinzip der Mütterlichkeit und Fruchtbarkeit auf *allen* kosmischen Ebenen.

Als undifferenzierte, chaotische Ursubstanz, die jeder Schöpfung vorhergeht, bleiben die Wasser immer ein virtueller, keimhafter Zustand, aus dem jede Form hervorgeht, ohne daß die Ursubstanz ihre eigene Beschaffenheit aufgibt. Grenzenlos und unsterblich sind die Wasser Anfang und Ende aller Dinge: So wie alles aus dem Wasser hervorgeht, kehrt es am Ende wieder in die Formlosigkeit zurück, wo die Kategorie Zeit nicht existiert. Das Wasser bleibt nie stillstehen; es ist eingebettet in den *ewigen Kreislauf* der Natur. Alles, was Form ist, manifestiert sich, wie im Bild das Rad zeigt, außerhalb des Wassers und untersteht dem Gesetz der Zeit und des Lebens, kennt Grenzen, Geschichte und Vergänglichkeit. Die Rückkehr ins Gestaltlose, d.h. ins undifferenzierte Sein der Präexistenz, hat die Auflösung jeder ›Form‹, die Aufhebung aller ›Geschichte‹ zur Folge. Der Desintegration folgt Regeneration, d.h. die auflösenden und keimkräftigen Eigenschaften des Wassers ermöglichen die Manifestation neuen Lebens (in diesem Sinne ist auch einfühlbar, weshalb der abwärtsfahrende Typhon in der Tarotliteratur im allgemeinen mit Destruktion, der aufsteigende Hermanubis hingegen mit dem Prinzip des Konstruktiven in Zusammenhang gebracht wird).

Kreislaufmodell

Aus dem Wasser geht die Ebene des Rades hervor. Die im Tarot zur Darstellung gelangte Symbolik ist eine Art Metapher für den schöpfungsgeschichtlichen Akt der Formwerdung. Aus den Keimen der Ursubstanz entwickelt sich evolutiv alles Lebendige. Die dieser Karte zugeordnete Zahl 10 schließt den Reigen der kabbalistischen Sephira ab, d.h. die Welt ist gestaltet und ihr Kreislauf kann beginnen (BERNOULLI 1934).

Metapher erster Schöpfung

Die enge Verbindung und Verwandtschaft von Wasser- und Radebene kommt vor allem in der Tarotversion von O. WIRTH deutlich zum Ausdruck: Aus dem Wasser winden sich zwei Schlangen nach oben, dem kreisenden Rad entgegen. Typhon ist hier außerdem eine Art Meeresungeheuer mit Fischflossen. Seine Beziehung zum Wasser zeigt sich auch im Dreizack.

Ebene des Rades

Als Ebene des differenzierten Seins versinnbildlicht das *Rad* Werden und Vergehen, Geburt und Tod, Konstruktion und Destruktion, Evolution und Involution, geistige Fortentwicklung und Regression, kurz: die ganze Schöpfung, den Kreislauf allen Geschehens, Natur, Welt, Leben, den Kosmos schlechthin, der den Ge-

setzen von Raum und Zeit unterworfen ist. PLATO vergleicht den Kosmos mit einer vollkommenen Kugel, welche ein Abbild des kugelförmigen Organismus allen Seins und gleichzeitig ein Symbol der Seele ist. Die Idee einer letzten Einheitsgrundlage allen Seins mit kreis- oder kugelförmiger Struktur war vor allem auch im frühen griechischen Denken, in der *Orphik* und bei den *Vorsokratikern* verbreitet.

Nabe und Randkreis

Was wir über das Verhältnis von Wasser- und Radebene ausgesagt haben, läßt sich in gewissem Sinne auch auf die Beziehung von Radzentrum und Radius transponieren: Die Nabe des Rades symbolisiert als Zentrum allen Seins das Prinzip des Schöpferischen oder Göttlichen, von dem die Manifestation der Welt ihren Ausgangspunkt nimmt. Die teilweise auch im Tarot sichtbaren konzentrischen Kreise zwischen Zentrum und Peripherie (Randkreis) repräsentieren dann verschiedene Seinsstufen. Die Peripherie gilt als Reich der Erscheinung. Aus diesem Grunde sind die Tier- und Menschenfiguren auch meist am äußersten Radrand zu sehen.

Rad mit Muttersymbolik

Das Rad vereinigt in Form von Radius und Zentrum Bewegung und Stillstand. Diese zwei Aspekte, die Doppelstruktur des Rades, sind ein bedeutender Gegenstand mythischen, religiösen und philosophischen Denkens: Wie das Rad wird die Weltordnung aufgeteilt in die beiden essentiell verschiedenen Faktoren Drehbewegung und Unbeweglichkeit. Das *Kreisen* des Rades symbolisiert den immergebärenden Schoß der Mutter Natur, die ständige Wiederkehr, das Immer-wieder-von-vorne-anfangen und Wieder-zurückfallen. So heißt es beispielsweise bei JAKOB BÖHME: »Das Rad ist die Mutter der Natur«. Das Runde gilt denn auch ganz allgemein als weibliches Symbol.

Samsara

Das Rad der (Wieder-) Geburten, im Indischen auch *Samsara* genannt, dreht sich, einmal angekurbelt, ohne Unterlaß, aber es dreht sich um sein Gegenteil, d. h. die Nabe des Rades ist sein Widersinn. Das unbewegte Zentrum steht außerhalb von Werden und Vergehen, es ist weder endlich noch unendlich, weil es sich jenseits der Kategorie von Raum und Zeit befindet. Das fortlaufende Kreisen des Rades ist hingegen in der Zeit, seine ›Ewigkeit‹ ist begrenzt. Das Individuum verlöscht mit dem Tod. Fortpflanzung soll die Arterhaltung sichern und gleichsam die individuelle Endlichkeit überbrücken.

Wirkungen der Zeit

Es gibt also keine Bewegung ohne Stillstand, keine Vergänglichkeit ohne Ewigkeit.

Wie im Kreis das Zentrum, so ist zu einer mechanischen Bewegung *ein ruhender Punkt* nötig, d.h. im Kreis muß etwas stillstehen und davon die Bewegung ihren Anfang nehmen, lesen wir bei ARISTOTELES (De an., 432a15-434a21). Das unbewegliche Zentrum entspricht seiner Vorstellung eines unbewegt Bewegenden, welches bewegt, ohne selbst bewegt zu sein (vgl. auch: Met. XII 1072a25 ff.).

Ruhe im Zentrum der Bewegung

Das Zentrum, welches am Rotationsgeschehen nicht teilhat, ist ein Ort der Ruhe und als solcher der Peripherie gleichsam übergeordnet. In der Tradition hat es oft auch numinose Qualität: Bei PLOTIN beispielsweise ist Gott das Zentrum allen Seins. Er bedeutet das nach allen Seiten ins Unendliche ausstrahlende Licht, welches von der Kugelhülle der Weltseele und weiter außen von der des sichtbaren Kosmos umgeben wird.

Eine ähnliche Vorstellung, die später in der Hermetik und Mystik der christlichen Zeit immer wieder erscheint, finden wir in der hermetischen Schrift *Poimandres* (erste Jahrhunderte n.Chr.): »Gott ist eine geistige Kugel (oder Kreis), deren Zentrum überall und deren Peripherie nirgends ist«, sagt HERMES TRISMEGISTOS. Bei J. BÖHME heißt es: »Das Rad Naturae windet sich von außen in sich hinein; denn die Gottheit wohnet im Innern in sich...« (in: JUNG 1975,195).

Das Rad im Buddhismus

Auch in der Kultur des Ostens treffen wir auf ähnliche Bilder. So wird beispielsweise in der altindischen Katha-Upanishad vom all-einen, göttlichen Brahman gesagt, daß es, obgleich stillsitzend, der Beweger aller Dinge sei. Dasselbe gilt später für Buddha, der das Rad

des Gesetzes und der Lehre als Chakravarti in Bewegung gesetzt hat.

Im chinesischen Buddhismus veranschaulicht das ›Rad des Gesetzes, der Wahrheit und des Lebens‹ den Weg von der illusionären Welt der Rotation hin zum raum- und zeitlosen Zentrum.

Nach taoistischer Vorstellung sitzt im Zentrum des Rades unsichtbar der Weise. Ohne selbst an der Bewegung teilzunehmen, bewegt er das Rad, dessen zentralen Punkt er erreicht hat. In vollkommener Ruhe bleibt er in untrennbarer Union mit dem Ursprung, an dessen Unveränderlichkeit er teilhat und dessen »nicht-aktiver Aktivität« er entspricht. Zur Wurzel zurückkehren heißt hier in den Zustand der Ruhe eingehen, d. h. die Fesseln aller vergänglichen und zufälligen Dinge ablegen. Die Radnabe wird in China auch der himmlischen Sphäre gleichgesetzt. Die Peripherie entspricht der Erde und die Radspeichen dem Menschen als Vermittler zwischen den beiden Polen.

Rückkehr ins Zentrum

Mit der Entfernung vom Kreiszentrum als Ausgangspunkt allen Seins wächst der Abstand vom Absoluten und die Heterogenität der manifestierten Welt. Die mit dem kosmogonischen Akt einsetzende Entäußerung der Form bedeutet Spaltung der uranfänglichen All-Einheit, d.h. Unterscheidung, Gliederung und Differenzierung. So ist der Radkranz im Tarot manchmal segmentiert, was auch mit der Beziehung der Kreisbewegung zur Zeit zu tun hat. Mit der Einteilung des Rades in Segmente und Grade begann in der Frühzeit ja auch die Zeitmessung, die sich an der periodischen Wiederkehr von Tag und Nacht, sowie an den verschiedenen, sich rhythmisch folgenden Jahreszeiten orientierte.

Bedeutung der Radspeichen

Auch die Radspeichen haben Bezug zur Zeitordnung. Im Tarot sind es meist 7, bzw. 6 + Zentrum (vgl. 6 Werktage + geheiligter Sonntag, der dem Zentrum entspricht). Es kommt nicht von ungefähr, daß wir vom ›Rad der Zeit‹ sprechen. Wo es Zeit gibt, da gibt es Werden und Vergehen, d.h. Vergänglichkeit.

Nach mythischer Auffassung ist die Entwicklung allen Lebens ein kreisförmiger, kein linearer Prozeß. Im Unterschied zu der uns Abendländern heute geläufigen linearen Zeitvorstellung ist das Zeitverständnis im mythischen Denken ein zyklisches. Dasselbe gilt auch noch für das Zeiterleben in östlichen Breiten: Alles, was einmal geschehen ist, wirkt weiter. Für das zyklische Existenzverhältnis ist nicht Veränderung oder Entwicklung, sondern Erhaltung entscheidend, die durch das ewige Wiederkehren gewährleistet wird.

Nichts vergeht

Trotz der bewegten Unruhe und Turbulenz wirkt die Radebene im Bild nicht chaotisch. Es herrscht vielmehr ein aktives Gleichgewicht gegensätzlicher Kräfte, ähnlich wie beim Symbol der Waage auf Karte VIII-Justitia. Dieses Gleichgewicht wird im Bild X manchmal zusätzlich durch das *Caduceus-Symbol*, den geflügelten Hermesstab, versinnbildlicht. In der Ausgabe nach WIRTH bildet die Ganzheit der Darstellung dieses Symbol: Das Rad schwimmt auf dem Meer des Chaos, getragen von den beiden Masten zweier mondsichelartigen Boote, die miteinander verbunden sind. Aus jedem Boot windet sich eine Schlange nach oben. Das Motiv der beiden miteinander verflochtenen Schlangen ist besonders auch in Indien ein wichtiges Transzendenzsymbol (Naga).

Bedeutung des Caduceus

In der WIRTHschen Ausgabe hält Anubis zusätzlich einen Caduceus in Händen. Nach alter Überlieferung vereint dieses Symbol auch die vier Elemente, wobei der Stab die Erde bzw. die Weltachse darstellen soll. Die besondere Hervorhebung des Caduceus weist darauf hin, daß es bei der 10. Tarotkarte um *Vermittlung* und *Übergang* zwischen verschiedenen Seinsebenen geht. So ist ja auch der griechische Götterbote *Hermes*, dem der Caduceus, das spätere Attribut des römischen Merkurs, ursprünglich zugeschrieben wurde, eine ausgesprochene Vermittlerfigur. Sein Phallus dringt auf der Suche nach einer geistigen Botschaft der Befreiung und Heilung von der bekannten in eine unbekannte Welt. Seine ihm eigene Kraft der Transzendenz bedeutet den Aufstieg vom unterirdischen Schlangenbewußtsein über das Medium der irdischen Realität bis zur übermenschlichen oder

Hermes: der Gott der Übergänge

transpersonalen Wirklichkeit, die in seiner Flugfähigkeit ausgedrückt ist. Eine ähnliche Bedeutung hat auch die geflügelte Sphinx, die wir im 10. Tarotbild auf der obersten Ebene antreffen. Während die unterste Ebene den Bereich des Chaotisch-Undifferenzierten, die zweite den der Natur mit der gestaltenden Formkraft als spezifischer Differenz zur ersten Seinsstufe repräsentierte, befinden wir uns hier auf gleichsam *transzendenter* Ebene. Auch sie ist nichts Isoliertes, sondern steht mit den beiden anderen Ebenen in Verbindung, ja entwickelt sich aus ihnen, wenn sie diese dann auch übersteigt. Dies veranschaulicht besonders die Zusammensetzung ihrer Symbolik, in der die Naturkräfte der Radebene gleichsam in sublimierter Form wiedererscheinen.

Ebene der Sphinx

Die Sphinx, ein Fabelwesen, vereinigt in sich Kraft, Potenz und Animalität eines Stieres; Wagemut, königliche Würde, Zähigkeit, Stärke, Macht und naturhafte Erdverbundenheit eines Löwen; Kampfgeist, Kühnheit, Geschwindigkeit, Höhenflug, ätherisch-luftige Himmelsnähe, geistige Evolution und Sublimationsfähigkeit, symbolisiert im Adler und schließlich Intellekt, Vernunft, Intelligenz, Wissen, Weisheit und ›Geistigkeit‹, symbolisiert im Kopf des Menschen als ›Sitz des Nous‹ (des Verstandes und des Geistes).

Die Beziehung der bedeutungsträchtigen Sphinxfigur zur ›Radebene‹ erweist sich auch am Umstand, daß dieses Fabelwesen in der griechischen Mythologie eine *Tochter des Typhon* ist, der im Tarotbild die Kraft des Negativen verkörpert. Im Unterschied zu ihm ist die Sphinx jedoch nicht mehr verwickelt in den Kreislauf des Geschehens; sie thront vielmehr unbewegt und gleichsam in stoischer Ruhe über der bewegten Unruhe des kreisenden Rades und der wogenden Wellen. Dieser Anordnung liegt die Vorstellung zugrunde, daß das Prinzip des Geistigen, zu dem die Sphinx enge Beziehung hat, die höchste und letzte Stufe in der Seinsentwicklung der belebten Natur repräsentiert. So begründet ja auch die geistige Entwicklung des Menschen seine Sonderstellung in der Natur. Ähnlich wie die Sphinx

Attribute der Sphinx

im Bild nimmt der Mensch als *animal rationale* (vernunftbegabtes Lebewesen) eine den anderen Lebewesen übergeordnete Position ein und ist doch auch nur ein Produkt des jede Entwicklung miteinschließenden Evolutionsprozesses.

Im Marseiller Tarot trägt die Sphinx auf ihrem Menschenhaupt eine Krone, was die Assoziation zum Menschen als »Krone der Schöpfung« nahelegt. Auch das Schwert, das die Sphinx manchmal in ihren Löwenpranken hält, ist Ausdruck ihrer Vormachtstellung und hat Beziehung zum Geistigen als dem Gliedernd-Rationalen.

Schwert und Krone

Wenn wir die Sphinxfigur nicht in ihre Teile zerlegen, sondern eher ganzheitlich zu betrachten versuchen, zeigt sich, daß sich uns ihr Wesen letztlich nicht durch Summation der verschiedenen Teilbedeutungen kundtut. Vergegenwärtigen wir uns etwa das Monument der Großen Sphinx von Gizeh, so mutet uns die majestätische Erhabenheit, die koloßhafte Schwere und starre Eleganz, die uralte Würde und Gelassenheit rätselhaft, geheimnisumwittert und unergründlich an. Die Sphinx ist über das bisher Gesagte hinaus auch von der Aura des Numinosen umgeben, das die Sphäre des Rational-Greifbaren übersteigt, aber dennoch nicht losgelöst vom menschlichen Geist zu denken ist. So wird dieses geheimnisvolle Wesen zum Prinzip des Rätselhaften schlechthin. In ihm verkörpert sich die Vorstellung eines übermächtigen Wesens mit göttlich-dämonischen Eigenschaften. Als solches ist die Sphinx ein Gegenstand der Verehrung und Angst.

Prinzip des Rätselhaften

In Ägypten haben die meist männlichen Sphinxen Schutzfunktion, während die thebäische Sphinx der griechischen Sage ein verschlingendes Ungeheuer darstellt, das JUNG mit der Symbolik der »schrecklichen Mutter« gleichsetzt. Daß die Sphinx in esoterischer Sicht gleichzeitig ein Symbol für den Menschen darstellen soll, entspricht wohl einerseits der menschlichen Sehnsucht nach göttlicher Macht und Vollkommenheit, andererseits seiner eigenen Rätselhaftigkeit: Des Men-

Schutzfunktion

schen Wesen ist unergründlich wie das der Sphinx; der Mensch bleibt sich selbst Geheimnis und Rätsel, d.h. er entzieht sich jeder eindeutigen Bestimmung oder Definition. Hierin liegt wohl auch der tiefere Sinn des Rätsels, das die thebäische Sphinx den Menschen aufgibt: Sie fragt nach dem Wesen des Menschen. Mit der Lösung des Rätsels durch den Helden Ödipus geht die Sphinx aber zugrunde, so als werde ihre Existenzfähigkeit durch eine klare, bestimmende Antwort ausgelöscht. Aber auch für Ödipus ist das Besiegen der Sphinx nur Fortsetzung eines unheilvollen Irrweges. Er, der das schwierigste Rätsel des verschlingenden Ungeheuers löst, bleibt dem Geheimnis seines eigenen Lebens gegenüber blind. So wacht die Sphinx als Verkörperung der Rätselhaftigkeit aller Existenz über der im letzten transzendenten Wahrheit, die dem menschlichen Verstehen verborgen bleibt.

Hüterin transzendenter Wahrheit

Während wir in der bisherigen Interpretation der Dynamik zwischen den drei verschiedenen Ebenen eher den Kosmos in seiner Ganzheit und mit ihm die phylogenetische Entwicklung des Menschen im Auge hatten, lassen wir uns nun von der Idee leiten, die 10. Tarotkarte könne auch nach rein anthropologischen Gesichtspunkten gedeutet werden.

Bedeutungsvolle Symbolfülle

Wenn wir die gesamte Symbolfülle im Lichte der Evolution des Menschen zu betrachten versuchen, dann lassen sich die Wasser-, Rad- und Sphinx-Ebenen im Bild als verschiedene Stadien der Ontogenese (der individuellen Lebensgeschichte) interpretieren, die ja nichts anderes ist als eine modifizierte Wiederholung der phylogenetischen (gattungsgeschichtlichen, menschheitsgeschichtlichen) Entwicklung.

Der Aufstieg aus dem Wasser würde dann das Verlassen des Embryonalzustandes bedeuten (vgl. Amnionflüssigkeit). Das Eingehen in die Ebene des differenzierten Seins (Rad) entspräche dem durch die Geburt eingeleiteten Prozeß der Selbstwerdung, ist die zunehmende Ablösung aus der frühen Symbiose mit der Mutter doch ein Prozeß fortschreitender Differenzierung,

Strukturierung und Abgrenzung.

Stufen der Bewußtwerdung

Der Stufenweg des menschlichen Bewußtseins führt vom nächtlichen Dunkel unbewußten Existierens über das erste Entdecken von ›Ich und Welt‹ bis hin zur ›Intellegeia‹ und ›Gnosis‹, zur ›Erkenntnis‹ und ›Weisheit‹ in umfassendem Sinne, was die spezifisch menschliche Fähigkeit zu Reflexion und Introspektion voraussetzt. Dieses späte Stadium verkörpert im Bild die Sphinx, die dem Menschen in ihrer erhabenen Größe zum Symbol seines Strebens nach persönlicher Vervollkommnung und geistiger Offenheit werden kann.

Versuchsweise läßt sich die Symbolik des 10. Tarotbildes auch nach tiefenpsychologischen Gesichtspunkten angehen. So lassen sich die Wasser-, Rad- und Sphinxebene unter Beiziehung der FREUDschen Theorie mit der Aufteilung des psychischen Apparates in Es, Ich und Über-Ich vergleichen.

Es, Ich und Überich

Das Reich des Unbewußten, das Es, ist im Vergleich zum Ich mit seinem Bewußtsein undifferenziert-chaotisch und zeitlos. Das Ich wird mit einer kleinen Laterne verglichen, die auf den Wogen eines riesigen Ozeans schwimmt. Dieser ist das ›große Reservoir der Libido‹, aus dem sich das Ich, die Ebene des Denkens, Handelns und der Energieentladung herausdifferenziert. Das Es ist Vorratstank und Versorgungsquelle für das Ich (vgl. Ab- und Aufwärtsbewegung des Rades als Eintauchen ins und Emporsteigen aus dem Wasser). Die Sphinx würde dem Über-Ich, der Gewissensinstanz entsprechen, deren Aufgabe die Sublimierung, d.h. das Sichten, Modifizieren und Sozialisieren der Triebenergie ist. Sie wird ja auch mit der Justitia-Figur von Bild VIII in Zusammenhang gebracht, wobei das Schwert ihre moralisierend-zensurierende Funktion noch unterstreicht. In ähnlicher Weise spricht JUNG von den *Stockwerken* der menschlichen Psyche, wobei das Bewußtsein – unsere ›Radebene‹ – eine relative Mittellage einnimmt.

Etagen der Psyche

Das Wasser symbolisiert das persönliche und kollektive Unbewußte, das lebendige Potential der Psyche, ihre Lebensquelle und entspricht der »prima materia«,

der »massa confusa« oder »massa informis« der Alchemisten.

Im Unbewußten gibt es keine Gegensätze, doch wie bei der Schöpfung beginnt die Spaltung derselben mit der Manifestation des unbewußten Potentials. So ist jeder Akt der Bewußtwerdung in gewissem Sinne ein Schöpferakt. »... das Dunkle gebiert das Licht ... Unbewußtes wird zu Bewußtsein in Form eines Lebens- und Wachstums-Prozesses« (WILHELM 1971, 21).

Das makrokosmische Geschehen der Weltentstehung wiederholt sich auf mikrokosmischer Ebene: Der Schöpfungsmythos wird zum *internen* psychischen Erlebnis. So wußten auch die aufgeklärteren Alchemisten, daß ihr Lapis (›Stein‹) nicht nur außen in der Welt, sondern gleichzeitig im Innern des Menschen entsteht. Wie im Mythos alles, was einmal geschehen ist, weiterwirkt, kann der Mensch einmal Gesagtes oder Getanes nicht rückgängig machen; es ist zu einem Teil seiner Persönlichkeit geworden.

Persönliche Schöpfung

Eine Analogie zur Vorstellung von der Geburt des Bewußtseins aus dem Unbewußten ist der indische Kundalini-Yoga, dessen Idee auch im Tarot anklingt (aufsteigende Schlangen): Die Übungen sollen die innere Kraft im Menschen, welche durch eine Schlange versinnbildlicht wird, von niederen zu höheren geistigen Regionen aufsteigen lassen. Ziel ist die stufenweise Erhebung des Menschen, d.h. die Sublimation der Persönlichkeit.

Mandala als Bild des Zentrums

In Anlehnung an die kosmische Vorstellung vom Rad als »Mutter Natur« bezeichnet JUNG das Mandalasymbol als Schoß des ›Seelengrundes‹. Das Mandala oder Kugelbild, das in der Frühzeit für die Gottheit, den Kosmos und die Weltseele galt, entwickelte sich allmählich, zunächst als Analogiebild des Göttlichen, auch zum Symbol der individuellen Seele. Es symbolisiert nach JUNG die Ganzheit der Persönlichkeit, das ›Selbst‹ als Totalität der bewußten und unbewußten Psyche. Dieses ist Mittelpunkt und Umfang, d.h. in der Sprache unseres Tarotbildes, daß die Qualitäten der ›Wasserebene‹ in die ›Radebene‹ integriert sind. – In seiner Ganzheit ist das Selbst aber unübersehbar, nicht eingrenzbar, *bewußtseins-transzendent*, weil über die Inhalte des Unbewußten nichts ausgesagt werden kann. Das Selbst ließe sich auch nicht auf die Grenzen der individuellen Psyche beschränken, da es diese übersteigt.

Das Rad als Symbol der Transzendenz

So verweist das Rad also gleichzeitig auf die Ebene des Transzendenten und Numinosen, die durch die rätselhafte Sphinx symbolisiert wird. Als Symbol der Ganzheit vereinigt das Selbst in sich alle Gegensätze der menschlichen Natur, Licht und Finsternis, ›Gut und Böse‹. Diese lebendige Dynamik alles Gegensätzlichen im Menschen zeigt die Kreisbewegung des Rades an: »Es wechselt Paradieseshelle mit tiefer schauervoller Nacht« (Wilhelm 1971). Typhon fährt hinab ins Schattenreich des Unbewußt-Chaotischen, hinunter in die Naturgeschichte als animalischer Instinktgrundlage des menschlichen Wesens. Der aufsteigende Anubis zielt nach dem »Geistigen«, d.h. nach Bewußtheit und Transzendenz.

Integration der Gegensätze

So wie die zirkulatorische Bewegung des Rades ist der Individuationsprozeß des Menschen ein Zentrierungsvorgang, eine Art ›Einkreisung des Selbst‹ und keine lineare Entwicklung. Er führt hin zur ›Mitte‹ als dem göttlichen Kern in der Menschenbrust. An die Stelle des Gottes als Bewohner des Mandalas tritt der »größere innere Mensch«, der *homo totus,* der Alchemisten. Das Rad (rota) ist in der Alchemie ein häufig erscheinendes Symbol des *opus circulatorium* (des kreisenden, kreishaften Werks), welches aus »ascensus« (Aufstieg, vgl. Anubis) und »descensus« (Abstieg, Typhon) besteht. Es bezeichnet die Revolution des Weltalls als Vorbild des Werkes sowie den Jahreszyklus, in welchem das Opus zustandekommt (Jung 1975,195).

Kreisweise Annäherung an das Selbst

Verändert man die Reihenfolge der Silben im Wort TARO, so bekommt man ebenfalls das Wort ROTA, was als Hinweis auf den zirkulatorischen Charakter dieser Kartenfolge gewertet werden kann. Wir haben das Arkanum des Tarot ja auch mit dem ›Großen Werk‹

der Alchemisten verglichen. Dieses geht aus *einer* Sache hervor und führt wieder zum *Einen* zurück, ist also ein Kreislauf wie der Drache, der sich in den Schwanz beißt (Uroboros).

Das *Mandalasymbol* ist jedoch nicht nur Ausdruck, sondern hat auch Wirkung: Es soll das ›Ausströmen‹ des innersten Seelengehaltes und die Vermischung mit Äußerem verhindern. Dies ist auch der magische Sinn der um das Zentrum angelegten konzentrischen Kreise. So ist das Mandala als Prinzip der Ordnung und Archetypus der Orientierung nicht nur geeignete Meditationsgrundlage, sondern hat in Zeiten seelischen Ungleichgewichtes auch heilbringende Funktion. Nach JUNG bedeutet das spontane Auftreten von Mandalas in Träumen, Visionen und Bildern psychologisch das Suchen oder Finden eines *neuen Persönlichkeitszentrums*. In diesem Sinne läßt sich auch die innere Beziehung der 10. Tarotkarte zu dem ihr unmittelbar vorangehenden Bild des Eremiten interpretieren: Die Einkehr in die Tiefe seiner selbst zielt auf die Bildung eines neuen, Licht und Schatten umgreifenden Persönlichkeitszentrums, das im kreisförmigen Mandala seinen symbolischen Ausdruck findet. Auf dem Weg hin zum Zentrum der eigenen ›Mitte‹ begegnen dem Menschen »friedliche und zornige Gottheiten«, Dämonen wie Hermanubis und Typhon, die nichts anderes als Aspekte des ureigensten Wesens sind.

Herausbildung eines neuen Persönlichkeitszentrums

Zentrum auf neuer Stufe

So erweist sich uns Bild X-Lebensrad nicht nur als Metapher für Kosmogonie und Evolution, sondern auch als Spiegelbild der menschlichen Seele.

XI
Kraft

Das 11. Tarotbild, dem der hebräische Buchstabe Kaph mit der hieroglyphischen Bedeutung »greifende Hand« zugeschrieben wird, zeigt eine junge Frau, die einem mächtigen Löwen mit bloßen Händen, mühelos und ohne sichtbare Anstrengung das Maul aufsperrt. Sie trägt ein langes Gewand und zum Zeichen ihrer souveränen Überlegenheit einen Lorbeerhut, der in eine Art Krone mündet. Die Form dieses Hutes erinnert an die Kopfbedeckung der Figur von Karte I.

Parallelen zur Karte I

Die Symbolik dieser Karte ist im Unterschied zur vorhergehenden recht einfach und besonders in der Kunst des Mittelalters häufig vertreten. Wir treffen das Motiv von der Bezwingung oder Tötung des Löwen vor allem auch in der griechischen Mythologie und im Alten Testament.

Herakles-Sage

Bekannt ist die Sage von *Herakles*, der den Nemeischen Löwen besiegt. Weil seine Geschosse von diesem abprallen wie von einem Stein, stürzt sich der Held ohne Pfeil und Bogen auf das zähnefletschende Untier, schlingt diesem die Arme um den Nacken und schnürt ihm die Kehle zu, bis es erstickt und seine grauenvolle Seele zum Hades hinabflieht.

Dasselbe Motiv findet man auch auf sumerischen und akkadischen Schwertern sowie auf Scherben aus der Ausgrabung Trojas. Es wird vermutet, daß solche und ähnliche Scherben vergraben wurden, um den »grünen Löwen«, d.h. schlechten Pflanzenwuchs zu bannen (RIJNBERK 1947).

Kyrene, David und Samson

Eine weitere Legende der Antike berichtet von der Nymphe *Kyrene*, die mit eigener Kraft erfolgreich gegen einen Löwen kämpft. Im Alten Testament besiegt *David* einen Löwen, der die Schafe der väterlichen Herde reißt. Auch *Samson*, der Säulenbrecher, geht als Sieger im Kampf mit einem Löwen hervor. So stellt das 11. Arkanum manchmal auch Samson dar, wie er mit übermenschlicher Kraft die Säulen des Philistertempels umstürzt.

Das Bild von *Samson und David* ist in der Kunst des frühen Mittelalters häufig vertreten. Beispielhaft erwähnt sei die Kathedrale von Bamberg aus dem 13. Jahrhundert. Gegen Ende des Mittelalters taucht dann auch das Motiv der *löwenbezwingenden Jungfrau* auf.

Die Löwenbezwingerin

In der christlichen Tradition galt der Löwe als *allegoria diaboli*, Sinnbild des Teufels. Seine Zähmung oder Vernichtung bedeutete den Sieg des Guten über die niederen Kräfte der Natur, den Triumph des Erlösers über alles moralisch Verwerfliche.

Ganz allgemein ist das Motiv der Löwenbezwingung eine Metapher für die Vorrangstellung des Menschen in der Natur, d.h. für die Dominanz der Intelligenz über den Instinkt oder den Sieg des Geistes über das Irdisch-Materielle. Dieselbe Idealvorstellung liegt, wie wir gesehen haben, auch der Karte » Lebensrad« zugrunde.

Die Schöne und das Biest

Das Tierisch-Animalische galt besonders im Mittelalter als sündig und schlecht, weshalb es mit Gewalt aus dem Menschen ausgetrieben werden mußte.

So wurde die Bezwingung des Löwen als Repräsentanten des Triebhaft-Instinktiven zum Sinnbild moralischer Reinheit und Läuterung. *Fortitudo*, Stärke, eine der vier Kardinaltugenden, bekam das Attribut der *Innocentia inviolata*, der unverletzten oder unversehrten Unschuld.

Zwei Formen der Auseinandersetzung mit dem Bösen

Die beiden Formen, unter denen auch unser 11. Arkanum erscheint, Säulenumsturz und Löwenbezähmung, bedeuteten im Mittelalter den Kampf gegen das Rigide und Starre, das sich der Entwicklung alles Guten entgegensetzt, sowie die Auseinandersetzung mit dem Bösen als aktiv-aggressiver und destruktiver Macht. Die Willenskraft zur Realisierung moralischer Werte galt als Basis jeder mystischen, okkulten und magischen Handlung.

Der Gegensatz zwischen der sanften Gewalt des Weiblich-Jungfräulichen und dem männlich-potenten,

mächtigen König der Tiere ist wieder ein Beispiel für das im Tarot vertretene *dualistische* Denken. Auch die Zahl dieser Karte, die 11, soll nach kabbalistischer Zahlenmystik den Kampf des Gegensätzlichen widerspiegeln, insofern als die Quersumme von 11 = 2, also eine Zweiheit ist.

Weil *Fortitudo*, Inbegriff der Reinheit, den gefährlichen Löwen als schwache Frau nicht auf physischem Wege bezwingen kann, werden ihr manchmal auch magische Kräfte zugesprochen. Die christlichen Interpretatoren sprechen von der Kraft der göttlichen Liebe. Das friedliche Beisammensein von Tier und Mensch entspricht der Vorstellung vom paradiesischen Leben, wo es keine Feindschaft gibt.

Eine der Kardinaltugenden

Auch der nicht-christliche Kulturraum kennt die Legende von der Zähmung gefährlicher wilder Tiere durch heilige oder sonst außergewöhnliche Menschen. Diese wirken allein aufgrund ihrer Erscheinung. Bekannt ist beispielsweise die Sage von Buddha, der einen auf ihn losstürmenden Elefanten ohne jede sichtbare Anstrengung oder Gewalt besänftigt.

Paradiesmotiv

Die Bändigung des Löwen war auch ein wichtiges Thema der Alchemie: Mit der symbolischen Verstümmelung oder Tötung dieses Raubtieres vollzog sich der Wandlungsprozeß und die Vergeistigung des Opferpriesters. Ähnlich wie im Mythos, wo der Held am Anfang seines abenteuerlichen Weges zuerst gegen ein primitives Ungeheuer oder einen »wilden Mann« kämpfen muß, sieht sich der Alchemist zu Beginn seines Werkes einer gefährlichen Macht gegenüber, die ihn zu verzehren droht. Ein Beispiel dafür ist das häufig auftauchende Bild des sonnenverschlingenden Löwen: Insofern der Löwe selbst als Symbol der Sonne gilt (z.B. Mithraskult) – astrologisch ist er das Domicilium Solis, das Haus der Sonne – ist dieses Bild eine Metapher dafür, daß der Mensch sich selbst zur Gefahr werden kann und der Kampf mit dem Löwen im Grunde die Auseinandersetzung mit der eigenen Tiernatur bedeutet.

Teil der menschlichen Natur

So beginnt das »Werk der Selbstwerdung« zunächst

Aufhebung der Feindschaft

mit einem Konflikt. Das siegreiche Hervorgehen aus dieser gefahrvollen Lage bedeutet, wie die alchemistische Symbolik zeigt, jedoch nicht Elimination des ›Gegners‹, sondern die Sublimation seiner chaotisch-unkontrollierbaren, wilden Kräfte: Im Mythos wird der anfängliche Feind zum Freund und Helfer, in der Alchemie verwandelt sich das ›niedrige‹ Blei in Gold. Zum Wesen der Wandlungssubstanz gehört eben, daß sie einerseits das Billige und Verächtliche ist, das durch eine Reihe von Teufelsallegorien ausgedrückt wird, von denen das Bild des Löwen eine ist, andererseits aber auch das Wertvolle, ja das Göttliche selbst bedeutet. Die Wandlung führt demnach vom Tiefsten zum Höchsten, vom tierisch-archaisch Infantilen zum mystischen »homo maximus« (lat. ›höchstentwickelten Menschen‹; Jung 1975, 161 f.). Der Kampf mit dem Löwen entspricht der Auseinandersetzung mit dem gefährlichen Aspekt der *prima materia*.

Auch im Tarotbild wird der Löwe nicht getötet, sondern ›nur‹ in Schach gehalten. Die Jungfrau sperrt ihm den Rachen auf, so daß die spitzen Zähne ihre Funktion verlieren. Der Löwe bleibt Löwe, doch ist er unter Kontrolle. Seine Besiegung ist ein Prozeß, der Kraft und Mut erfordert. Die Integration seines Kräftepotentiales bedeutet Zuwachs an eigener Kraft, insofern als das ›Hohe‹ aus dem ›Niederen‹ hervorgeht – eine Idee, der wir auch schon in Bild X »Lebensrad« begegnet sind: Die Elemente der niedrigeren Ebene sind in der höheren vertreten, wenn auch in verwandelter Form.

Integration des Kräftepotentials

Psychologisch heißt dies, daß der Mensch nicht hinter seine eigene Natur zurückkommt, diese in gewisser Weise aber transzendieren kann. Dies entspräche dem Freudschen Konzept der sublimierten Triebenergie. ›Natur‹ und ›Geist‹ befruchten sich gegenseitig, stehen in inniger Wechselbeziehung und sollen zu einem harmonischen Ganzen zusammenfinden, doch muß beiden ›Bereichen‹ menschlichen Seins ein gewisses Maß an ›Eigenleben‹ d.h. eine eigene Existenzberechtigung zugestanden werden.

Fruchtbare Wechselbeziehung

In diesem Sinne läßt sich auch die waagerechte Mantelkordel oder Halskette der Jungfrau im Bild als Grenz-Symbol zwischen ›oben‹ und ›unten‹ interpretieren (Marteau 1949). Wenn wir das 11. Arkanum – besonders im Anschluß an Karte X-Lebensrad – als Stufe innerhalb des menschlichen Bewußtseinsprozesses ansehen, läßt sich der Löwe mit Jung als Symbol der verborgenen und latenten Kräfte des Unbewußten, das den Menschen bei fehlender Kontrolle zu überschwemmen und verschlucken droht, deuten. Aus ihm geht das Bewußtsein hervor, dem umgekehrt eine gewisse Kontrollfunktion über das Schattenreich der Psyche obliegt. Auf das Kräftegleichgewicht zwischen Bewußtem und Unbewußtem mag im Bild der Hut von der Form einer liegenden Acht hinweisen. Auf der anderen Seite steht das Bewußte dem Unbewußten – wie die Jungfrau dem Löwen – nicht ganz frei und ungebunden gegenüber: Nur solange die Bestie in Schach gehalten wird, ist sie ungefährlich, d.h. die Schattenseite des Menschen ist allgegenwärtig und kann nur in direktester waffenloser Konfrontation bewältigt werden. Dies erfordert Mut und Kraft sowie den Einsatz der ganzen Person, was auch die nächste Karte anzeigt.

Kräftegleichgewicht zwischen Bewußtem und Unbewußtem

XII
Der Gehängte

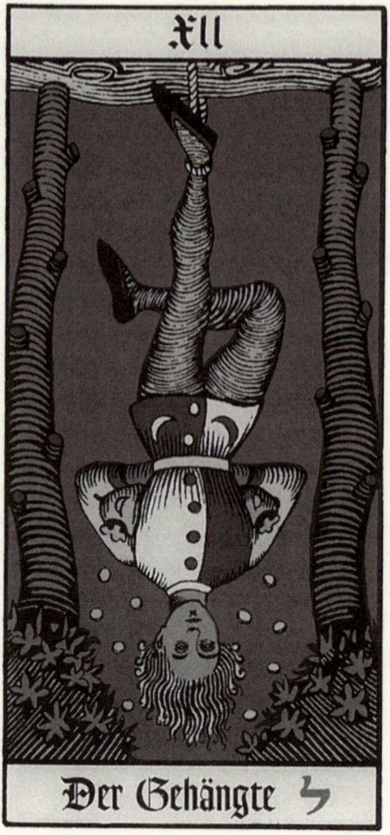

Bild XII zeigt einen Mann, der umgekehrt an einer Art Galgen hängt. Er schwebt, den Kopf nach abwärts, zwischen Himmel und Erde über einem Abgrund und wird von einem Seil, das um eines seiner beiden Fußgelenke geschlungen ist, gehalten.

Attribute des Gehängten

Seine Arme sind auf den Rücken gebunden und bilden zusammen die Form eines Dreiecks. Der rechte oder linke Unterschenkel ist über das andere Bein verschränkt, so daß der ganze Körper geometrisch die Form eines auf der Spitze stehenden Dreiecks mit aufgesetztem Kreuz bekommt. In manchen Ausgaben fallen dem so Aufgehängten, der trotz seiner mißlichen Lage zufrieden zu sein scheint, Münzen aus der Tasche. Die beiden Baumstämme, die den Querbalken tragen, haben je sechs Astknorren, was zusammen die Zahl dieses Arkanums ergibt.

Außergewöhnliche Vieldeutigkeit

Die Symbolik des 12. Tarotbildes entbehrt wie kaum eine zweite jeder Eindeutigkeit. In der Literatur finden wir viele widersprüchliche und uneinfühlbare Deutungsversuche, negative wie positive. Die Vielfalt der Meinungen warnt vor einseitiger Betrachtungsweise. Die einen sprechen von Strafe, Schuld, Buße, Dieb, Opferplatz, die anderen sehen im Gehängten einen Mystiker, Adepten oder Märtyrer, der sich selbst in diese Lage gebracht hat.

Historische Aussage und symbolische Bedeutung

Tatsache ist, daß es sich bei dieser Art Hängen um eine *Foltermethode* handelt, die besonders zur Zeit der Christenverfolgung und vereinzelt auch im Mittelalter angewendet wurde. In völliger Hilflosigkeit pendelt der so Gequälte in der Luft, dem Blick der Masse und jeder Witterung ohnmächtig preisgegeben. Auf der anderen Seite hat das Motiv des verkehrt Hängenden zweifellos auch *symbolische Bedeutung*, d.h. es verbindet sich mit ihm eine bestimmte Aussage.

In der Mythologie bedeutet der Tod am Baum die *Vereinigung mit der mütterlichen Quelle allen Lebens* und das Wiedererstehen in der Natur (vgl. Attis). Das

Verbindung zur Quelle

Schweben über der Erde kann jedoch, wie die Sage von Herakles und Antaios zeigt, auch das Gegenteil bedeuten: Um zu verhindern, daß der Riese Antaios jedesmal, wenn er beim Ringen stürzte, durch Berührung mit der Mutter Erde neue Kraft gewann, mußte Herakles ihn über der Erde in der Schwebe halten.

Der germanische Gott Odin wiederum soll »neun eisige Nächte am windkalten Baum« gehangen haben, um die Weisheit der Runen durch Selbstopfer zu erlangen.

Wir begegnen dem Motiv des Zwischen-Himmel-und-Erde-Schwebens auch im christlichen Mystizismus und in der Alchemie.

Phänomen der Levitation

Das Phänomen der Levitation (des Schwebens) von heiligen Persönlichkeiten, wovon in hinduistischen und buddhistischen Schriften berichtet wird, soll auch bei zahlreichen männlichen und weiblichen Heiligen der katholischen Kirche vorgekommen sein. Ein Beispiel ist die heilige Therese von Avila, eine spanische Mystikerin aus dem 16. Jahrhundert, die in einer Art ekstatischer Verzückung mehrmals das Gefühl hatte, von mächtigen Kräften an den Füßen in die Höhe gehoben zu werden. Ihre Seele erlebte sie als zwischen Himmel und Erde aufgehängt, im Zustand absoluter, weil erden- und himmelsferner Einsamkeit (»Leben«, Kap. XX, in: Hippel 1972, 239f.).

In der Alchemie bedeutet die verkehrte Körperlage das erneute Eingehen in die Materie vor Vollendung des Werkes: Der Kopf als ›Sitz des Geistes‹ taucht ins Erdinnere ein. Die graphische Struktur des 12. Tarotbildes

Materie über Geist

weist auf Ähnliches hin: Das Kreuz, das durch die Beinstellung des Gehängten gebildet wird, gilt allgemein als Symbol der Materie. Diese ist hier dem geistigen Prinzip, wofür das Oberkörperdreieck Symbol ist, übergeordnet. Der Geist taucht somit in die Materie, d.h. es wird eine Vereinigung von ›oben‹ und ›unten‹ ange-

strebt, was sich psychologisch als Verbindung von Intellekt und Trieb oder, wie wir in Anlehnung an JUNG weiter unten sehen werden, als Synthese von Bewußtem und Unbewußtem interpretieren läßt.

Der Kopf des Aufgehängten befindet sich, zieht man die christliche Kreuzsymbolik herbei, auf der Ebene der Hölle, die Füße auf derjenigen des Himmels (vgl. Christusdarstellungen mit Totenschädel zu Füßen).

Akasha-Energie

Die Beziehung von Geist und Materie kommt graphisch noch in anderer Weise zum Ausdruck: Das vom Galgen gebildete Rechteck gilt ebenfalls als Symbol der Materie, die aus den 4 Elementen besteht. Im Inneren des eingeschlossenen Raumes (indisch: *akashya*, Akasha) befindet sich als *5. Element* die unsichtbare innere Lebenskraft des Geistes, die alle Materie durchdringt. Mit dieser Kraft wird die Figur im Tarotbild in Beziehung gebracht (GETTINGS).

Kraft zur Wende

Die Lage des Gehängten ist, wie immer man sie interpretieren mag, eine unnatürliche: Im Vergleich zu den vorangehenden Tarotkarten hat sich das Blatt gewendet, und zwar sowohl im wörtlichen wie übertragenem Sinne. Es scheint etwas ganz Neues zu beginnen. WIRTH spricht vom Übergang aus einer aktiven in eine passiv-kontemplatorische Phase.

In der Tat ist der Aufgehängte in seiner aktiven Bewegungs- und Handlungsfreiheit ganz eingeschränkt. Er steht nicht mehr mit beiden Füßen auf fester Erde, weshalb man ihn auch als träumerischen Phantasten und Schwärmer, der an einer verstiegenen Doktrin festhängt, bezeichnet. Unter dem Aufgehängten tut sich ein Abgrund auf. Die Erde ist für ihn nicht fester Grund und Boden, nicht Wohnung und Heimat, sondern Schlund und Tiefe.

Sinn und Unsinn des Verkehrten

Als ›Ver-kehrter‹ ist der Gehängte ›anders‹ als die anderen. In dieser Andersheit ist er exponiert und einsam. Er gehört nicht zur mitmenschlichen Gemeinschaft, sondern befindet sich in einem ›eigenen Kosmos‹, der einer Verkehrung des ›allgemeinen Kosmos‹ gleichkommt. Gemessen am alltäglich-vertrauten In-der-Welt-sein bedeutet seine Lage Desorientierung; er fällt aus dem Rahmen, weil er einen *anderen Standpunkt* einnimmt als die anderen, d.h. sein Weltverhältnis ist ein anderes geworden: Was für ihn oben ist, ist für uns unten, und umgekehrt.

Perspektivenwechsel

Diese scheinbare ›Verkehrung‹ zeigt, daß jede *Raumaufteilung* in Relation zum menschlichen Körperschema als Bezugspunkt steht. Der strukturelle Aufbau der Welt ist abhängig von deren ›Bewohner‹, der nie ein weltloses Subjekt ist. Es gibt keine von menschlichen oder tierischen Lebewesen unabhängige, »objektive« Welt, in der eine vom eigenen Sein losgelöste Orientierung möglich wäre. Wir können uns nur orientieren, weil wir immer in eine je schon vorhandene Welt hinein ausgerichtet sind: »Ich orientiere mich notwendig in und aus einem *je schon sein* bei einer ›bekannten‹ Welt« (Heidegger 1972,109).

Objektive Welt als Spiegel des Subjekts

Jemand der die Welt anders sieht als alle anderen, braucht nicht notwendig ver-rückt zu sein; vielleicht ist es gerade er, der ›mehr‹ und ›richtiger‹ sieht als der Durchschnittsmensch. So ist auch verstehbar, weshalb der Figur des 12. Tarotbildes häufig ungewöhnliche, ja, überirdische Qualitäten zugesprochen werden: Es ist die Rede vom weisen Adepten, der die Wahrheit schaut und deshalb im allgemeinen nicht verstanden und verkehrt ausgelegt wird – die fallenden Münzen wären dann ein Symbol für die Aufgabe allen bisherigen Wissens (vgl. Karte I). Man spricht auch von altruistischem Selbstopfer – die Münzen bedeuteten die Gabe an die Menschheit –, von Gottesnähe und Bewußtseinserweiterung. Diese positiven Interpretationsversuche würden dann durch die Tatsache erhärtet, daß der Gesichtsausdruck des Aufgehängten offensichtlich zufrieden und heiter ist: Innerer Frieden sei der Lohn für sein uneigennütziges Opfer.

Positive und negative Bedeutungen

Derselbe Umstand läßt sich jedoch auch negativ auslegen: Vielleicht ist sich der angebliche Held seiner Situation überhaupt gar nicht bewußt, vielleicht haben sich ihm bei der verkehrten Kopflage die Sinne ver-

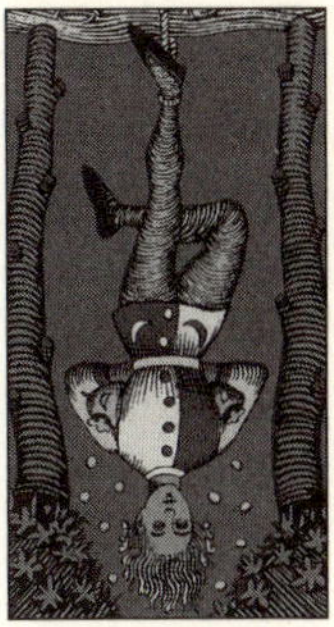

wirrt? Die fallenden Münzen könnten gestohlenes Diebesgut sein. Dazu würde auch passen, daß der diesem Arkanum zugeschriebene Buchstabe Lamed hieroglyphisch ›Arm‹, ›Besitznahme‹, ›Ergreifen‹ bedeutet. Ähnlich wird der Gehängte auch mit *Judas Ischariot* verglichen, der für seinen *Verrat* 30 Silbermünzen bekommen hatte und sich gleich danach selbst gehängt haben soll. Das Verlieren der Münzen könnte auch darauf hinweisen, daß einem der mitmenschlichen Gemeinschaft Entrückten die Möglichkeit des handelnd-verhandelnden Umgangs in einer alltäglich-vertrauten Welt verlustig gegangen ist. Vielleicht sind sie auch ein Zeugnis dafür, daß in dieser Lage nur die nackte Existenz, der Kern der Person gleichsam übrig bleibt, nachdem aller irdische Tand abgefallen ist.

Grenzerfahrung

Gewiß ist, daß der Zustand des Gehängten de facto zum *Tode* führen kann. So ist denn im Tarot auch das diesem Bild unmittelbar folgende 13. Arkanum die Todeskarte.

Tod bedeutet, wie die spätere Interpretation zeigen wird, nicht endgültiges Auslöschen, sondern Wandlung und Neugeburt (vgl. auch Bild XIV). Der Zustand des Aufgehängten ist somit ebenfalls ein Übergangsstadium, eine Art Prüfung oder Reinigung, die Vorbereitung einer Transformation, woraus etwas Neues hervorgehen wird, was auch an der wiesenbewachsenen Erde im Bild ersichtlich ist. Auch die Baumstämme sind noch lebendig, d.h. keine abgestorbenen Strünke, doch kommt die Ambivalenz der in dieser Karte zur Darstellung gelangten Symbolik auch im Motiv des Baumes zum Ausdruck: es gibt den Lebensbaum sowie den Todesbaum, eine Gegensätzlichkeit, die sich besonders im Kreuz Christi als Baum des Lebens und als Todesholz verdichtet (zur weiteren Vertiefung: KARL KOCH 1972).

Baum des Lebens und des Todes

Die 12 Astknoten werden im allgemeinen mit den bis zu diesem Arkanum durchlaufenen ›Tarot-Stufen‹ in Verbindung gebracht. Sie erinnern an den *arbor philosophica,* den ›Baum der Weisheit‹ der Alchemisten, der die Reihenfolge der 12 Operationen oder Wandlungsphasen darstellt.

Die Zwölf wird auch mit dem 12. Haus des Tierkreises, dem sogenannten Karma-Haus in Zusammenhang gebracht, wo die Vorbereitung für das Eingehen ins neue Leben stattfindet. Dazu paßt auch, daß die Ziffer und Symbolik der 21. Tarotkarte »Welt« das Gegenstück zum 12. Arkanum ist. Wir finden in der Karte »Welt / Anima Mundi« eine Art spiegelbildliche Abbildung, was sich besonders an ihrer manchmal identischen Arm- und Beinstellung zeigt. Der Mensch muß sterben, um auf einer höheren Ebene wiedergeboren zu werden, d.h. Leid und Qual ist die notwendige Bedingung der Möglichkeit für geistige Evolution.

Karma-Haus

Das 12. Tarotbild läßt sich auch nach psychologischen Gesichtspunkten interpretieren. Nach Gettings beschreibt es den Menschen, der nicht spürt, was mit ihm vorgeht, weil er die Tiefen seiner Seele sowenig kennt wie die Gesetze der äußeren Welt. Er schwebt ahnungslos und unfrei über dem Abgrund seiner eigenen psychischen Leere und merkt nicht, daß alles auf dem Kopf steht.

Abgrund der Leere

Die Lage des Gehängten kann auch mit der psychischen Situation verglichen werden, die sich bei einer Begegnung des Menschen mit sich selbst, etwa in einer psychotherapeutischen Behandlung oder Analyse vorübergehend einstellen kann. Das ›Fallen des Geistes in die Materie‹ würde den Abstieg des Bewußtseins ins Unbewußte bedeuten. Der Gang in die Tiefe erfordert Mut und Vertrauen, denn die Gefahr, daß der haltgebende Strick bei der Konfrontation mit dem Schattenreich der eigenen Seele reißt, ist nicht unbedeutend. Aus diesem Grunde ist eine solche Unternehmung auch kaum möglich ohne Begleitung durch einen anderen Menschen, der einem jene Sicherheit verleihen kann, die uns den Blick in die Tiefe vielleicht erst wagen läßt.

Lohn jeder Therapie

Wenn die Vorherrschaft des Intellektes aufgehoben wird und andere Kräfte die Zügel in die Hand nehmen, verliert man gern den Boden unter den Füßen. Die bisher gültigen Werte erscheinen in anderem Licht und

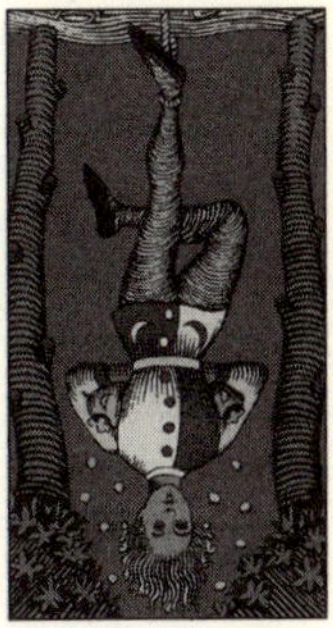

müssen wie die Münzen im Bild fallengelassen werden. Was oben war ist unten, was unten war ist oben, d.h. es findet eine völlige Um-kehrung und Neuorientierung statt. Eine solche Transformation kommt einer Selbstaufgabe gleich: »Durch den Abstieg ins Unbewußte bringt das Bewußtsein sich in eine gefährliche Lage; denn es scheint, als ob es sich selber auslöschte« (JUNG 1975, 382). Dieser Abstieg, der in gewisser Weise einer freiwilligen Überantwortung an den Tod gleichkommen kann, läßt sich mit dem Überwältigtwerden durch das unbewußte oder bisher sorgsam im Dunkel gelassene psychische Material vergleichen, wodurch fruchtbareres Leben in jenem Gebiete der Seele erzeugt werden soll, das bisher in dunkler Unbewußtheit und im Schatten des Todes lag (JUNG 1975, 382).

Fruchtbareres Leben

Bereits Bild XI-Kraft konnte als Metapher für die Auseinandersetzung von ›Ich‹ und ›Schatten‹ im JUNGschen Sinne gedeutet werden.

XIII
Der Tod

»Und solang du das nicht hast,
Dieses Stirb und Werde,
Bist du nur ein trüber Gast
Auf der dunklen Erde«
(GOETHE, *Selige Sehnsucht*)

Das 13. Tarotbild, welches »Tod« bedeutet, zeigt den bekannten Sensenmann. Es trägt als einziges keinen Titel (jedenfalls in vielen Tarotversionen). Aus der schwarzen Erde, über die der Schnitter hinweggeht, ragen die bruchstückhaften Überreste von menschlichen Körpern: Hände, Füße und zwei Köpfe, in der Regel ein Frauen- und ein Männerhaupt mit aufgesetzter Königskrone. Obwohl zerstückelt, scheint das Leben nicht aus ihnen gewichen. Manchmal sind auch noch Knochen und Pflanzen zu sehen.

Übergang und Wandel

Das hier dargestellte Stadium will als Folgeerscheinung auf Bild XII-Der Gehängte bzw. als Vorbereitung für Stufe XIV-Mäßigkeit/Wiederverkörperung verstanden sein. »Tod« ist hier also nichts Endgültiges, sondern ein vorübergehender Wechsel der Seinsweise. Er bedeutet Übergang, Wandlung, Läuterung und Wiedergeburt in neuer Gestalt.

Kosmischer Kreislauf

Die Rückkehr ins Gestaltlose ermöglicht Regeneration. So ist die Todessymbolik eng mit derjenigen der Mutter Erde verknüpft, die am Beginn und Ende allen Lebens steht: Was aus der Erde kommt, ist dem Leben geweiht, was in sie zurückkehrt, soll aufs neue leben. Nichts wird endgültig vernichtet oder ausgelöscht. Leben und Tod sind nur zwei Momente des Gesamtschicksals der ohne Unterlaß gebärenden Erdmutter. In ihr ist die Zeit lebendig: mit großer Geschwindigkeit entstehen und vergehen die Formen des Lebens, die mit der Urmutter immer in kosmobiologischer Verbundenheit bleiben.

Die Natur nimmt und gibt. Das Motiv des »Stirb und Werde« ist eine Gesetzmäßigkeit der lebendigen Natur, ein Grundprinzip, das sich auf kosmischer ebenso wie auf anthropologischer Ebene ereignet und ein Gegenstand von Mythos und Religion aller Völker und Zeiten ist. Es bildet den Hauptinhalt aller Initiationsriten, wo dem Eingehen ins neue Leben oder Seinsstadium ein symbolischer Tod vorausgeht: *Mors ianua vitae*, der Tod ist das Tor des Lebens. Dazu paßt, daß der dieser Karte zugeschriebene hebräische Buchstabe »Mem« die hieroglyphische Bedeutung »Frau, Fruchtbarkeit, Mütterlichkeit, Schöpfung« hat. Das Mem gehört wie der erste Buchstabe des hebräischen Alphabetes, Aleph, zu den sog. »Müttern« (vgl. Bild I- Pagat).

Inhalt von Initiationsriten

Wenn der im Sensenmann verkörperte Tod durch das Feld gegangen ist und sich die lebendigen Teile ehemaliger Gestalt mit dem schwarzen, fruchtbaren Humus vermischt haben, kann neues Leben keimen, d.h. der Tod ist die Bedingung der Möglichkeit für neues Werden, Schoß gleichsam für neues Sein.

Humus

In vielen archaischen Ackerbau- und Fruchtbarkeitskulten herrscht die Vorstellung, daß der periodischen Regeneration der Natur ein Opfer vorhergehen muß. Dieselbe Idee klingt, wenn auch auf die Entwicklung des Menschen übertragen, im Tarot an: Das Hängen am Galgen (XII) kommt in diesem Sinne einem Selbstopfer gleich. Jedes Reifen und Wachsen ist mit Leid verbunden; es ist oft schmerzhaft und furchterregend, vom Alten zu lassen und in ein neues Entwicklungsstadium einzutreten.

Abschiede

So ist der Tod, versteht man ihn nun wörtlich oder in übertragenem Sinne, sowohl ein Gegenstand der Angst als auch der Hoffnung, eine *Ambivalenz*, die sich auch in seiner Symbolik spiegelt: Die Freude am irdischen Dasein, die Angst vor dem Unbekannten und die Ungewißheit über das Schicksal der eigenen Existenz läßt den Tod, so er in der Vorstellung des Menschen Form annimmt, meist als schreckliche Figur auftreten.

Ambivalente Wirkungen

Auch der Sensenmann ist eine unheimliche Erscheinung, besonders deshalb, weil uns seine Gestalt in so drastischer Weise an unsere eigene erinnert. Gerade in dieser nahen Verbundenheit und Verwandtschaft wird uns seine aufdringliche Nähe und unerbittliche Allge-

genwart unzweideutig offenbar. Das Bild des Skelettes ist eine Metapher für die Hinfälligkeit und Vergänglichkeit alles Gewordenen. Während dem Gehängten von Bild XII Münzen als ein Symbol für irdischen Besitz und Reichtum aus der Tasche fielen, muß der Mensch nun gar vom eigenen Körper als äußerlich sichtbarer Gestalt lassen. Damit verliert er jede Individualität, denn im Tode sind alle gleich. »Tor, Weiser, Bettler und Kaiser« liegen unterschiedslos nebeneinander; die Rollen, die sie im Leben innehatten, zählen nicht mehr: *Mors inaequalia aequat*, der Tod gleicht die Ungleichheit aus. Dieses Motiv klingt auch im Tarot in Form des enthaupteten Königs an. Der Tod trifft jeden, ohne Ansehen der Person. Aus diesem Grunde ist er dem Menschen nicht nur Leid und Schrecken, sondern auch Trost und Verkörperung der Gerechtigkeit: *Quod fuimus estis; quod sumus vos eritis*, was wir waren, seid ihr jetzt; was wir sind, werdet ihr sein – ein Spruch, der besonders im Mittelalter als Grabinschrift Verbreitung fand.

Der Tod als Gleichmacher

Während in der Antike die Erinnerung an den Tod eher einer Aufforderung zu noch intensiverem Genießen des Lebens gleichkam, fühlte sich der Christ durch eine solche Aussage zu Buße und Einkehr aufgerufen.

Die Verwendung des menschlichen *Skelettes als überindividuellem Todessymbol* ist relativ jung und weder in der griechischen noch römischen Kultur als solches anzutreffen. Die antike Todessymbolik hatte ihren Einfluß lange geltend gemacht, so daß das Skelettmotiv in Europa erst im 14. Jahrhundert allmählich Verbreitung fand, was mit dem Aufblühen der Wissenschaften zusammenhängen mag, wo der Bau des menschlichen Körpers neue Beachtung fand.

Symbol Skelett

Die Bedeutung, die dem Symbol des Skelettes in der Folge zugeschrieben wurde, ist von eigentümlicher Doppelbödigkeit: Auf der einen Seite war es ein Sinnbild für die Vergänglichkeit alles Irdischen, auf der anderen Seite galt es als notwendiges Substrat für die Wiederauferstehung der Seele.

Schon in der Bibel wurde den Knochen des menschlichen Körpers große Bedeutung zugesprochen, weil sie das einzige sind, das der natürlichen Verwesung standhält. Es galt als großes Unglück, wenn ihre Substanz zerstört wurde. Die Vernichtung der Gebeine von Verbrechern hatte zum Ziel, deren Eingehen in ein neues Leben zu verhindern.

Symbol Knochen

In der darstellenden Kunst des Mittelalters erscheint das Skelett zum Zeichen dafür, daß der Tod nichts Endgültiges ist, manchmal sogar mit fleischlichen Überresten. Auch im Marseiller Tarot hat das Knochengerüst einen Arm aus Fleisch und Blut. Ähnlich lassen sich die rote Farbe der Sensenklinge und die lebendigen Überreste menschlicher Körper interpretieren.

Symbol Sense

Die *Sense* wurde erst spät ein Attribut des Knochenmannes. Ein berühmtes Beispiel dafür ist Dürers Kunstwerk »Ritter, Tod und Teufel«. Der Tod erscheint als *Schnitter*, der die reife Ernte einbringt – ein Motiv, das wohl ursprünglich biblischer Herkunft ist. Die *Sichel* taucht aber auch in der griechischen Mythologie auf. Sie galt als Attribut von Kronos, dem Gott der Zeit, der seine eigenen Kinder verschlang und alles hinwegraffte, was ihm begegnete. Ihm wurde Saturnus, der römische Gott der Aussaat gleichgesetzt. Die mögliche Anspielung auf Saturn finden wir auch im Tarot: Die Arme des Knochenmannes, so heißt es gelegentlich, bilden zusammen mit der Sense die graphische Struktur eines Halbkreises mit aufgesetztem Kreuz, was das Signum für Saturn ist.

Parallelen zur Alchemie

Die 13. Tarotkarte vereint in sich, wie bei der Besprechung von Arkanum IV-Der Herrscher bereits erläutert, auch alchemistische Symbolik: Die Zerstückelung und Tötung des Königs und seine nachfolgende Genesung oder Auferstehung ist eine Parabel für das *Opus* als Wandlungsprozeß, welcher mit dem Schicksal des menschlichen Lebens verglichen werden kann. Die schwarze Erde im Tarotbild entspricht in alchemistischer Symbolik der »nigredo«, der schwarzen, unteren Stufe, in welche das Gold oder der ›Stein‹, u.a. ein Symbol für den »König« oder »neuen Menschen«, versenkt

wird. Die Alchemisten, die ihre Kunst mit der Tätigkeit des Sämannes verglichen, ahmten mit der »mortificatio« (Tötung) des Königs das Werk der Natur nach: Das Weizenkorn versinkt in der Erde, bevor es zu neuem Leben erwacht.

JUNG interpretiert den Untergang und die Auflösung des Königs in der »prima materia« psychologisch als Überwältigtwerden von den Mächten des Unbewußten: Der Nous (Geist, Verstand) wird von der Physis (Natur, Trieb) verschlungen – ein Zustand, der vorübergehend den Verlust der intellektuellen Kontrolle sowie der Standsicherheit und Handlungsfreiheit bedeuten kann, was im Tarotbild durch die abgeschnittenen Köpfe, Füße und Hände angedeutet sein mag. Wenn das Bewußtsein die einbrechenden Inhalte des Unbewußten nicht assimilieren kann, droht die Gefahr einer Dissoziation (Spaltung) der Persönlichkeit, welche das psychologische Äquivalent für die Zerstückelung im Bild ist.

Verschlingung des Geistes

Besteht der Mensch aber die Gefahren der eigenen Tiefe, so bedeutet der vorübergehende Verzicht des Bewußten zugunsten des Unbewußten nicht Zerstörung und Vernichtung, sondern Wandlung und Erhaltung, dann wird auf den Abstieg wieder Aufstieg folgen. Dies entspricht auch genau den Erlösungsvorstellungen der Alchemie.

Erlösungsgewißheit

In einer Tarotausgabe haben wir auf den Karten XIII und XIV zusätzlich eine untergehende bzw. aus dem Meer aufsteigende Sonne gefunden, was die Interpretation des Todes als *vorübergehendes* Stadium des Wandels weiter unterstützt: Sowenig wie der Sonnenuntergang endgültigen Tod der Sonne bedeutet, braucht die menschliche Existenz mit dem Eintauchen in die unbekannten Tiefen der eigenen Seele für immer zu verlöschen.

Das Erscheinen des Sonnenmotivs auf der Todeskarte klingt an die mythologische Vorstellung an, daß die Sonne für den Menschen ein *Psychopompos*, d.h. eine Art *Seelenführerin* ist, der eine bedeutende Funktion in

Sonne als Führung

bezug auf die Stellung des Menschen nach dem Tode zukommt. Die Sonne kann den Menschen durch ihren Untergang ins Reich der Toten führen und ihn am nächsten Tag mit ihrem Aufgehen wieder ans Licht bringen: »Alles Lebendige steigt, wie die Sonne, aus dem Wasser und taucht am Abend wieder darein hinunter. Aus den Quellen, den Flüssen und den Seen geboren [in einer Tarotausgabe ist auf Bild XIII auch ein Fluß zu sehen], gelangt der Mensch im Tode an die Wasser der Styx, um die ›Nachtmeerfahrt‹ anzutreten. Jene schwarzen Wasser des Todes sind Wasser des Lebens, der Tod mit seiner kalten Umarmung ist der Mutterschoß, wie das Meer die Sonne zwar verschlingt, aber aus mütterlichem Schoß wieder gebiert. Das Leben kennt keinen Tod« (Jung 1973, 276f.).

Fortdauer des Lebendigen

So wird der Sonnenlauf zum Gleichnis für das menschliche Schicksal: Der Aufgang der Sonne entspricht der Geburt des Menschen, der sich am Morgen des Lebens mit Schmerz von der Mutter trennt. So wie sich die Sonne aus den Dünsten des Horizontes löst und die ungetrübte Klarheit der Mittagsstellung erreicht, wird durch die Abtrennung vom Dämmer der Kindheit ein autonomes Bewußtsein erstrebt. Dann sinkt die Sonne wieder ins Reich des mütterlichen Dunkels (Jung 1973, 454f.)

Sonnenlauf als Gleichnis

Das Leben ist ein beständiges Ringen mit dem Ausgelöschtwerden, eine vorübergehende Befreiung aus der Nacht. Der Mensch wehrt sich gegen das unaufhaltsame Absinken, möchte auf Mittagshöhe verweilen und ist gleichzeitig getragen von der Sehnsucht nach Stille, Ruhe, Tod. Es ist der Kampf zwischen *Eros* und *Thanatos*, Evolution und Involution, der die Dynamik des Lebens ausmacht.

Anonymität des Todes

Bezeichnenderweise *fehlt* der 13. Tarotkarte in der Regel der Titel. Dies mag einerseits mit der *Anonymität*, in der der Sensenmann erscheint, zusammenhängen und auf der anderen Seite ein Ausdruck von Furcht und Abwehrhaltung sein, den Tod zu nennen und ihn damit vielleicht heraufzubeschwören. Der Tod ist namenlos,

weil er sich im Grunde jeder Bestimmung entzieht. Die Todeserfahrung ist in ihrer letzten Konsequenz nicht mitteilbar. Sie ist vom Nimbus des *Numinosen* umgeben und bleibt das Geheimnis jedes einzelnen Menschen. Ähnlich wird ja auch das Göttliche in gewissen Religionen nicht mit Namen genannt.

Die Ambivalenz, die der Symbolik der Todeskarte zugrundeliegt – Befreiung, Erlösung und heilsame Wandlung einerseits; Angst vor Vernichtung, Leid und Schmerz andererseits – spiegelt sich auch in der Zahl 13, die im Bild ursprünglich wie der Titel fehlte. In der Regel galt die 13 als Unglücks- und Todeszahl. Diese Bedeutungszuschreibung ist wahrscheinlich biblischer Herkunft und steht wohl in Zusammenhang mit dem Abendmahl, das Christus, der Todgeweihte, mit den 12 Aposteln einnahm. Es fehlen allerdings auch die Beispiele nicht, wo der Dreizehnte in einer Gruppe der Glückliche und Auserwählte ist, so etwa Zeus im Phaidros oder Odysseus bei seinem Abenteuer mit dem Kyklopen.

Symbolik der 13

Das 13. Arkanum ist in seiner etwas drastischen Symbolik nicht nur ein Exempel für die archaisch-naive Ausdrucksform der Tarotsprache, sondern auch ein Hinweis darauf, daß in ihm eine Auseinandersetzung mit dem Negativen stattfindet, was besonders auch Karte XV-Teufel deutlich macht.

Keine Verdrängung von unbequemen Tatsachen

XIV

Temperantia, Mäßigkeit

Mischung, Wiederverkörperung

»In Lebensfluten, im Tatensturm
Wall ich auf und ab,
Webe hin und her
Geburt und Grab,
Ein ewiges Meer,
Ein wechselnd Weben,
Ein glühend Leben.«
(GOETHE, *Faust I*)

Der Engel mit den Krügen

Das 14. Arkanum trägt den Buchstaben »Nun«, welcher »Nachkommenschaft«, »Frucht« bedeutet. Es zeigt ein weibliches Engelswesen, das Wasser von einem Gefäß in ein anderes fließen läßt, wobei kein Tropfen der Flüssigkeit verloren geht. Der obere Krug ist meist silbern, der untere golden. In der Regel befindet sich die geflügelte Gestalt auf fester Erde, wo Blumen und Gras wachsen. Manchmal steht sie jedoch auch mit einem Fuß im Wasser, und es befindet sich ein Regenbogen über ihr. Auf der Stirn trägt sie das Sonnenzeichen. Diese Version ist eine direkte Anspielung auf die OFFENBARUNG DES JOHANNES, 10.1-3: »Und ich sah einen anderen starken Engel aus dem Himmel herniederkommen, bekleidet mit einer Wolke, und der Regenbogen war auf seinem Haupte, und sein Angesicht war wie die Sonne ... und er stellt seinen rechten Fuß auf das Meer, den linken aber auf die Erde«.

Wunder der Transsubstantiation

Bereits im frühen Christentum galt die Frau mit den beiden Krügen auch als Symbol für das Wunder der *Transsubstantiation,* d.h. der Verwandlung von Brot und Wein in ›Leib und Blut Christi‹, weshalb dieses Motiv schon früh auf Meßkelchen zu finden war. Die weibliche Gestalt wurde der Magd gleichgesetzt, die bei der Hochzeit von Kanaa auf Geheiß Christi Wasser aus einem Krug in eine Amphore goß, worauf sich dieses in Wein verwandelte. Im weiteren zeigt die christliche Ikonographie, daß die Frauengestalt der 14. Tarotkarte im Mittelalter eine weitverbreitete Allegorie für die Tugend der Mäßigkeit (*temperantia)* gewesen ist.

Im klassischen Griechenland symbolisierte der Akt der Umgießung die Idee der Wiedergeburt. So wird dieses Tarotbild manchmal als »Reinkarnation« bezeichnet.

Gleichnis der Wiedergeburt

Während es uns bei der Besprechung von Bild XIII »Tod« vor allem darum ging, auf die enge Verknüpfung von Untergang und Neuwerdung hinzuweisen, steht nun das Wandlungsthema als solches im Blickpunkt unseres Interesses, d.h. wir fragen nach Art und Bedeutung der im 14. Arkanum versinnbildlichten *Transformation* sowie nach dem *Wesen der Wandlungssubstanz* selbst.

Vergegenwärtigen wir uns die wichtigsten Bildelemente, so werden wir unvermittelt an den alchemistischen Goldmacherprozeß erinnert. In den beiden Krügen und dem Wasserstrahl kommen die wesentlichen Grundgedanken der Alchemie in verdichteter Form zur Sprache und überschneiden sich gewissermaßen. Der

Transformation

Wasserstrahl, der mit großem Gefälle aus dem oberen Krug in den unteren fließt, ist ein Sinnbild für die Transformation von Blei in Gold, was die unterschiedliche Qualität der beiden Gefässe anzeigt. Er stellt eine Verbindung zwischen diesen beiden Polen her, weshalb das 14. Bild auch »Vermittlung« (Marteau 1949), »coniunctio oppositorum« (Gettings 1973) oder »Integrierte Zweiheit« (Hippel 1972) genannt wird. So wird *Temperantia* als Vermittlerin zwischen gegensätzlichen Polen auch zum Symbol für seelisches Gleichgewicht und Ausgewogenheit. Wirth (1966) spricht von der Vereinigung des lunaren und solaren Prinzips, was mit der silbernen und goldenen Farbe der Krüge zu tun hat.

Einmal mehr begegnen wir dem Thema des Gegensatzes und seiner Überwindung. Wandlung bedeutet

Veredelung

hier *Veredelung*. Auf der anderen Seite ist das Wasser selbst eine alchemistische Wandlungssubstanz, die ihre Qualität hier gerade nicht verändert. Wir sahen bei der Interpretation von Bild X »Lebensrad«, wie alles Leben, auch der Mensch, aus dem Wasser des undifferenzierten Seins hervorgeht und Form annimmt. Umgekehrt ist hier nun flüssige Materie in Form gefaßt und versammelt; die Substanz, die umgegossen wird, behält die Qualität des Ursprungselementes bei, doch hat sie den

Charakter des Chaotischen verloren. Auf Bild XVII »Sterne« schließlich wird das im Krug versammelte Wasser dem Urmeer zurückgegeben. Die Symbolik dieser Karte zeigt große Ähnlichkeit mit derjenigen von Bild XIV.

Besonders deutlich kommt dieses Wechselspiel von Gestaltung und Auflösung der Form in jenen Tarotversionen zum Ausdruck, wo sich in den beiden Bildern (XIV und XVII) ein *inselartiges Stück Land* aus dem Meer herausbildet.

Verflüssigung

In der Alchemie hat das Wasser verschiedene Bedeutungen: Es ist das Billigste und Gewöhnlichste, das jeder findet; die *Meretrix* (Hure) als prima materia; das corpus imperfectum (der unvollendete, unvollkommene Körper oder Stoff), das von Finsternis bedeckt ist wie der im Dunkeln wandelnde unerlöste Mensch; es ist der ›Stein‹ oder dessen lebensspendende Seele; es ist Pneuma (Atem, Geistseele wie im frühen Christentum), Nous und Mercurius, göttliches Wasser, aqua permanens.

Geheimnis der Auflösung

Das Wasser gilt auch als verflüssigte Materie, die im Prozeß der »solutio« (Lösung) oder »liquefactio« (Verflüssigung) hergestellt wird, was einer Sublimation oder Vergeistigung entspricht.

In diesem Sinne läßt sich auch die Beziehung von Tarotbild XIII und XIV interpretieren: Aus der schwarzen Erde wird helles, klares Wasser! Auf das Prinzip des Geistigen verweisen auch die Flügel des Engels.

Gelegentlich wird die Temperantia auch mit einem Fuß auf einer Kugel, mit dem anderen auf einem Würfel stehend dargestellt, was nach Bernoulli (1934) ebenfalls ein Anzeichen für Sublimation ist: Die *irdische* Form des Quadrates wird in eine *himmlische* Kreisform verwandelt.

Ein Kreis schließt sich

Daß das Wasser seine Qualität bei der Umgießung nicht verändert, entspricht dem alchemistischen Grundgedanken von der *Einheit alles Seienden*: Prima und ultima materia (erste und letzte Materie) sind eines und desselben Wesens; ein Kreis schließt sich. Der tiefere Sinn dieses scheinbaren Paradoxon liegt in der Einsicht, daß in allem Seienden jede Qualität potentiell angelegt ist und daß bei der ›Verwandlung‹ nichts weggeht oder neu hinzukommt, was ja auch im Tarotbild dargestellt ist: Bei der Umgießung geht kein Tropfen Wasser verloren.

Erhaltung der Energien

Insofern als der Alchemist sein ›Werk‹ selbst vollzieht, besteht eine Identität zwischen Wandler und Wandlungssubstanz. Ziel ist die Befreiung der im Stoff gefesselten *anima mundi* (lat. Weltseele, auch: die Seele von Allem, der Sinn des Ganzen). Ihre Erlösung wirkt auf den Menschen zurück. Fasten, Gebet und Meditation sollen die Durchführung des Werkes erleichtern. Meditation bedeutet bei den Alchemisten innere Zwiesprache mit Gott oder mit seinem guten Engel, was JUNG als »lebendige Beziehung zur antwortenden Stimme des ›anderen‹ in uns, eben des Unbewußten« deutet (1975, 317). In dieser Beziehung liege das Geheimnis des alchemistischen Mysteriums. Aus dieser Sicht ließe sich der Engel von Bild XIV als Manifestation der durch das ›Werk‹ freigesetzten Kräfte des Unbewußten interpretieren.

Dialog mit dem Anderen

Wenn wir hypothetisch davon ausgehen, daß zwischen der Psyche des Alchemisten und der Wandlungssubstanz infolge Projektion eine unbewußte Identität bestand, können wir das Wasser auch mit der *Libido oder Lebensenergie* im JUNGschen Sinne vergleichen, die ein Gefälle haben muß, um fließen zu können. Entsprechend dem physikalischen Gesetz von der Erhaltung der Energie ist auch der psychische Transformationsprozeß dem gleichen Prinzip unterstellt (JUNG 1971, 50(2)). Dies ist die moderne Formulierung dessen, was wir bereits als Essenz des 14. Tarotbildes herausgearbeitet haben. Auf psychologische Ebene übertragen, mag das Gesetz der Einheit alles Seienden auch heißen, daß sich bei aller Entwicklung und Wandlung der Persönlichkeit die ureigenste Identität im Sinne des »Ich-bin-ich« durchhält.

Der wahre Wille als die ureigene Identität

XV
Der Teufel

»Wenn die Feuer der Hölle
die Erde nicht erwärmen würden,
bliebe das Wasser des Himmels
unfruchtbar«
(J. Winckelmann)

Die konkretistisch-morbide Symbolik des 15. Bildes weist wie kaum eine zweite auf die dem Tarot zugrundeliegende archaisch-primitive Bewußtseinsstufe hin, über die wir schon verschiedentlich, besonders auch bei der Interpretation von Karte VII-Wagen gesprochen haben. Ins Auge fällt die rohe Hervorhebung der Sexualität in der Verkleidung von grotesken Tier-Mensch-Figuren.

Auf einem Sockel befindet sich der Teufel, auch Baphomet der Templer genannt, als bocksgestaltiges Zwitterwesen. Er setzt sich aus vielen heterogenen Elementen zusammen: Ziegenbockshörner, Bockshufe, Frauenbrüste, männliches Genital, in manchen Versionen auch Fischschuppen. Seine Fledermausflügel zeigen, daß sein Reich das nächtliche Dunkel und nicht die Helle des Tages ist. Meist hält er auch eine brennende Fackel in der Hand. Auch er vereinigt in sich die vier Elemente Feuer, Wasser, Luft und Erde. Unterhalb dieses androgynen Mischwesens befinden sich zwei kleine Teufelsfiguren, eine männliche und eine weibliche. Sie sind mit einem Strick ans Podest gebunden.

Attribute der Teufelsfigur

Die 15. Tarotkarte thematisiert das *Prinzip des Negativen.* Sie stellt eine Verquickung von mittelalterlich-christlicher Symbolik mit stark alchemistischem Einschlag dar und läßt sich deshalb im Grunde nicht losgelöst von diesem Hintergrund interpretieren. Auf der anderen Seite wird hier natürlich auch ein Grundproblem der Menschheit aufgegriffen, das jeden geschichtlichen Rahmen sprengt und nach den verschiedensten Gesichtspunkten interpretiert werden könnte.

Komplexe Symbolik

Die Frage nach dem Bösen

In fast allen Natur- und Kulturreligionen finden wir den Glauben an schädigende personifizierte Mächte von numinoser Potenz. Die Teufelsgestalt kann sich ge-

legentlich aus der Gottgestalt selbst entwickeln, was mit der ambivalenten Natur des Numinosen überhaupt (OTTO 1971) zu tun hat. Diese kann sich auf den Doppelaspekt Güte – Zorn sowie auf die häufig bei der Gottheit angenommene Urheberschaft des Guten und Bösen beziehen. Bei Hiob beispielsweise kehrt die Gottheit ihre Teufelsgestalt heraus und entfesselt die Urgewalt der Naturkräfte. Ähnlich lesen wir auch in Jes. 45,7: »Ich bin Jehova, und sonst ist keiner; der ich das Licht bilde und die Finsternis schaffe, den Frieden mache und das Unglück schaffe; ich, Jehova, bin es, der dieses alles wirkt.«

Entstehung der Teufelsvorstellungen

Der Glaube an einen Teufel entspringt dem urmenschlichen Erleben von der Bedrohung der eigenen Existenz – eine Bedrohung in mythischer Interpretation. Je nach Zeit und religionsgeschichtlichem Hintergrund wird diese Gefährdung anders erlebt. Entsprechend variiert die Teufelsvorstellung.

Versucher und Widersacher

Im Christentum erscheint Satan hauptsächlich als Versucher und Widersacher, der Gott und die Menschen auseinanderzubringen versucht. Das Wiederaufblühen des Teufelglaubens im Mittelalter verlieh dieser Gestalt neue bildhafte Züge: Der Teufel erschien als »simia dei« (Affe Gottes), bocksgestaltig (nach Jes. 13,21), mit Pferdefuß oder auch hinkend gedacht, was mit seinem Himmelssturz zu tun hat. Ähnlich lassen sich auch die Fledermausflügel im Tarotbild als ›Verkehrung‹ von ›paradiesischen‹ Engelsflügeln deuten. Ein anderes häufiges Motiv war Satan in der Gestalt eines schönen geflügelten Jünglings, der aber von häßlicher gelber Farbe war. Im Tarot klingt auch etwas von der Lucifer-Vorstellung aus Hiob 41,10 mit an, hält das Zwitterwesen doch eine brennende Fackel in der Hand.

Verteufelung der Geschlechtlichkeit

Die Verteufelung der Geschlechtlichkeit leitet sich wohl einerseits aus gnostischen Schriften her, ist andererseits aber auf dem historischen Hintergrund des Mittelalters zu sehen.

Auf den Zusammenhang von Karte XV und XVI-Der Turm mag die alte kirchlich-theologische Vorstellung

Einfluß gehabt haben, daß der Teufel ursprünglich ein guter Engel war (vgl. Karte XIV-Temperantia), der aus Hochmut (*superbia*) die Gottgleichheit erstrebte und deshalb in den untersten Grund der Hölle geworfen wurde.

Teufel und Sünde

Die diabolische Sphäre ist also die der Sünde und ihrer Wirkungen, besonders des Todes. Das satanische Wesen zeichnet sich durch Selbstherrlichkeit, Widerspruch und Verlogenheit aus. Der Teufel erscheint auch als *antimimos*, als Gegenspieler des Gottessohnes, als »Herr dieser Welt«, als Widersacher des göttlichen Geistes und Gesetz der Materie. Im Faust ist er »des Chaos wunderlicher Sohn«, ›die Kraft, die stets das Böse will und doch das Gute schafft‹ und hat zu tun mit widergöttlichem Intellekt, Verführung, Sexualität, Leidenschaft und Zerrissenheit der Seele in Trieb und Geist.

Es stellt sich uns nun die Frage, welchen Stellenwert die hier zur Darstellung gelangte Symbolik im Tarot hat, wenn wir sie nach alchemistischen Gesichtspunkten interpretieren und ob sich daraus etwas psychologisch Relevantes ableiten läßt.

Überraschende Wendung

Zunächst ist man über die neuerliche Wendung innerhalb der Bilderfolge etwas überrascht. Wir fanden auch nirgends eine Erläuterung über den inneren Zusammenhang von Karte XIV-Temperantia und XV-Teufel. Vielleicht kommt bei der Wandlung das zum Vorschein, was bisher verborgen war. Wenn wir die Karte mit Nr. 15 als Station innerhalb des »Horus-Weges« auffassen, erscheint sie als Folge von Bild XII-Gehängter, was uns eher sinnvoll erscheint.

Doppelgeschlechtlichkeit

Auch der im »Teufelsbild« thematisierte Hermaphroditismus läßt sich bezüglich seiner Stellung im Ganzen der Bilderserie nur schwer interpretieren. Wir würden ihn nämlich eher am Anfang oder allenfalls am Ende des »Tarot-Opus« erwarten. So müssen wir unser Augenmerk mehr auf das Bild als solches, losgelöst vom Gesamt des Kontextes richten. (Bei Jung 1975, 89, fanden wir die Abbildung eines mystischen Gefäßes, in welchem sich das solare und lunare Prinzip vereinen,

woraus der »filius hermaphroditus« [ein Hermaphrodit als Sohn] hervorgeht. Eine ähnliche Beziehung mag zwischen Karte XIV und XV bestehen, wird die Umgießung doch auch als Verbindung von Sol und Luna interpretiert.)

Das negative Vorzeichen, unter dem das doppelgeschlechtliche Teufelswesen im Bild erscheint, zeichnet die Deutungslinie vor und setzt die Akzente innerhalb einer so vielschichtigen Thematik wie derjenigen des Hermaphroditismus, die über die Vorstellung einer organischen Zwitternatur hinaus in den Bereich des menschlichen Seelenlebens führt. Dies zeigte sich bereits bei der Besprechung von Karte VI-Die Liebenden/Entscheidung und VII-Der Wagen.

Zeichen fehlender Differenzierung

Auch in der Alchemie ist der Hermaphrodit ein monströses und abschreckendes Symbol, eine häßliche Mißgeburt und Perversität der Natur. Dies hängt einerseits mit der Gegensatznatur des alchemistischen Zieles zusammen und ist nach JUNG andererseits Konsequenz gewisser der Alchemie zugrundeliegender psychologischer Tatsachen.

Das paradoxe Doppelwesen von Arkanum 15 entspricht dem Mercurius der Alchemisten, dessen Doppelnatur sich im ›Werk‹ meist im Symbol des kreisförmigen Uroboros offenbart. Der Uroboros ist ein Drache, der sich selber frißt, begattet, schwängert, tötet und wiederauferstehen macht. Er vereint in sich einen männlich-geistigen und einen weiblich-körperlichen Aspekt. Als Hermaphroditus genügt er sich selbst, kommt aber auch nicht über das eigene Wesen hinaus (vgl. Selbstliebe Satans). Im Uroboros als ›creatum increatum‹ (unkreatürliche Kreatur) drückt sich jene Paradoxie aus, durch die sich nach alchemistischer Auffassung ein im Grunde Unerkennbares am besten beschreiben läßt. Es paßt zum bisher Gesagten, daß der dieser Karte zugeschriebene kreisförmige Buchstabe Samech ein Uroborossymbol ist.

Mischung aus Verdrängtem und Unbekanntem

Anstelle der Genitalien besitzt der Teufel im Bild manchmal auch das in der Astrologie gebräuchliche

Merkursymbol, welches den männlich-weiblichen Sonne-Mond-Aspekt in sich vereinigt.

Merkursymbolik

Merkur steht am Anfang und Ende jeden alchemistischen Werkes. Er ist die »prima materia«, der sich selbst verschlingende und als Lapis (›Stein‹) wiederauferstehende Drache, der Hermaphroditus des anfänglichen Wesens. Er ist Teufel, Monstrum, Tier und zugleich Heilmittel, »Sohn der Philosophen«, göttliche Weisheit und Geist. In ihm spiegelt sich Niedriges und Hohes. Merkur besteht aus lauter Gegensätzen und ist zugleich das diese Widersprüche vereinigende Symbol.

Archaisches Gottesbild

Für den Menschen, der noch ganz im Naturzusammenhang steht, ist die Gottheit ambivalent, d.h. sie zeigt ihre Macht nicht nur im Geiste, sondern auch in der wilden Tiernatur innerhalb und außerhalb des Menschen.

Abgesehen von der Zwitternatur des großen Teufels im Bild wird der *Sexualismus* dieser Karte vor allem durch die beiden kleinen aneinander geketteten gegengeschlechtlichen Teufelsgestalten sowie manchmal zusätzlich durch das Lingam-Yoni-Symbol (vgl. Bild VII-Wagen) unterstrichen. Ein Aspekt des 15. Arkanums ist demnach auch der Hinweis auf unfreie sexuelle Triebhaftigkeit, tierische Instinktgrundlage im Menschen, Leidenschaft und Animalität. Es bezeichnet wohl das, was Jung die »tierhafte Göttlichkeit der uranfänglichen Seele« genannt hat (1975, 114).

Vertiefung der Individuation

Zu Beginn des Individuationsprozesses erfolgt nach den Begriffen der Analytischen Psychologie ein Zusammenstoß des Bewußtseins mit unbewußten Elementen, was zu einer vorübergehenden Spaltung und Auflösung der scheinbaren Persönlichkeitseinheit führt. In die alchemistische Sprache übersetzt, entspricht dieser Vorgang der *disiunctio* (Zerstückelung, Aufspaltung) des Mercurius in der *nigredo* (vgl. auch Königszerstückelung: Bilder IV-König und XIII-Tod). Aus den monströsen Tierformen schält sich allmählich eine *res simplex* (einfache Sache, Kern) heraus, die zwar ein und dieselbe Sache ist, aber trotzdem aus einer Zweiheit besteht.

Der Alchemist versuchte die Antinomie der »geeinten Zwienatur« mittels verschiedener Prozeduren zu überwinden und aus den Zweien das Eine zu machen, was ihm aber nur schwer gelang. Deshalb sind seine Symbole des Zieles auch meist hermaphroditisch (lapis, rebis, homunculus, Tinktur: jeweils Geist *und* Körper).

Nach Jung bleiben die alchemistischen Konjunktionssymbole im naturhaften Sexualismus stecken, weil das psychologische Problem der Projektion und des Unbewußten bei der damaligen Entwicklungsstufe des menschlichen Geistes überhaupt noch nicht verstanden werden konnte (1971, 338f. GW 16).

Auflösung und Neuformung

Das, was beim Opus vor sich ging, spiegelt sich in der häufig verwendeten alchemistischen Formel »Solve et coagula« (»löse und verbinde«) eine Aufforderung, die auch auf unserer Tarotkarte bisweilen zu finden ist. Bewußtsein entsteht durch Unterscheidung, d.h. durch Analyse (solve) und nachfolgende Synthese (coagula) (Jung 1971 GW 14/III).

So, wie das alchemistische Endprodukt immer noch eine essentielle Gespaltenheit verrät, hat auch die im Individuationsprozeß geeinte Persönlichkeit, das Selbst, eine »Zwienatur«. Die Spannungen der psychischen Gegensatzpaare gleichen sich nur allmählich aus und werden kaum je ganz aufgelöst werden. Sie machen die Dynamik des Seelenlebens aus. Das Prinzip des Gegensätzlichen gehört zur Natur des Menschen (vgl. Karte VII-Wagen) – eine Einsicht, die psychologisch formuliert, was in vielen Mythen ursprünglich zum Ausdruck gebracht wurde.

Begegnung mit der Finsternis

Auch die Gnosis weiß davon zu berichten: Nach einer alten Erzählung verlor Adam, der Ur-Mensch seine himmlische Natur, als er sich in einem Spiegel betrachtete. Indem er seine »andere Seite« erblickte, wurde er »wissend«. Anstelle der paradiesischen Unbewußtheit trat die Konfrontation mit seinem »Schatten«, dem unheimlichen, aber auch verlockenden »Doppelgänger« in der eigenen Brust. Der Mensch begann sich danach zu sehnen, diesen dunklen Teil zu durchschauen, zu beherrschen und die verlorene Einheit wiederherzustellen. Dies war die Geburtsstunde des langen und beschwerlichen Weges zu sich selbst, des Ganges durch das Labyrinth der eigenen Seele, der, solange der Mensch Mensch ist, niemals beendet sein wird, denn Bewußtseinserweiterung ist seine Bestimmung. Ein bekannter Holzschnitt aus dem Mittelalter (aus: Der Ritter von Turn »*Von den Exempeln der Gottesfurcht und Ehrbarkeit*, Basel 1498) veranschaulicht dieses Gewahrwerden der Schattenseite im Menschen: Eine Frau betrachtet sich im Spiegel und erblickt statt ihres eigenen Antlitzes plötzlich den Teufel, der ihr sein Hinterteil entgegenstreckt (in: Jacobi 1969, 9ff.).

Labyrinth der Seele

Das Bild des Teufels als Halbtiermensch und chthonischer (urtümlich-erdhafter) Gott, bocksbeinig, gehörnt und geschwänzt, charakterisiert nach Jung den grotesk-unheimlichen Aspekt des Unbewußten. Dieses ist wie der alchemistische Mercurius nicht nur bloß naturhaft und böse, dunkel, tierisch und dämonisch, sondern auch die Quelle höchster Güter, übermenschlich, geistig und ›göttlich‹ (1971, 204f. GW 16): »Ein Teil von jener Kraft, die stets das Böse will und stets das Gute schafft«. Jung vergleicht dieses Kräftepotential auch mit der Libido: »Als bewußtseinstranszendente Kraft eignet die Libido dem guten Gott wie dem Teufel. Könnte daher das Böse überhaupt vernichtet werden, so erlitte das ›Göttliche‹ oder ›Dämonische‹ überhaupt einen namhaften Verlust; es wäre eine Amputation am Leibe der Gottheit« (1973,147). Die Libido ist also eine moralisch indifferente Naturkraft, gut und böse zugleich.

Aspekte des Unbewußten

Jedes psychologische Extrem steht mit seinem Gegensatz in Beziehung, ja, es leitet daraus geradezu seine ihm eigentümliche Dynamik her: »Das Beste ist am allermeisten von teuflischer Verdrehung bedroht, denn es hat das Schlechte am allermeisten unterdrückt« (1973, 478).

Umschlagspunkt und Kippfigur

Die 15. Tarotkarte kann als Sinnbild einer solchen *Enantiodromie* gedeutet werden. Wir finden hier ver-

schiedene Bildelemente früherer Arkana vor, die sich gleichsam ins Gegenteil verkehrt haben: Die Armstellung des Teufels persifliert diejenige von Aleph, dem Schüler auf Bild I, denn sie ist in der Regel seitenvertauscht. Statt des Stabes hält Baphomet eine Fackel in Händen, die auch als Symbol für Schwarzmagie und Destruktion gilt. Aus den Engelsflügeln der III-Herrscherin/Himmelskönigin und XIV-Temperantia wurden die Fledermausflügel. Die zwei Schüler des V-Papstes haben sich in zwei kleine Teufel verwandelt; dasselbe gilt für die beiden Frauen am VI-Scheideweg und die beiden Pferde oder Sphinxen von Bild VII-Wagen.

Ganz allgemein läßt sich die ›Teufelsdreiheit‹ des Tarotbildes auch als Anspielung auf die heilige Trinität als deren blasphemische Verzerrung interpretieren.

Die dunklen und hellen Kräfte der menschlichen Persönlichkeit sind zwei untrennbar miteinander verknüpfte Aspekte ein und derselben Realität, weshalb das Teufelssymbol auch in psychologischer Sicht nicht als schlechthin böse und verwerflich gedeutet werden darf. Die Auseinandersetzung mit der eigenen Schattenseite bildet den Kern jedes echten und reflektierten Selbstwerdungsprozesses.

Schund und Schätze

Dabei geht es in erster Linie einmal darum, sich einer solchen Seite in sich selbst überhaupt bewußt zu werden, um ihr dann in einem zweiten Schritt begegnen zu können. Auseinandersetzung bedeutet nicht moralisches Verurteilen oder blindes Verdammen des Negativen, sondern die Bereitschaft, dieses als zur eigenen Persönlichkeit zugehörig zu erleben und der Versuch, seiner in kontrollierter Weise Herr zu werden, ohne dabei das eigene Wesen zu verleugnen. Wenn eine Konfrontation mit dem »anderen in uns« in dieser Art gelingt, werden Energien freigesetzt, die bisher der angstvollen Kontrolle und Abwehr alles »Sündigen«, »Bösen« und »Verwerflichen« dienen mußten.

Freisetzung neuer Energien

Auch im Tarotbild verbirgt sich im Grunde eine ähnliche, wenn auch in bildhaft-mythischer Verkleidung erscheinende »psychologische Lehre«, ist in traditioneller okkulter Lehre doch der griechische Gott *Pan*, der Herr der Fruchtbarkeit und Lebensbringer, zentrale Figur dieser Karte (Douglas 1974). Seine Lehre ist, daß die Natur – d.h. in unserem Zusammenhang »das Tier im Menschen« – nicht verachtet werden darf.

Kraft des Gegensatzprinzipes

So spiegelt das 15. Arkanum in seiner ganzen Ambivalenz der Symbolik mit aller nur wünschenswerten Deutlichkeit das die lebendige Natur beherrschende Prinzip des Gegensatzes wider, welches schon Heraklit das Grundgesetz allen Lebens nannte: »Auch die Natur strebt wohl nach dem Entgegengesetzten und bringt hieraus, und nicht aus dem Gleichen, den Einklang hervor ...« (26fr. 10).

XVI
Der Turm

»Nil mortalibus arduum est:
Coelum ipsum petimus stultitia neque
Per nostrum patimur scelus
Iracunda Jovem ponere fulmina.
Nichts ist den Menschen (zu) hoch:
Sogar nach dem Himmel streben wir in Torheit
und für unser Vergehen erleiden wir
die zornigen Blitzschläge Jupiters.«
(HORAZ)

Das 16. Arkanum, auch »Gotteshaus«, »Himmelsfeuer«, »Gericht Gottes« und – selten – »Hospital« genannt, zeigt einen hohen Turm, der vom Blitz in Kapitellhöhe getroffen wird. In der Regel sind drei kleine Fenster zu sehen. Die Türe fehlt oft. Zwei Menschen stürzen kopfüber in die Tiefe. Der eine von ihnen hat manchmal eine Königskrone auf dem Haupt. Mit den Steinen fallen bunte Tropfen vom Himmel. Der Boden, auf dem das Turmgebäude steht, ist ein Wiesengrund, oder es wachsen Ähren auf ihm.

Attribute des Turmes

Bild XVI kann innerhalb des Osiris-Weges als Folge auf Karte XIII-Tod oder auch einfach als Nachbarkarte von Arkanum XV-Teufel aufgefaßt werden. Betrachtet man XV und XVI isoliert, läßt sich der Fall aus Himmelshöhe mit dem *Sündenfall* vergleichen, der durch die Macht Satans zustande gekommen war. Das »Turm-Bild« gehört zu den ›negativen‹ Stationen innerhalb des ganzen Weges und hat ausgesprochenen Belehrungscharakter.

Anspielung auf Sündenfall

Ein von Menschenhand errichtetes Werk wird von den Gewalten der Natur zunichte gemacht. Mit ihm kommt der Erbauer zu Fall. Er stürzt aus Himmelshöhen zurück auf die Erde, von der er sich zu entfernen suchte. Die Schwere seines Gewichtes zieht ihn erbarmungslos in die Tiefe; nicht einmal den Kopf behält er oben.

Einer der beiden Menschen im Bild wird sogar von einem niederstürzenden Stein am Kopf getroffen. Ihm widerfährt im Grunde dasselbe wie dem Turm, der vom Blitzstrahl gleichsam enthauptet wird. Die Zinne stili-

siert mit ihrer gelben Farbe auch eine königliche Krone, die von der Gewalt des Blitzes weggeschleudert wird. So wird der Turm selbst zum Sinnbild des Menschen. Dazu paßt auch, daß er manchmal fleischfarben ist.

In der Marseiller-Tarotausgabe paßt das kreisförmige Kopfstück nicht auf die quadratische Form des Turmes, was als Hinweis auf den Widerstreit zwischen ›oben‹ und ›unten‹ gedeutet werden kann (Himmel/Erde, Gott/Mensch, Geist/Körper u.ä.).

Wirken des Heiligen Geistes

Den Niederstürzenden ist jeder Halt genommen. Sie besitzen keine Standfestigkeit und sind so instabil wie das von ihnen errichtete Gebäude. Dieses besteht aus Ziegelsteinen und Mörtel, ist also ein Werk der Materie. Auch Ayin, der 16. hebräische Buchstabe symbolisiert das Materielle, die Welt des Stofflichen. In ähnlicher Weise läßt sich die Königskrone als Inbegriff von materiellem Besitz und Reichtum deuten; der Turm würde dann zu einem Schloßturm werden, in dem der König residierte. Im Fallen streckt dieser seine Hände nach dem Boden aus, so als suche er in der Erde, von der er sich wegheben wollte, neuen Halt.

Der Turm wächst aus fruchtbarem Boden dem Himmel entgegen, wie wenn er diesen mit der Erde verbinden wollte. Sein »Wachsen« ist jedoch ein künstliches, un-natürliches, konstruiertes, das mit den Gewalten der lebendigen Natur in Konflikt gerät. Der Wunsch, sich von der Erde als tragendem Grund alles Seienden hinwegzuheben und den Himmel zu erobern, wird dem Menschen zum Verhängnis, weil er sein ganzes Tun in den Dienst einer herausfordernden Beherrschung der Natur stellt und dabei deren Gesetze mißachtet. Das Bauen und Konstruieren bekommt den Charakter eines sinnlos vermessenen Kampfes gegen die Widerständigkeit des Realen, auf das der Mensch immer wieder schonungslos zurückgeworfen wird, je weiter er sich davon entfernt. In diesem Rückruf zur Realität des Irdischen ist die Aufforderung enthalten, sich seines Standortes in der Welt neu zu versichern. Nur wenn der Mensch dem Anspruch der lebendigen Natur genügt,

Suche nach dem Absoluten

indem er diese nicht bloß zum Gegenstand seiner Macht und Eroberungswünsche macht, sondern in ihr seinen Auftrag der ›Pflege und Bestellung‹ wahrnimmt, wird er seinem ›Hüteramt‹ auf Erden gerecht. Wenn der Mensch jedoch wie im Bild ob seiner »Himmelsstürmung« das überreife Ährenfeld und den saftigen Wiesengrund vernachlässigt, stellt sich ihm die Natur in ihrer ganzen Gewalt feindlich und zerstörerisch entgegen.

Hybris der Himmelsstürmer

Der Turm des 16. Tarotbildes hat mit seinen dicken Mauern und den spärlichen kleinen Fenstern auch den Charakter eines Bollwerkes, das den Menschen nach außen hin abschirmt. Statt daß sich dieser der Um- und Mitwelt offenhält, verschanzt er sich in seinem *Elfenbeinturm*, dem in einigen Bildversionen sogar die Türe, d.h. der Ein- und Ausgang fehlt. Der Bewohner versteigt sich in einsame Höhen und verliert in zunehmendem Maße die Möglichkeit und Fähigkeit, mit anderen zu kommunizieren.

Elfenbeinturm

Auch der *Turmbau zu Babel*, an den diese Karte stark erinnert, brachte eine allgemeine Störung der zwischenmenschlichen Verständigungsmöglichkeit mit sich. So erzählt die Bibel, daß Jehova auf die Erde herniederfuhr, um die Stadt und den Turm zu besichtigen, den die Menschenkinder zu ihrem eigenen Ansehen bauen wollten. Die Turmspitze sollte bis an den Himmel reichen. Als Jehova dies sah, brachte er Verwirrung unter die Menschen, indem er den einen des anderen Sprache nicht mehr verstehen ließ und das ursprünglich eine Volk über die ganze Erde zerstreute. Die autonome Tätigkeit von unten traf also mit der göttlichen Wirklichkeit von oben zusammen. In diesem biblischen Motiv sind keimhaft alle künftigen Tendenzen der Geschichte des menschlichen Geschlechtes enthalten, die Himmelssphäre mit auf der Erde erworbenen Kräften zu erobern. Die in ihm enthaltene Lehre ist, daß die Offenbarung des Himmels weder durch Werke von Menschenhand ersetzt, noch gar erzwungen werden kann. Das göttliche Licht wirft den Menschen auf die irdische Wirklichkeit zurück.

Turmbau zu Babel

Die Turmerbauer, die fallen – das ist die Schule der Demut, die an die Grenze menschlichen Könnens und an die Unmöglichkeit, Ewiges zu errichten, gemahnen. Nichts Irdisches ist von Dauer, das Absolute auf Erden gibt es nicht, alles ist relativ. Der vom Blitz getroffene Turm ist ein Sinnbild für den Zerfall all dessen, was der Mensch zum eigenen Ruhm aufbaut und für den Zusammenbruch aller Scheinwerte. Er lehrt ein allgemeines und universales Gesetz, das sich im kleinen wie im großen, in der individuellen Lebensgeschichte wie im Gesamt des Kollektivs, in Vergangenheit, Gegenwart und Zukunft gleicherweise auswirkt. Ein ähnlicher Gedanke liegt folgenden beiden Magnifikaten aus dem Lukas-Evangelium zugrunde:

Hinfälligkeit des Scheinbaren

»Er zerstreute, die hochmütig sind in ihrem Herzen; er stürzte vom Thron die Gewalthaber und erhöhte die Niedrigen; er erfüllte die Hungrigen mit Gütern, und Reiche schickte er leer von dannen« (Lukas I, 50-53). Und: »Wer sich selbst erhöht, wird erniedrigt werden, und wer sich selbst erniedrigt, wird erhöht werden« (Lukas XIV, 11).

Umkehrung aller Werte

Das Feuer von oben, das auf die Erde herniederfährt, wird im Bild durch herabregnende Kugeln ergänzt. Auch auf Karten XVIII-Der Mond und XIX-Die Sonne finden wir solche Tropfen. Hier erinnern sie an das vom Himmel fallende *Manna* der Bibel sowie an die *göttlichen Funken*, die das Feuer auf dem Altare des Elias entfacht haben sollen. Ein ähnliches Motiv findet sich auch auf einer Miniatur in der Biblia Pauperum (›Armenbibel‹, 1350-70), wo das Altarfeuer durch einen Feuerregen angezündet wird, der gemäß dazugehöriger Inschrift dem Volk zu Trost und Beruhigung gereichen sollte. RJINBERK (1947) interpretiert dieses Bild in Anlehnung an das 3. Buch der Könige, 18.38: »Aber das Feuer Gottes fiel vom Himmel und verzehrte das Opfer. Als das Volk das gesehen hatte, fiel es zur Erde auf das Gesicht und sagte: Der Herr ist wahrlich Gott.«

Feuerregen

Auch bei DANTE, Inferno XIV, 28-30, finden wir das Himmelsfeuermotiv. Die Hochmütigen und Vermessenen werden in die tiefste und schrecklichste aller Höllen verbannt. Die himmlischen Flammen und Funken, eine Art göttlicher Kräfte, symbolisierten also ganz allgemein die überlegene und auch strafende Macht einer höheren Ordnung – eine Idee, die besonders in der Kunst des Mittelalters Verbreitung fand.

Feuer der Reinigung

Das Feuer von oben hat aber nicht nur den Aspekt des Bedrohlich-Vernichtenden, sondern auch den der Reinigung und Befruchtung. In vielen Kulturen ist der Blitz ein Symbol der Fruchtbarkeit, was einmal mit seinem phallischen Charakter und außerdem mit seiner Rolle als ›Regenmacher‹ zusammenhängt.

Blitz der Erleuchtung

In Indien und Tibet gilt der *Blitzstrahl* auch als Waffe gegen böse Dämonen und als Symbol für das unzerstörbare Licht der Wahrheit (vajra/dorje). In diesem Sinne läßt sich das 16. Arkanum auch positiv interpretieren: Die Fackel des Teufels wird zum *Blitz der Erhellung und Erleuchtung*. Das Gewitter bedeutet *Katharsis*. Dem Zusammenbruch folgt Regeneration – ein Motiv, das wir im Tarot mehrfach antreffen. So wachsen im Bild auch Ähren oder Blumen inmitten der Trümmer.

Mahnmal des Größenwahns

Jedem menschlichen Tun, das sich zu weit vom Boden des Vertraut-Realen entfernt, droht der Sturz in die Tiefe. Dies gilt gleichermaßen auf der Ebene des Gefühls wie derjenigen des Intellekts: Die Leidenschaft – im Teufel der 15. Karte versinnbildlicht – hebt den Menschen leicht über die eigenen Grenzen hinaus und, indem sie ihn emporhebt, vernichtet sie ihn. Wenn die dunklen »Teufelskräfte« des Unbewußten das Bewußtsein überfluten und nicht in das Gesamt der Persönlichkeit integriert werden können, droht die Gefahr der Inflation, was sich wie im Tarotbild in aufgeblähter Selbstüberhöhung, Hybris und blasphemischer Megalomanie äußern kann.

Stoßen die Luftschlößer irrealer Phantasien und Illusionen mit der Härte des Realen zusammen, wird der Mensch unter den Trümmern seines Größen-Ich begraben.

Das 16. Arkanum trägt manchmal auch den Titel ›Hospital‹: Der Mensch hält sein Bewußtsein gern für eine uneinnehmbare Festung und gelangt erst durch eine das ganze Persönlichkeitsgebäude erfassende Erschütterung zur Erkenntnis der überpersönlichen Macht der Psyche und damit zur Gesundung.

Auch der Intellekt kann jedoch vom Boden der Realität entfernen, indem er zur Bildung von rein theoretischen, praxisfernen Konstrukten und rigiden Dogmen führt, die, keiner Anpassung und Wandlung mehr fähig, zu lebloser Materie erstarren. Dasselbe gilt für jede Art von Fanatismus.

Bewußtsein der Gefährdung

Es ist das rechte Verhältnis von Höhe und Weite, welches das Leben ganz allgemein und grundsätzlich von uns abverlangt. Wir meinen hier dies, was BINSWANGER mit dem Begriff der »anthropologischen Proportion« zu umreißen versucht. Über das bisher Gesagte hinaus kann uns das 16. Arkanum des Tarot deshalb auch zum Sinnbild für die existenzielle Gefährdung unseres Menschseins schlechthin werden.

XVII, XVIII, XIX
Sterne – Mond – Sonne

XVII
Die Sterne
פ

XVIII
Der Mond
צ

XVIIII
Die Sonne
ק

»Öfter schwankt vom Sturme gefaßt
Der mächtigen Fichte Haupt,
Hochragende Türme stürzen mit schwerem Fall zusammen,
Der Berge Gipfel treffen die Blitze«
(Horaz)

»Verstehe, daß du eine zweite Welt
im Kleinen bist
und daß in dir die
Sonne, der Mond und auch die Sterne sind«
(Origines)

Bevor wir uns der Einzelinterpretation der nun folgenden drei Karten zuwenden, scheinen uns einige grundsätzliche Bemerkungen bezüglich Qualität und Stellung dieser Bilder angezeigt, bilden sie innerhalb des ganzen Tarotweges doch eine besondere, mehr oder weniger in sich geschlossene Gruppe. Wie schon erwähnt, kommt es im Tarot immer wieder zu inhaltlichen Überschneidungen, d.h. ein bestimmtes Motiv, beispielsweise die »Coniunctio oppositorum« oder die »Stirb-und-Werde«-Problematik, gelangt mehrfach und in verschiedenen bildhaft-symbolischen Verkleidungen zur Darstellung.

Sonderstellung dieser drei Karten

Die Schwierigkeit der Deutung besteht darin, daß sie über die Einzelinterpretation hinaus auch die Beziehung zwischen den verschiedenen Karten berücksichtigen muß. Ein besonders enger Zusammenhang besteht zwischen manchen Nachbarkarten und einigen Arkana innerhalb der drei Wege. Vereinzelt kommt es aber auch zu einer Art Gruppenbildung, wie bei der Abfolge II – V oder den hier in Rede stehenden drei Bildern ›Sterne‹, ›Mond‹, ›Sonne‹. Besonders die Interpretation nach alchemistischen Gesichtspunkten zeigt, daß in letzteren die wesentlichen Stadien und Ziele des spagyrischen (alchemistischen) Werkes in verdichteter Form ins Bild gebracht sind, d.h. sie lassen sich, betrachtet man sie isoliert, als eine Art verkürzte Wiedergabe des gesamten Opus verstehen. Wir werden darauf bei der Besprechung von Arkanum XVII-Sterne zurückkommen.

Konzentrierte Darstellung des alchemistischen Opus

Nicht nur der enge Bezug zur Alchemie jedoch offenbart die sich vom Hintergrund der übrigen Karten abhebende qualitative Eigenart dieser drei Bilder. Es ist ihr überirdischer, kosmisch-planetarischer Charakter, der ihnen ein besonderes Gepräge verleiht.

Wir befinden uns hier primär auf kollektiver Bedeutungsebene, d.h. das in diesen Bildern enthaltene archetypische Material übersteigt die individuelle Deutung um ein Vielfaches; es steht gewissermassen »vor« dem Persönlichen, liegt diesem gleichsam als Basis zugrunde.

Suche nach religionsgeschichtlichen Quellen

Besonders das Miteinbeziehen von religionsgeschichtlichen Quellen zeigt, wie sich in diesen Karten archaisches Denken konzentriert und verdichtet. Im Vergleich zu anderen Arkana, die auch einmal eine beabsichtigte Aussage beinhalten können (z.B. Karte XVI-Turm), scheinen die ›Planetenbilder‹ dem Begrifflich-Rationalen ferner zu liegen. Sie setzen unserem Assoziationsstrom praktisch keine Grenzen, weil ihr Bedeutungsgehalt so allgemeintypisch und elementar ist. Auf der anderen Seite mag aber gerade dieses überpersönliche Moment beim einzelnen zu einer gewissen gefühlsmäßigen Distanzierung und Erlebensferne beitragen. Die Komplexität der Symbolik weckt in einem auch das Bedürfnis nach Ordnung und Gliederung, was das Heranziehen von religionsgeschichtlichem Material nahelegt.

Den Zusammenhang bewahren

Dabei darf jedoch nicht vergessen werden, daß jede methodische Analyse eines religiösen Ganzen – in unserem Falle sind es die drei planetarischen Größen Sterne, Mond und Sonne – die Gefahr einer Zersplitterung mit sich bringt. Die Akzentuierung einzelner Funktionen darf nicht vergessen lassen, daß dasselbe Symbol gleichzeitig noch andere Aspekte in sich vereint, die vorübergehend in den Hintergrund treten.

Ebenso hat jedes rationale Analysieren eine gewisse Abschwächung der »magischen Potenz«, d.h. des Wirkgehaltes einer solchen Größe zur Folge, die wir jedoch in Kauf nehmen müssen, wenn wir über das Stadium eines unreflektierten Angesprochenwerdens und Reagierens hinauskommen wollen.

Die allgemeine Bedeutung der Dreierfolge XVII, XVIII, XIX klingt bei den jeweiligen Einzelinterpretationen immer mit an: Sterne, Mond und Sonne sind die dem Menschen vertrauten Planeten des Himmels, die ihn als ferne, und doch immer irgendwie präsente Größen sein ganzes Leben lang, durch Tag und Nacht hindurch begleiten. Er kann sie beobachten und sich an ihnen orientieren. Als Spender von Licht und Wärme, als Prinzip des Ewig-Konstanten und Erhaben-Himmlischen sind sie seit je Gegenstand religiöser Verehrung und Anbetung, Inhalt vieler Mythen, manchmal auch Anlaß zu Furcht und Verzweiflung.

Vertraut und doch unfaßbar

Im archaischen Denken des »Primitiven« wird auf dem Wege unbewußten Projizierens alle äußere Sinneserfahrung dem seelischen Geschehen angepaßt. Die Mythen lassen sich darum als eine Art psychische Manifestationen interpretieren, die das Wesen der menschlichen Seele darstellen. Jung deutet die mythisierten Naturvorgänge (wie Sonnenauf- und -untergang, Mondwechsel, meteorologische Vorgänge u.ä.) als »symbolische Ausdrücke für das innere und unbewußte Drama der Seele, welches auf dem Wege der Projektion, d.h. gespiegelt in den Naturereignissen, dem menschlichen Bewußtsein faßbar wird« (Jung 1976, 15f.). Dem »Primitiven« genügt es beispielsweise nicht, die Sonne einfach auf- und untergehen zu sehen. Die äußere Beobachtung muß zugleich seelisches Geschehen sein. Der Sonnenwandel wird dann zum Schicksal einer göttlichen oder heldenhaften Figur, die im Grunde nirgends anders wohnt als in der menschlichen Seele. In ähnlicher Weise war für den archaischen Menschen die Beobachtung der kosmischen Bestimmung des Mondes gleichbedeutend mit der Begründung einer Anthropologie.

Archaische Naturbetrachtung

Ein kosmisches oder tellurisches Objekt wurde nie um seiner selbst willen angebetet, sondern deshalb, weil darin höchste Realität offenbart ist (Eliade 1954, 185). Diese Tatsache liegt auch der Vorstellung vom Men-

Fortleben der Naturmythen

schen als mikrokosmischer Entsprechung des Makrokosmos zugrunde (vgl. Eingangszitat von ORIGINES). Die ganze Astrologie baut auf diesem Prinzip auf. So wie in früherer Zeit die Idee vom Menschen als Mikrokosmos auf den Körper projiziert war, projizierte die Alchemie die unbewußte Psyche in den Stoff.

XVII Die Sterne

Auf dem 17. Bild sehen wir eine am Boden kniende nackte Frau, die den flüssigen Inhalt zweier Krüge ausgießt. Im Unterschied zu Karte XIV-Temperantia wird das Wasser hier also nicht umgegossen, sondern es fließt zurück ins Meer und befruchtet den Erdboden, auf dem Blumen und Strauchwerk wachsen. Der nächtliche Himmel ist übersät von leuchtenden Sternen, sieben kleinen und einem großen in der Mitte. In der Regel ist noch ein Vogel oder Schmetterling zu sehen.

Attribute des Sterns

Die Heimat der Sterne ist der *Himmel.* Das hohe Himmelsgewölbe steht in krassem Gegensatz zum winzigen Menschen und seinem Lebensraum. Es offenbart Weite, Ewigkeit und Transzendenz. Die Sphären der Sterne bekommen göttliche Würde. Als unerreichbare *absolute Realität* sind sie ein Gegenstand menschlicher Verehrung und Sehnsucht. Im Lichtmeer des Sternenhimmels funkeln Millionen leuchtender Augen auf dunklem Grund. In ihnen schimmert Helligkeit aus der Ewigkeit, Wärme, Licht, Kraft, Trost und Hilfe in finsterer Nacht.

Absolute Wirklichkeit

Die Sterne wurden oft als belebt gedacht. Man hielt sie für Engelswesen oder Götter und bezeichnete sie auch als Himmelspforten. An manchen Orten galt ihre Stätte auch als Wohnort der verstorbenen Seelen.

Die Alchemisten nannten die Sterne »scintillae« (Funken) oder »oculi piscium« (Fischaugen). Sie galten als Symbol für Geist, Inspiration, Phantasie, Schönheit, Kreativität, Hoffnung und Schicksal.

Pleiadenkonstellation

Die Anordnung der Sterne im Tarotbild erinnert an die Pleiadenkonstellation. Die alchemistischen Vorstellungen berührten sich teilweise mit denjenigen der Astrologie, einem bis in die Gegenwart bestehenden Versuch, Veranlagung und Lebenslauf des Menschen mit den Sternen und ihren Positionen in Beziehung zu setzen. Nach JUNG sind Astrologie und Alchemie die beiden antiken Repräsentantinnen der Psychologie des kollektiven Unbewußten. Die von der Astrologie behaupteten Gestirnseinflüsse seien »unbewußte introspektive Wahrnehmungen der Tätigkeit des kollektiven Unbewußten« (1971, 177 GW 8). Der Alchemist schaue »die dunkle Psyche wie einen sternenübersäten Nachthimmel, dessen Planeten und Fixsternkonstellationen die Archetypen in ihrer ganzen Luminosität und Numinosität darstellen«. Der Sternenhimmel sei »das aufgeschlagene Buch der kosmischen Projektion, der Widerspiegelung der Mythologeme, eben der Archetypen«. In dieser Anschauung reichen sich Astrologie und Alchemie die Hand (JUNG 1971, 225 GW 8).

Astrologie und Alchemie

Der Stern wurde und wird auch gerne als Symbol des mystischen Zentrums im Menschen genommen. In den alten Mithrasmysterien beispielsweise vergleicht sich der Myste mit einem leuchtenden Stern. (»Ich bin ein Stern, der mit euch seine Wandelbahn geht und aufleuchtet aus der Tiefe«, DIETERICH 1910, 8f.).

Symbol des Zentrums im Menschen

Als konzentrisches Gebilde von numinoser Natur beschreibt der Stern ein Mandala und gilt in JUNGscher Terminologie auch als Symbol des *Selbst*.

Im Tarotspiel wird der *Zentrierungsgedanke* deutlich durch einen Stern veranschaulicht, der sich von den anderen durch seine Größe und zentrale Lage abhebt. Man bezeichnet ihn auch als Polarstern, der den Menschen zu allen Zeiten als Orientierungshilfe diente. Nach alter Vorstellung ist er der Nabel des Kosmos, um den sich das ganze Firmament kreisförmig dreht. Er galt auch als erste bewegende Ursache und Quelle allen Seins. Dies paßt zum Wiederaufblühen der Natur im Tarotbild.

Nabel des Kosmos

Psychologisch läßt sich das Licht der Sterne auch mit dem Licht des Bewußtseins vergleichen (vgl. auch Karte

IX-Eremit). Dieses hat verschiedene Helligkeitsgrade. Seine Inhalte sind kaum je völlig, d.h. in all ihren Aspekten gleicherweise bewußt. Deshalb werde, wie M.-L. v. FRANZ in ihrem Kommentar zu »Aurora Consurgens« ausführt, der psychische Hintergrund unseres Bewußtseins in Träumen und Visionen oft durch den Sternenhimmel, durch die hellen Lichter auf dunklem Grunde symbolisiert. PARACELSUS spricht vom inneren Sternenhimmel des Menschen (FRANZ v. 1971, 150f.).

Inbegriff der Quintessenz

In der Alchemie galt das »Gestirn im Menschen« auch als Metapher für die »*imaginatio*« im Sinne eines konzentrierten Extraktes der lebendigen körperlichen und psychischen Kräfte. So bezeichnete der paracelsische Terminus »astrum« (Stern) die »*quinta essentia*« (Quintessenz). Wie die Sterne haben auch Schmetterling und Vogel mit Transzendenz und Geistigkeit zu tun. Als geflügelte Wesen gehören sie ebenfalls »höheren Sphären« an, weil sie sich von der Erde abheben und dem Himmel entgegenfliegen können.

Symbol Schmetterling

Nach JUNG ist der Schmetterling sowohl *Allegorie* (Sinnbild, hier: Umschreibung einer bekannten Sache) als auch *theriomorphes Symbol* (Symbol in Tiergestalt, hier: Bezeichnung für einen relativ unbekannten Tatbestand) der Seele. Das Selbst könne vermöge seines unbewußten Anteiles nur indirekt, d.h. auf dem Wege der Projektion zur Bewußtheit gelangen. Eine völlige Beschreibung und Erfassung der menschlichen Persönlichkeit sei wegen der unbestimmten Reichweite des unbewußten Anteiles nie möglich, weshalb das Unbewußte das Bild durch lebendige Figuren, die vom Tier bis zur Gottheit reichen, ergänze (JUNG 1976, 204).

Nach alter Vorstellung gelten sie deshalb auch als Symbole der Seele, die den Körper beim Tode verläßt, um ins jenseitige Reich einzugehen. Auch im Tarot klingt dieses Motiv mit an. Der Vogel kündet mit seinem Gesang den Morgen, der Erneuerung bedeutet. Das Ende des Weges ist die Erlösung im Sinne einer Wiedervereinigung der individuellen Seele mit der Weltenseele. In diesem Sinne läßt sich die Ausgießung der

Urgrund der Seele

beiden Krüge als Rückkehr in den Urgrund allen Seins interpretieren:

Des Menschen Seele gleicht dem Wasser:
Vom Himmel kommt es, zum Himmel steigt es
Und wieder nieder zur Erde muß es,
Ewig wechselnd
(GOETHE, *Gesang der Geister über den Wassern*)

Teil des großen Kreislaufes

So markiert auch die graphische Struktur des 17. Tarotbildes einen Zirkulationsprozeß: Die Arme der knienden Frau bilden zusammen mit dem nach unten strömenden Wasser die Form eines Kreises. Die Frau steht im Zentrum des ewigen Kreislaufes der vier Elemente Feuer (Sterne), Luft (Schmetterling, Vogel), Erde und Wasser. Die räumliche Anordnung dieser vier Elemente entspricht der alchemistischen Vorstellung vom Sinken des Wassers und der Erde und vom Steigen des Feuers und der Luft.

Einklang von Selbst und Kosmos

Der Kopf der weiblichen Figur befindet sich in den meisten Tarotausgaben in der Mitte der Karte und wird dem 5. Element, dem unsichtbaren »Akashya« (Akasha) gleichgesetzt. Der Geist, das Wichtigste, ist unsichtbar (vgl. XII-Der Gehängte).

Im Kontrast zu dieser räumlichen Anordnung nehmen auf Karte XV-Teufel bezeichnenderweise die Genitalien des Zwitterwesens den Platz in der Mitte ein. Die Nacktheit der Frau von Bild XVII hat im Gegensatz dazu weniger mit Sexualität zu tun, sondern ist vielmehr ein Sinnbild entborgener Natur und Mütterlichkeit. Auch hier fließen Geistigkeit und Körperlichkeit ineinander über. Andererseits erinnert die Frauengestalt an *Venus*, zumal der Venusstern in Babylon der Repräsentant der Sterne schlechthin war.

Schönheit und Wahrheit

In übertragenem Sinne verweist die Nacktheit auf unverhüllte *Wahrheit* und *Wirklichkeit*, also auf das, was hinter der Maske äußerer Verkleidung steckt. Es ist, um in JUNGscher Terminologie zu sprechen, die *Anima*, die sich hinter der Persona verbirgt oder auch das,

was nach dem Zusammenbruch des Turmes von Bild XVI an Echtem übrigbleibt. Weder Königskrone noch imposantes Bauwerk können nunmehr als falsche Trugbilder imponieren. JUNG interpretiert das im alchemistischen Opus häufig auftretende Motiv der Nacktheit psychologisch als Hervortreten der Schattenseite im Menschen. Durch die fortschreitende Bewußtwerdung tritt dieser allmählich unter der Maske der konventionellen Anpassung hervor und wird dem Ich integriert, was einer Annäherung an die psychische Ganzheit entspricht. Durch die Assimilation des Schattens wird der Mensch gewissermaßen körperhaft, was dazu führt, daß die animalische Triebsphäre wie auch die primitive oder archaische Psyche in den Lichtkegel des Bewußtseins tritt, woraus sie sich nicht mehr mit Hilfe von Fiktionen und Illusionen verdrängen läßt (JUNG 1971, 251f. GW 16).

Aufhebung der Schatten

Dem erweiterten Feld des Bewußtseins entspricht auch die Räumlichkeit dieser Karte: Im Unterschied zur engen Geschlossenheit des Turmes von Bild XVI ist die Landschaft hier offen, weit und frei. Dem Sturmgewitter folgt Ruhe und Frieden; die Flammen des Blitzes werden durch das heilende »elixier vitae« (Wasser des Lebens) gelöscht. Während der Eremit von Bild IX noch ganz auf den Schein seiner Laterne angewiesen war, leuchten dem Suchenden in der Finsternis nun hilfreich die Sterne. Ihre Anwesenheit kündet das nahe Ziel.

Erweitertes Bewußtsein

Der Umstand, daß die Frauengestalt der 17. Karte der konventionellen *Wassermannfigur* entspricht, kann als Hinweis für den Beginn einer neuen Ära genommen werden. In JUNGscher Terminologie spricht man in diesem Zusammenhang von der beginnenden Auseinandersetzung mit dem kollektiven Unbewußten, die dem Menschen auf dem Wege der aktiven Imagination die Erfahrung überpersönlicher Inhalte zu erschließen vermag. Das Niederkauern der Frauengestalt würde dann dem hierzu erforderlichen »abaissement du niveau mental« (Absenkung, Vertiefung des geistigen Niveaus) entsprechen.

Regenbogen und Pfauenschwanz

Manchmal finden wir auf dem 17. Tarotbild außer den Sternen noch einen Regenbogen am Himmelsgewölbe vor. In der Alchemie symbolisiert der Regenbogen und das ihm ähnliche Farbenspiel der »cauda pavonis« (Pfauenschwanz) ein dem definitiven Resultat vorausgehendes Zwischenstadium. Der Regenbogen wird auch »nuntia dei« genannt. Der Pfau, der alljährlich sein Gefieder erneuert, hat Beziehung zu allen Wandlungen in der Natur. Beide Symbole kündigen das Ende des alchemistischen Opus an.

Auf dem Weg von Schwarz zu Gold

Nach dem Aufkeimen der Farben aus der Finsternis (*nigredo*) folgt als erstes Hauptziel des Prozesses die *albedo*, die Weißung, welche auch Dämmerung, Silber- oder Mondzustand genannt wird. Aus den vielen bunten Farben geht die eine, weiße hervor, die alle Farben in sich enthält (lapis albus). Die *albedo* soll noch bis zum Sonnenzustand (*rubedo*) gesteigert werden. Wir sehen, daß diese Stadien genau der Abfolge der drei Tarotbilder ›Sterne‹ – ›Mond‹ – ›Sonne‹ entsprechen.

XVIII Der Mond

»Luna per omnes menses nascitur,
crescit, perficitur, minuitur,
consumitur, innovatur.
Monat für Monat wird der Mond geboren,
er wächst, vollendet sich, schrumpft,
verschwindet und erneuert sich.«
(AUGUSTIN)

Das 18. Tarotbild zeigt eine vielfältige Symbolik. Es läßt sich in Vorder- und Hintergrund oder wie das 10. Arkanum ›Lebensrad‹ in die drei Ebenen Wasser - Erde - Himmelsraum aufteilen, wobei dem Mond eine *Vermittlerrolle* zukommt.

Attribute des Mondes

Im Vordergrund sehen wir einen Wassertümpel oder Teich, in dem sich ein großer Krebs, Wasserpflanzen und – in manchen Bildvarianten – anderes Getier (Frösche, Kröten, Schlangen) befinden. Von hier aus führt

ein kurvenreicher Weg an zwei Hunden oder an einem Hund und einem Wolf vorbei dem Horizonte entgegen. Zwei Türme bilden eine Art Tor, durch welches sich der Pfad hindurch schlängelt. In manchen Ausgaben ist dieser Durchgang sehr eng. Teilweise ist im Hintergrund ein Berg oder ein Tempelgebäude sichtbar. Von den beiden Tieren in der Nähe des Toreinganges ist das eine meist hell, das andere dunkel. Beide heulen den Mond an, der am Nachthimmel leuchtet. Er scheint von der Erde Wassertropfen nach oben zu saugen. Teilweise sind im Bild auch fallende Tropfen dargestellt.

Unausschöpflichkeit des Mondthemas

Die Bedeutung des Mondes in Religion, Geschichte und Mythologie ist äußerst komplex, vielfältig und schillernd. Im folgenden wollen wir versuchen, ihre Essenz in knapper Form wiederzugeben. Dabei sind wir uns bewußt, daß die Fülle des Materials durch jeden Versuch dieser Art arg beschnitten wird und nur einige wesentliche Aspekte beleuchtet werden können. Von dieser eher allgemeinen, religionsgeschichtlichen Betrachtungsweise aus wollen wir dann übergehen zur Bedeutung des Mondes in alchemistischer und psychologischer Sicht. Die Trennung ist jedoch künstlich, denn immer handelt es sich um verschiedene Aspekte ein und derselben Realität.

Ewige Rhythmen

Der Mond ist ein Gestirn, dessen Dasein dem Gesetz des Werdens und Vergehens unterworfen ist. Seine Modalitäten sind Wandel, Rhythmen und zyklische Wiederkehr. Er ist, selbst lebendig, Quelle allen Lebens, Urgrund der Fruchtbarkeit und der periodischen Regeneration. Der Mond wächst, verschwindet, ›webt‹, mißt, teilt ab, verbindet, nährt, befruchtet, segnet, oder er empfängt und reinigt die Seelen der Toten, regeneriert, belebt wieder. Als Ursprungsort des Lebens hat er meist weibliche Bedeutung.

Der Mond als Mittler

Nach einer alten, im vorderen Orient verbreiteten Überlieferung streben die Seelen nach dem Tod zuerst zu den Sternen, gelangen zum Mond und dann zur Sonne, während die Besten darüber hinaus noch bis zum überirdischen unendlichen Licht vordringen.

Oase der Seelen

Die Upanishaden erzählen von der Seele, die sich im Mondland ausruht und dort neue Inkarnation, d.h. die Rückkehr in den biokosmischen Kreislauf erwartet. Die Reise der Seelen (pitryanam = Weg der Väter) wird auch Mondweg, der Weg der Götter (devayanam) hingegen Sonnenpfad genannt.

Ort der Läuterung

Nach PLUTARCH (*De facie in orbe lunae*, in: ELIADE 1954, 202) wird die Seele des Gerechten beim Tod im Monde geläutert. Er gliedert den Menschen in die drei Teile Körper, Seele und Vernunft. Der Körper geht am Ende des Lebens in die Erde ein, und der Nous wird von der solaren Substanz aufgenommen. Umgekehrt empfängt der Mond beim *Geburtsvorgang* von der Sonne den Nous, der als Keim eine neue Seele erzeugt. Auf der Erde tritt dann der Körper hinzu. Wir sehen bereits hier, daß der Geist-Seele-Dualismus mit der Sonne-Mond-Polarität in Verbindung gebracht wird.

Symbol eines größeren Ganzen

In den Mondphasen ihrerseits finden alle Dualismen ihr mythisches und symbolisches Gleichnis: sie illustrieren die Abfolge ›Licht‹ - ›Dunkel‹ auf allen kosmischen Ebenen. Im Gegensatz Neumond/Vollmond, in der Polarität Sein/Nichtsein, Virtualität/Aktualität, Gestalt/Latenz, Leben/Tod drückt sich der Wechsel aus. Durch die Abfolge der Gegensätze wird rhythmisches Werden bewirkt.

Vergrößerung oder Aufhebung der Gegensätze

Das *Gegensatzprinzip* ist auch auf der 18. Tarotkarte mannigfach vertreten, und zwar sowohl in Form von paarweiser Darstellung (zwei Türme, zwei Hunde) als auch in Form von doppeldeutigen Bildelementen, die der ganzen Karte etwas Irrationales verleihen: Der Krebs kann gleichzeitig vorwärts wie rückwärts gehen; der Weg führt nach oben wie nach unten; die Karte wird sowohl »Diana« wie »Hekate« genannt, d.h. das Tor ist sowohl *ianua coeli* (Himmelspforte) als auch *ianua inferni* (Höllenpforte). Hekate, die Wächterin am Eingang des Hades, regiert über das dunkle Reich des Mondes. Zu ihr gehören das stehende Wasser, der Krebs und die gefährlichen Wölfe. Ihre Gegenspielerin ist die liebliche Diana, der die wachsamen und gezähmten

Führerhunde zugehören. In der Mythologie hat der Hund oft selbst eine Doppelnatur. Er steht an der Schwelle zwischen dem Reich des Lebens und des Todes (z. B. Kerberos, Jama), aber auch am Eingangstor in überirdische Welten. Einerseits ist er wachsamer Beschützer und Führer, andererseits verkörpert er das Triebhafte und Gefährliche. Als »Diana-Hekate« ist Luna also etwas Heilsam-Gefährliches, Zweideutiges.

Die metaphysische Bestimmung des Mondes ist zu leben und doch unsterblich zu sein. Sein dreitägiges Verschwinden in der Finsternis ist nie endgültig. In ewiger Periodizität kehrt er zur ursprünglichen Gestalt zurück. Die Wiedergeburt erfolgt aus eigener Substanz, aus eigener Bestimmung. So ist die lunarische Symbolik und Mythologie sowohl pathetisch als auch »tröstend«, denn der Mond regiert zugleich Tod und fruchtbares Leben. Eine babylonische Hymne an Sin nennt den Mond »eine Frucht, die aus sich selber wächst«. Oft wird er auch mit einer Pflanze verglichen. Sogar die christliche Apologetik nimmt die Mondphasen zum Gleichnis für den Glauben an die Wiederauferstehung: »Quod in luna per menses, hoc in resurrectione semel in toto tempore« (*was der Mond Monat für Monat, das ist die Wiederauferstehung einmal für alle Zeiten,* AUGUSTIN, in: ELIADE 1954, 205).

Der große Tröster

Das »Stirb-und-Werde«-Motiv, auf das wir bei der Deutung der Mondsymbolik stoßen, klingt im Bild manchmal auch noch auf andere Weise an: Der enge *Durchschlupf* zwischen den beiden Türmen oder Säulen kann ein Symbol für Tod und Erneuerung sein, wie dies schon in den *Riten* der Urvölker zu sehen ist. Der Initiierte wird gleichsam als neuer Mensch geboren. So läßt sich das Dunkelreich der Hekate auch mit dem *Mutterleib* vergleichen, der das neue Leben durch die enge *Pforte des Schoßes* hinaus ins Licht entläßt.

Der Weg zum Neubeginn

Die gleiche Idee liegt auch den zahlreichen Mythen zugrunde, wo der Held ins dunkle Reich der Unterwelt hinabsteigt (Katabasis), um nach dem Bestehen gefährlicher Abenteuer wieder ans Licht emporzukommen.

Die Wandlung, die sich bei alledem vollzieht, bedingt zuvor in gewisser Weise eine *Regression*, d.h. ein Aufgeben der alten Persönlichkeit im Sinne einer vorübergehenden Rückkehr in den pränatalen Zustand. Eine solche rückläufige Tendenz mag im Bild durch den rückwärtsgehenden Krebs versinnbildlicht sein. Das der Mond-Karte unmittelbar folgende 19. Arkanum ›Sonne‹ würde der Wiedergeburt auf höherer Ebene entsprechen. Dazu paßt, daß auf diesem Bild zwei Kinder oder junge Menschen zu sehen sind.

Rückführung ins Pränatale

Der Mond gebietet über alles, was im Kosmos dem Gesetz zyklischen Werdens unterworfen ist: Wasser (Regen, Gezeiten), Vegetation, Aussaat, Jahreszeiten – beim Menschen über Fruchtbarkeit, Menstruation, Lebensphasen u.a.m.

Viele Fruchtbarkeitsgötter sind zugleich Mondgottheiten und behalten als solche aquatische Attribute. Gewisse Tiere werden Symbole des Mondes, weil ihre Form oder Seinsweise an ihn erinnert. Oft sind es solche, die erscheinen und wieder verschwinden, so Frosch, Kröte, Skorpion, Krebs, Wolf, Hund, ferner Schlange, Drache, Schnecke, Bär (verschwindet im Winter, kommt im Frühling). Einige von ihnen sind auch auf unserm Tarotbild vertreten: der Frosch, der sich aufbläht und im Wasser auf- und untertaucht (nur in einer Ausgabe gefunden); der Krebs, der die Schale wechselt und als Tierkreiszeichen ›Wandlung‹ und das ›Haus des Mondes‹ bedeutet; schließlich die heulenden Hunde oder Wölfe.

Erneuerung der Fruchtbarkeit

Der Mond beherrscht Gestaltung und Auflösung der Organismen; er löst und saugt die Formen auf, um sie dann neu zu schaffen: »Omnia animantium corpora et concepta procreat et generata dissolvit« (Firmicus Maternus, *De Errore* IV, 1.1, in: Eliade 1954, 202). Auch im Tarotbild ist dies angedeutet: Der Mond saugt von der Erde Wassertropfen nach oben. Manchmal sind auch fallende Tropfen dargestellt, was mit der alten Vorstellung zu tun hat, daß von Luna eine Art Lebenssaft ausgeht, den die Alchemisten unter anderem »Flüs-

Mondtau

sigkeit des Philosophen« nannten. Sie bezeichneten die Mondfeuchtigkeit auch als *Tau*, der den Körpern die Seelen auszieht oder ihnen umgekehrt Leben verleiht. Der Mond sei wegen seiner Feuchtigkeit auch Verursacher der *Fäulnis*. Es wird vom feuchten Mondlicht gesprochen, das im Gegensatz steht zum warmen, trockenen Sonnenlicht. Die nach den Mondphasen eingeteilte Zeit ist, da sie sich immer auf biokosmische Realitäten bezieht, »lebendige« Zeit. Von daher entwickelte sich auch allmählich der objektive Zeitbegriff. Der Mond wurde zum universalen Meßinstrument. Von seinem Rhythmus beeinflußt, wurden die Phänomene verschiedenster ›kosmischer Ebenen‹ auf einen gemeinsamen Nenner gebracht.

Gefahr der Fäulnis

Lebendigkeit der Zeit bewahren

Der Mond webt ein *Netz* wie die Spinne. Die unsichtbaren Fäden verbinden Mensch, Wasser, Regen, Vegetation, Fruchtbarkeit, Gesundheit, Tierwelt, Tod, Wiederbelebung durch *Metamorphose*, Leben nach dem Tod. Als Meister der lebenden Dinge und Führer der Toten webt er am Schicksal des Menschen. Weben heißt, unterschiedene Realitäten einen, aus eigener Substanz erschaffen und vorherbestimmen. Das Schicksal des Menschen, sein Lebensfaden, ist ein Zeitabschnitt von begrenzter Dauer. In einer Tarotausgabe ist der Todesaspekt des Mondes noch durch einen Harfenspieler, ein bekanntes Todesmotiv, hervorgehoben.

Der Mond als Weberin

Der Mond ist ein Vermittler zwischen Himmel und Erde. In der Alchemie stehen Erde und Mond in enger Beziehung. Während Luna eher Braut und Geliebte von Sol ist, verkörpert die Erde mehr die Mütterlichkeit.

Nach alter Anschauung steht der Mond an der Schwelle zwischen ewig-ätherischer und irdisch-sublunarer Welt. Vom Mond abwärts beginnt die Natur der hinfälligen, vergänglichen Erscheinungen: »Von hier fangen die Seelen an, unter die Zahl der Tage und unter die Zeit zu fallen«(MACROBIUS, in: Somn.Scip. I, XI, in: JUNG 1972, Anm. 273). In der sublunaren Welt, wo auch der Mensch zuhause ist, gibt es nichts »Ewiges«, weil alles dem Gesetz von Werden und Vergehen unterworfen ist. Erst *über* dem Mond beginnt das, was das Werden gleichsam transzendiert. So heißt es bei CICERO, *De republ.* VI,17,17: »Supra lunam sunt aeterna omnia« (alles Ewige ist über dem Mond [jenseits des Mondes]«.

Unendliche Doppelnatur

Die sublunare Welt ist nicht nur die der Wandlung, sondern auch die der *Leiden* und der *»Geschichte«*. An dieser Gesetzmäßigkeit hat der Mond in seiner Veränderlichkeit und Verdunkelungsfähigkeit teil.

Der kosmisch-tellurische Doppelaspekt des Mondes spiegelt sich auch in Bezeichnungen wie »himmlische Erde« oder »irdischer Himmel«, die besonders der pythagoräischen Tradition geläufig waren.

Einer kabbalistischen Vorstellung entsprechend, ist der Mond die letzte Stufe beim Heruntersteigen vom Himmel zur Erde und die erste beim Hinaufsteigen von der elementarischen Welt in den Himmel (MALCHUT). So nennt auch PAPUS die 18. Tarotkarte das Ende der Involution. Der göttliche Geist sei nun vollkommen materialisiert und könne nicht weiter herabsteigen.

Verhärtung oder Auflösung aller Grenzen

Die restlichen Stufen des Tarotweges versinnbildlichten die schrittweise Rückkehr der göttlichen Kräfte in die Ureinheit. Der endlose Prozeß von Involution und Evolution werde auch in der zweiten Ziffer der dem »Mond-Bild« entsprechenden Zahl, der Acht symbolisiert, die ja auch das mathematische Unendlichkeitszeichen ist.

Im Tarotbild sind all diese verschiedenen Aspekte des Mondes und seiner Symbolik anschaulich dargestellt. Wir sehen einmal mehr, wieviel Material in diesen Bildern steckt und mit wie wenigen Mitteln hier im Grunde operiert wird. Es handelt sich um eine Art Verdichtung vielfältigsten mythologischen Gedankengutes.

Aus der Tiefe in die Höhe – von der Quelle zur Mündung

Besonders deutlich ist im Bild die Atmosphäre des Irdisch-Kreatürlichen zum Ausdruck gebracht: Sumpfige Gegend, Wasserpflanzen, Kriechgetier, Wolf und Hund als Vertreter des Tierisch-Animalischen, in denen wir Anubis und Typhon von Karte X-Lebensrad wiedererkennen. Auch dort gehörten sie der irdischen Ebene an.

Aber auch die andere Seite des Mondes, seine Beziehung zum Transzendenten, ist im 18. Arkanum offenkundig: Der Weg, der seinen Ausgang in der Tiefe des sublunaren Reiches nimmt, verliert sich jenseits des Toreinganges in der Unendlichkeit des Horizontes. In einer Ausgabe fanden wir in der Ferne einen geheimnisvollen Berg, in einer anderen eine Art Tempelgebäude abgebildet. Das Ziel, woraufhin der Weg hinführt, liegt also jenseits des Irdischen, was besonders auch die beiden letzten Karten des Tarotspieles, XX-Gericht/Auferstehung und XXI-Die Welt deutlich machen.

So wie sich der Mond des 18. Arkanums im Teich unter ihm spiegelt, projizierte der Mensch in archaischer Zeit seine eigene Situation an den Himmel. So erkannte er im »Leben« des Mondes sich selbst. Er fand in ihm sein eigenes Schicksal, d.h. seine brüchige und instabile, sich in ständigem Wandel befindliche Existenz abgespiegelt. Im Bild ist die Mondscheibe meist mit einem menschlichen Gesicht versehen, was mit dieser Spiegelbildsituation zusammenhängen mag. Von dem Augenblick an, da sich der Mensch seiner kosmischen Lage bewußt wurde, träumte er davon, seine eigene »lunarische Seinsweise« durch Religion und Magie realiter zu verlassen. Gleichzeitig fand er in der ewigen »Erneuerung« des Mondes jedoch auch Trost und Hoffnung auf neues Leben.

Religion und Magie als Reflexe des Lunaren

In okkulter Tradition hat der Mond, wie auch die Sonne, mit der Innenwelt des Menschen, mit der Psyche zu tun. Schon PICUS DE MIRANDULA (1469 - 1494) sprach vom hell-dunklen Doppelaspekt der menschlichen Seele. Der dunkle Teil werde vom Mond regiert. Insofern sich der menschliche Geist (animus) zum Geiste Gottes (spiritus) hinwende, leuchte er und werde daher Sol genannt. Dem göttlichen Geist entsprechen die »aquae superiores« (lat. *die höheren Gewässer,* Genesis I,7). Wenn sich der Mensch aber den »aquae inferiores« (lat. *den niederen Gewässern)* zuwende, sei dies ein Zeichen von Sinnlichkeit, Begierde und Leidenschaft. Diese gehören zur Mondsphäre und werden, wie in unse-

Aufhebung menschlicher Zerrissenheit

rem Bild, meist durch Tiere versinnbildlicht. Luna hat nach Picus enge Beziehung zu Venus. Er hält sie für die »unterste und unedelste Erde aller Gestirne« (in: JUNG 1972,156).

Triebsphäre

Auch in der Antike wurde der Mond mit der Triebsphäre des Menschen in Verbindung gebracht. Bekannt ist die griechische Sage vom Hirten Endymion, der von der Mondgöttin Selene in Schlaf versetzt wurde, weil sie sich mit ihm vereinigen wollte: In der Nacht verliert der Mensch die Kontrolle über sein waches Bewußtsein, die Ratio tritt zurück hinter dem mehr Gefühlshaften, Irrationalen.

Nach JUNG hat die Sol-Luna-Symbolik die Doppelheit der menschlichen Psyche, die Polarität Bewußtsein – Unbewußtes zum Vor- und Urbild. So, wie sich das Tagesgestirn aus dem nächtlichen Meere erhebt, entsteht das Bewußtsein onto- wie phylogenetisch aus dem Unbewußten und allnächtlich versinkt es wieder in diesen natürlichen Urzustand (1972, 105).

In männlicher Psychologie der Ort des Unbewußten

Auch die alchemistischen Projektionen lassen erkennen, daß Sol dem Bewußtsein, der Tagseite der Psyche, und Luna dem Unbewußten, der psychischen Nachtseite entspricht. Diese Zuordnung entspringt – wie ja überhaupt die ganze Alchemie – einer *männlichen Psychologie*. Bei der Frau ist es anscheinend umgekehrt: Hier gehören Bewußtes und Mond auf der einen, Sonne und Unbewußtes auf der anderen Seite zueinander, was nach JUNG mit dem gegensätzlichen Geschlechtstypus im Unbewußten zusammenhängt (Animus / Anima). Aus dieser Sicht bedeutet der Mond also nicht schlechthin das Unbewußte, d.h. er ist nicht nur dunkel, sondern auch ein Lichtspender. Allerdings leuchtet er nicht von sich aus. Luna ist ein toter Körper, der das Sonnenlicht reflektiert. Deshalb wird sie auch oft mit einer Chimäre verglichen, die ihre Kraft aus der Sonne schöpft. Sie verkörpert das passive Prinzip, während Sol, die Sonne, das Prinzip des Aktiven ist. So wird der Mond auch zum Symbol der Täuschung, Illusion, Phantasie, des Irrtums, der Einbildung und des Betruges. Besonders die

Gefahren der Illusion und Täuschung

Alchemie betont den trügerischen Mondaspekt: Er sei korrupt, was sogar die Sonne verfinstere, bringe Wahnsinn, Epilepsie, Liebeszauber und magische Kräfte.

Das Mondlicht ist im Unterschied zu dem der Sonne mild, blaß, milchig, verbindend und verschwommen. Luna braucht im Dunkel der Nacht gleichsam noch die Hilfe der Sterne, während der Tag von einer einzigen Sonne leuchtet. Das helle, klare Sonnenlicht des männlichen Bewußtseins bedeutet Unterscheiden, Urteilen, Erkennen – es ist der Logos, der dem Eros des weiblichen Bewußtseins gegenübersteht. Dieses ist von dunklerer, nächtlicher Beschaffenheit und kann über Unterschiede und Gegensätzlichkeiten oft großzügig hinwegsehen. Das weibliche Bewußtsein wird in der Sicht der JUNGschen Psychologie durch eine Sonne personifiziert, die dunkler als die Tagessonne, aber heller als der »Sol niger« (die schwarze Sonne) der Alchemisten ist.

Die schwarze Sonne

Das antinomistische (gegensatzverliebte) Denken der Alchemie wird oft bis zum Exzeß getrieben. Zu jeder Position wird eine Negation gesetzt. So wird auch der Sonne noch ein Schatten angedichtet, der sich nach JUNG mit dem weiblichen Bewußtsein vergleichen läßt. An dieser Stelle sei auch eine Kritik an der Analytischen Psychologie angebracht: Ihre Theorie wird in übertriebenem Maße von diesem Denken in Gegensätzen beherrscht. Sichten, Ordnen, Gliedern, Trennen und Neuverbinden, d.h. Analyse und Synthese des empirisch Vorfindbaren ist wohl hilfreich und wertvoll, kann aber, nimmt es einseitige und übertriebene Formen an, zu unübersichtlicher Zersplitterung auf der einen und Trivialität auf der anderen Seite führen.

JUNG hält den Mond mit seiner Gegensatznatur auch für ein Vorbild der Individuation. Als »mater et uxor solis« (lat. *Mutter und Frau der Sonne*) sei Luna eine »Präfiguration des Selbst« (vgl. GW 14/I, Kap. III, 4.D).

Vorbild der Individuation

Einer alchemistischen Vorstellung entsprechend, ist im Innern des Mondes ein männliches Feuer verborgen, was die Interpretation von *Luna als Mutter der Sonne* nahelegt. Eine ähnliche Beziehung läßt sich ja auch zwischen der »Mond«- und der »Sonnen-Karte« im Tarot herstellen (kleine Kinder auf Bild XIX-Sonne). – Psychologisch heißt dies, daß das Bewußtsein aus dem Unbewußten geboren wird.

Geburt des Bewußtseins aus dem Unbewußten

Die »Coniunctio Solis et Lunae« kündet in der Alchemie vom nahen Ende des Prozesses. Auch im Tarot ist das Zielbild nicht mehr fern.

XIX Die Sonne

Arkanum XIX zeigt eine große, hell leuchtende Sonne mit Gesicht. Sie scheint über einem Menschenpaar, das sich an den Händen hält. Meist sind es zwei Kinder oder ein junges Mädchen und ein Jüngling, die nur mit einem Lendenschurz bekleidet sind. Sie befinden sich in einer Art Garten, der durch eine Backsteinmauer nach außen hin abgegrenzt ist. In der Ausgabe nach Oswald Wirth steht das Menschenpaar innerhalb eines Blumenreigens. Während bei Karte XVIII-Mond bunte Tropfen nach oben gesogen wurden, fallen nun welche auf die Erde nieder.

Attribute der Sonne

Auch die Sonnensymbolik läßt sich nicht in eine widerspruchslose Formel faßen. Der Sonnensymbolismus, wie er heute erscheint, ist oft künstliches Ergebnis rationaler Überlegung und demzufolge blasses Abbild des ursprünglichen Bedeutungsgehaltes der Sonnenhierophanien. Dies heißt nicht, daß die Ratio in den archaischsten Hierophanien mit religiöser Erfahrung unvereinbar wäre. Künstlich und spät ist die *ausschließliche* Domäne des Verstandes, in der das Widersprüchliche nicht möglich ist. In einem mythischen und metaphysischen System archaischer Struktur hingegen können die unterschiedlichsten Realitäten nebeneinander bestehen, ohne einander zu beeinträchtigen. So hat auch die Sonne eine Doppelnatur (Eliade). In der Alchemie heißt es: »Fundamentum artis est sol et eius umbra« (das Fundament der Kunst sind die Sonne und ihr Schatten).

Doppelnatur der Sonne

Die Sonne ist Licht, Helligkeit, Tag, Feuer, Wärme, Energie- und Lebensquelle, Prinzip des Männlich-Akti-

ven, Schöpferischen, Welt- und Himmelsvater, die demiurgische Kraft und Autorität Gottes, Symbol des leuchtenden Verstandes, des kosmischen Nous, des wachen Bewußtseins, Bild der göttlichen Wahrheit und Heldenhaftigkeit. Das Auge der Sonne sieht alles; nichts kann sich ihrem Blick entziehen. Man nennt die Sonne auch das Auge Gottes, während der Mond als Auge des Teufels bezeichnet wird.

Symbol des Guten

Bei PLATO (*Staat* 508, b, c) ist sie das Bild des Guten, wie es sich im Sichtbaren manifestiert; bei den Orphikern stellt sie den Geist der Welt dar.

Auch die ältesten solarischen Quellen zeigen indes, daß die Sonne Beziehung hat zur Finsternis, zu den Schatten des Todes, zu Jenseits und zu Unterwelt. Im *Rig Veda* (I, 115, 5) beispielsweise heißt es, die Sonne sei strahlend und schwarz.

Wie schon bei der Besprechung von Karte XIII-Tod erwähnt, durchquert die Sonne jede Nacht das Totenreich, um am nächsten Tag wieder zu erscheinen, ewig sich selber gleich. Im Unterschied zur dreitägigen Verdunkelung des Mondes bedeutet der Untergang der Sonne nicht ihren ›Tod‹. Sie verändert ihre Form nicht. Der Weg der Sonne offenbart die ihr eigene *Ambivalenz*. So heißt es auch in den Veden, daß die Sonne die Nacht wie den Tag heranführe, ja, selbst ein Gott der Nacht sei, der gehen oder kommen macht. Die Sonne ist gleichzeitig Schöpfer des Menschen und Todesgottheit, die ihre Kinder verschlingt.

Abgründe der Sonne

Auch in der griechischen Mythologie hat Helios chthonische und infernalische Züge.

Der Aspekt des Bedrohlich-Verschlingenden tritt vor allem dort deutlich in den Vordergrund, wo die Sonne mit ihrer Hitze Dürre und Unfruchtbarkeit bringt. Sie ist demnach nicht nur Gegenstand der Verehrung und Anbetung, sondern auch Feind des Menschen.

Wir sehen, daß die Polarität Licht-Finsternis, solarisch-chthonisch als wechselnde Erscheinungsform ein und derselben Realität bestehen konnte. Als Gestirn von unveränderlicher Konstanz offenbart die Sonne die

Realität der Dinge, nicht ihren unstabil-wechselhaften Charakter.

So wie die physikalische Sonne unser Planetensystem erhellt und erwärmt, gibt es nach alchemistischer Vorstellung im Herzen des Menschen ein Sonnenarkanum, das Leben und Wärme ausströmt: »sol in homine«, »sol invisibilis« (lat. *die Sonne im Menschen, die unsichtbare Sonne)*. Die Sonne wird »lumen naturae«, d.h. Erleuchtungsquelle, und »virtus« (Tugend, Tapferkeit) mit erzeugender und verwandelnder Wirkung geheißen. Die Herzens-Sonne gilt als die unsichtbare Essenz der himmlischen Sonne, die das dem Menschen innewohnende Feuer nährt.

Sonne im Menschen

Nach alchemistischer Vorstellung hat die Sonne durch millionenfache Rotation um die Weltkugel in der Erde das Gold gesponnen und dieser ihr Bild aufgedrückt. Die Sonne sei das *Bild Gottes*, das Herz das Abbild der Sonne im Menschen wie das Gold in der Erde. Das im Gold erscheinende Gottesbild wird auch »anima aurea« (Die goldene Seele) genannt, die das gewöhnliche Quecksilber in Gold verwandeln soll. In der Verinnerlichung finde der Mensch das Bild der Sonne in seinem Herzen. Das Edelste und Reichste des Goldes ist die Goldblüte, welche Ausdruck für die mystische Wandlungssubstanz ist (vgl. die »Goldene Blüte« der chinesischen Alchemie).

Bild Gottes und Goldseele

Das Gold der Alchemisten wird in der Hitze des Schmelzofens, im »Athanor« entwickelt. Einen solchen sehen wir mitunter auch auf der 19. Tarotkarte. Auch das Backsteinmäuerchen kann als Andeutung eines alchemistischen Schmelzofens interpretiert werden. Oft hat der Athanor eine rundliche Form, was die Assoziation eines Mutterleibes, in dem die werdende Substanz »ausgebrütet« wird, nahelegt. Dazu passen im Bild ja auch die beiden Kinder.

Kinder der Schöpfung

Zosimos nennt den alchemistischen Verbrennungsvorgang »Feuerbeseelung«. Dabei verbrenne sich der Stoff in sich selber, belebt sich durch Feuer, befruchtet und schwängert sich selbst und gebiert das gesuchte Le-

bewesen der Philosophen, den Stoff der Weisheit (in: JUNG 1971, 282f. 14/m). Auch die Sonnenbestrahlung ist ja eine Art Neubelebung durch das Feuer. Im Tarotbild wird dies mittels der goldenen Tropfen, die vom Himmel auf die Erde niederfallen, dargestellt. Das Ganze erinnert an GOVINDAS Verse:

Die innere Sonne entfachen

Entbrenne
Es brennt die Welt,
ein freßend, schwelend Feuer,
Mit der Begierde Flammen
Nahrung suchend.

Entbrenne selbst
zur Flamme der Befreiung,
Eh' dich die Welt verbrennt
zu toter Asche.

Entbrenne selbst
im Feuer inn'rer Wandlung,
Dich selbst verzehrend
in der eigenen Glut.

Dem Phönix gleich,
der sterbend aufersteht,
Der Sonne gleich,
die leuchtend untergeht.
(LAMA ANAGARIKA GOVINDA, *Mandala*)

Auch beim alchemistischen Opus handelte es sich im Grunde ja um die Verwandlung des Menschen, doch wurde dies nur von wenigen verstanden.

Phönix aus der Asche

Das Bild des sich aus der Asche erhebenden Phönix, von dem der letzte Vers in GOVINDAS Gedicht handelt, ist auch im Tarot, wenn auch in etwas modifizierter Form, vertreten: Die dem Sonnen-Arkanum folgende 20. Karte zeigt an der Stelle, wo sich vorher die Sonne befand, einen Schwan oder ein anderes geflügeltes Wesen. Die beiden Wörter »Sonne« und »Schwan« haben

Schwan, Adler und Phönix

eine gemeinsame etymologische Wurzel.

In der Alchemie sind Schwan, Adler und Phönix verwandte Symbole. Sie versinnbildlichen die Sonne und damit das philosophische Gold. Die Beziehung der Sonne zu fliegenden Lebewesen widerspiegelt sich auch in der geflügelten Sonnenscheibe, einem bekannten Motiv aus der ägyptischen Mythologie.

Die Abfolge des alchemistischen Stufenprozesses läßt sich, wie wir gesehen haben, vereinfacht in die Stadien *nigredo – cauda pavonis – albedo – rubedo* gliedern. Nach der albedo, wo das Mondlicht den Sonnenaufgang ankündet, vermehren sich Licht und Wärme in der rubedo (Rötung). Luna gesellt sich zu ihrem Gatten Sol, die Hochzeit der beiden, d.h. die Vollendung des ›Werkes‹ steht bevor. Hitze und Licht bestimmen auch unser Sonnen-Arkanum. Mit der Wärme des »Ausbrütungsprozesses« hängt hier wohl auch die dürftige Bekleidung des Menschenpaares zusammen. Die Hitze der Sonne und des Feuers im Ofen läßt sich auch mit dem JUNGschen Libidobegriff als ›psychischer Lebenskraft‹, ›Energie‹, ›Lebensfeuer‹ vergleichen: Die Sonne scheint auf alle Menschen herab, läßt Nützliches wie Schädliches, Gutes und Böses wachsen. Sie eigne sich deshalb, »den sichtbaren Gott dieser Welt darzustellen, d.h. die treibende Kraft unserer eigenen Seele, die wir Libido nennen ...« (JUNG 1973, 158). Psychologisch bedeutet die Auseinandersetzung mit dem Unbewußten zunächst einen »hitzigen« Konflikt, weil das Bewußtsein auch emotional auf die vom Unbewußten produzierten Inhalte zu reagieren beginnt, woraus sich dann allmählich eine Synthese der Gegensätze anbahnt (JUNG 1972, 251).

Hitze und Lebensfeuer

Die 20. Karte scheint dieser Bewußtseinsstufe zu entsprechen. Auch hier sind die Gegensätze noch nicht in eine Ganzheit integriert: Wir haben *zwei* Menschen vor uns, die oft auch als Zwillingspaar angesehen werden. So ist auch die astrologische Bedeutung des Buchstabens »Quoph«, der diesem Bild entspricht, das Zeichen der Zwillinge. Das Paar befindet sich im Schutze einer

Mauer, innerhalb eines Wiesenkranzes, der eine Art mystisches Zentrum oder einen Mandalakreis darstellt. In diesem Temenos (Heiliger Bezirk) kann Wachstum ohne Gefahr gedeihen, bezeichnet ein solcher doch einen geschützten Bannkreis oder Tabubezirk, der dem Gott geweiht ist. Das ganze Bild hat auch etwas Paradiesisches. Es erinnert an Matthäus 18,3:

»Wahrlich, ich sage euch, wenn ihr nicht umkehret und werdet wie die Kindlein, so werdet ihr nicht in das Reich der Himmel eingehen.«

Doppelnatur und Paradies

Die persische Wurzel unseres Wortes »Paradies« bedeutet umgrenzter, abgeschlossener Raum. Die Unschuld der Kinder steht im Kontrast zum Teufelspaar von Karte XV. Aus dem eisernen Ring des Teufelspodestes ist ein Blumenkranz geworden, der die sich anbahnende *Coniunctio* symbolisiert. Das Ende des Prozesses bedeutet zugleich Neuanfang, worauf auch das Mäuerchen als Beginn eines neuen Gebäudes hinweisen mag. Auf den ältesten Tarotkarten finden wir statt der Kinder die Parze *Klotho*, die am Lebensfaden spinnt. Auch dies weist auf einen Neuanfang hin: Nach dem Abstieg ins Reich der Hekate (XVIII-Mond) erfolgt Wiedergeburt auf ›höherer‹ Ebene. Die Mauer kann andererseits auch als letztes Hindernis auf dem Wege zur *unio mystica* (zur mystischen Einheit) interpretiert werden. Dieses wird erst überwunden sein, wenn die Zwillingshälften der menschlichen Seele zur Einheit des Selbst im JUNGschen Sinne transzendiert werden können.

Die zweite Geburt

XX
Gericht, Auferstehung

»Tuba mirum spargens sonum
Per sepulchra regionum
Cogit omnes ante thronum.
Die Posaune verbreitet einen
wundersamen Klang
durch die Gräber aller Länder
und führt alle vor den Thron.«
(Dies Irae)

Das 20. Arkanum verbildlicht das biblische Motiv der Erweckung. Wir sehen einen Engel, der mit seinem Trompetenschall drei oder mehrere nackte Menschen aus der Erde emporsteigen macht. In der Regel handelt es sich um ein Elternpaar und einen Knaben. Dieser ist nur von hinten zu sehen. Er scheint direkt aus einem Grab zu steigen. Die Erde ist grün. Alle drei Menschen haben die Hände zum Gebet gefaltet. Ehrfürchtig blickt das Elternpaar halb auf das Kind, halb nach oben, zu dem blondgelockten Engel hin. Auf der Stirn trägt er das Sonnenzeichen. Er hält außer der Trompete eine Flagge in Händen, welche ein goldenes Kreuz zeigt und deshalb als Attribut Christi gilt.

Attribute des Gerichts

Es gibt auch Tarotausgaben, wo zwei Engel eine Vielzahl von Toten auferwecken. In der christlichen Ikonographie des Westens erscheinen die beiden posaunenden Engel meist als Begleiter Christi. Wie in Arkanum XIX-Sonne fallen auch hier Tropfen auf die Erde nieder. Zusammen mit dem Strahlenkranz, der vom Engel ausgeht, sind sie ein Zeichen göttlicher Energien.

Auch in diesem Bild imponiert die Naivität der Darstellung. Diese ist besonders in der Marseiller-Ausgabe ausgeprägt. Dasselbe gilt auch für die nächste Karte.

Auferstehung am Jüngsten Tage

Wir treffen das Ideal der Auferstehung vor allem im Islam, Christentum und in abgewandelter Form auch im Judentum an. Es ist eng mit der Todessymbolik und der Vorstellung vom Totengericht verknüpft (vgl. Bild VIII-Justitia). Besonders häufig tritt dieses Motiv in der Bibel auf: »Denn der Herr selbst wird mit gebietendem Zuruf, mit der Stimme eines Erzengels und mit der Posaune Gottes herniederkommen vom Himmel, und die

Toten in Christo werden zuerst auferstehen . . .« (1.Thess. 4,16).

Unter den zahlreichen Beispielen sei ferner eine Stelle aus dem Matthäus-Evangelium herausgegriffen: »Wenn aber der Sohn des Menschen kommen wird in seiner Herrlichkeit, und alle Engel mit ihm, dann wird er auf seinem Throne der Herrlichkeit sitzen; und vor ihm werden versammelt werden alle Nationen, und er wird sie voneinander scheiden, gleichwie der Hirt die Schafe von den Böcken scheidet« (25, 31-32).

Biblische Verheißung

Am Tag, an dem der Herr erscheinen wird, um die Menschen zu richten, wird das Licht von Sonne, Mond und Sternen seine Kraft verlieren; denn als geschaffenes ist es im Unterschied zum göttlichen Licht endlich. Die Erlösung bedeutet das Eingehen in das ewige Reich Gottes, wo es Vergänglichkeit und Wechsel, womit die kosmischen Gestirne in ihrer Beziehung zur Zeitmessung zu tun haben, nicht mehr gibt: »Aber in jenen Tagen, nach jener Drangsal, wird die Sonne verfinstert werden, und der Mond seinen Schein nicht geben; und die Sterne des Himmels werden herabfallen, und die Kräfte in den Himmeln werden erschüttert werden. Und dann werden sie den Sohn des Menschen kommen sehen in Wolken mit großer Macht und Herrlichkeit« (Markus 13, 24-26).

Beginn des neuen Paradieses

Es ist interessant, wie die Abfolge der Tarotkarten XVII-Sterne, XVIII-Mond, XIX-Sonne und XX-Auferstehung mit diesen biblischen Vorstellungen übereinstimmt.

In der christlichen Ikonographie taucht das Motiv des *Jüngsten Gerichtes* erst um das Jahr 1000 auf. Bis dahin hatte die Christenheit die endzeitliche Erlösung der Welt im hic et nunc erwartet. Als diese jedoch auch in der ereignisreichen Zeit der Jahrtausendwende nicht eintrat, begann man sich, teils aus Enttäuschung, teils um der Betonung des Erlösungsglaubens willen, in der Kunst intensiv damit zu beschäftigen. Besonders häufig wurde das Motiv im 12. und 13. Jahrhundert aufgegriffen. Es schmückte Kathedralen und Friedhöfe. In allen

Zur Geschichte des Jüngsten Gerichts

Darstellungen sind die auferstehenden Toten nackt. Am Ende des Lebens ist der Mensch so nackt und bloß wie bei seiner Geburt.

In der Renaissance verbreitete sich das Motiv des die nackten Seelen abwiegenden Erzengels Michael. Die kollektive Endzeiterwartung wich einer mehr individuellen Todes- und Erlösungsvorstellung, wo es auf die Taten und Verfehlungen des einzelnen ankam.

Im Tarotbild erstrahlt der Engel, eine Mischung aus Mensch und Vogel, in feurigem Lichtkranze wie der Phönix, der Symbol der Auferstehung ist. Schon der griechische Name »Angelos« (wörtl.: Bote) zeigt an, daß die Engel Boten Gottes sind. Sie künden von neuer Zeit und erscheinen mythisch gern als »hilfreiche Tiere« und übernatürliche Helfer beim Ereignis der Geburt. Der Engel wird auch »Seelenvogel« genannt (vgl. das Vogelkleid der Unterweltseelen) und hat zu tun mit göttlicher Inspiration, Licht, Glorie und Geist. In einer Tarotausgabe fanden wir anstelle des posaunenden Engels die Darstellung eines Schwanes. Auf die Beziehung von Sonne und Schwan haben wir bereits hingewiesen. Eine Reminiszenz der Sonnensymbolik ist das Sonnenzeichen auf der Stirn des Engels.

Verbindung Gott und Menschen

Wir sehen, wie sich im Tarot immer wieder heidnisches und christliches Gedankengut vermischt, was ja auch in der Alchemie der Fall war. Dort wurde der Schwan (Cygnus Hermetis) mit seinem phallischen Hals und dem weiblich-runden Körper als hermaphroditisches Sonnen- und Mondkind bezeichnet: Aus der *coniunctio solis et lunae* resultiert ein geflügeltes Wesen, das beide Geschlechter in sich bewahrt. *Die Spannung des Gegensätzlichen ist symbolisch aufgehoben.*

Gegensatzproblem wird aufgehoben

In ähnlichem Sinne ist wohl auch das noch unausgereifte Geschlecht des neugeborenen Kindes sowie die unsichtbaren Genitalien des erwachsenen Paares zu verstehen. Die Auferstehung bedeutet geistige Geburt. In der Sprache der Alchemie heißt dies Sublimation der Materie. Manche Tarotinterpreten sprechen bei der 20. Karte auch von der Geburt des »göttlichen Kindes«. Bei den Alchemisten gilt das »göttliche Kind« als Symbol für den schwer auffindbaren ›Stein›. Ähnlich läßt sich die goldene Farbe des Kreuzes auf der Flagge interpretieren. Im Kreuzsymbol vereinigen sich die Gegensätze. Die drei Menschen bilden zusammen mit dem Engel eine *Quaternität*, was nach Jungscher Theorie ein Symbol für Vollendung und Ganzheit ist.

Symbol des göttlichen Kindes

Die Geburt des Kindes versinnbildlicht, wenn wir das Ereignis auf psychologische Ebene übertragen, die Geburt des Selbst im Sinne der Findung eines neuen, das Gegensätzliche integrierenden Persönlichkeitszentrums. Beim alchemistischen Opus handelt es sich um eine Wiederbringung eines anfänglichen Zustandes in einem endzeitlichen: »Finis respicit principium et contra« (»das Ende erinnert sich des Anfangs und umgekehrt«), heißt es in einem alchemistischen Traktat aus dem 16. Jahrhundert.

Nach Jung ist dies auch der Vorgang des Individuationsprozesses, ob sich dieser nun als christliche Wandlung abspiele (»So ihr nicht werdet wie die Kinder . . .«) oder als Satori-Erlebnis im Zen (»Zeige mir dein ursprüngliches Gesicht«) oder als psychologischer Entwicklungsvorgang, in dem die ursprüngliche Ganzheitslage zum bewußten Ereignis wird (Jung 1976, 245f.). Hierzu sei erwähnt, daß die *Wiederherstellung der ursprünglichen Vollkommenheit der Welt* eine im Neuen Testament angedeutete und in der christlichen Theologie häufig wieder aufgegriffene Lehre ist.

Wiederherstellung der Vollkommenheit

XXI
Die Welt, Anima Mundi

Die Vielfalt der Symbolik des 21. Arkanums läßt sich in ihrer Ganzheit sowie nach den einzelnen Bildelementen deuten. Im Zentrum des Bildes befindet sich eine halbnackte Frau, die in einer Art Girlande oder Mandorla tanzt, welche ein jüdisch-christliches Symbol für neues Leben ist. Sie trägt eine Schärpe, leicht über die Schulter geworfen. In den vier Ecken befinden sich Engel, Adler, Löwe und Stier.

Attribute der Welt

Das 21. Bild ist das *Ende* des im Tarot dargestellten Evolutionsprozesses.

In der Literatur herrscht Uneinigkeit bezüglich der Stellung dieses Arkanums im Verhältnis zu Karte ›Narr‹, deren Zahl einmal die Null, ein andermal 21 und schließlich auch 22 ist. Die 22 entspricht dem letzten Buchstaben des hebräischen Alphabets, dem »Tau«. Dieser wiederum wird manchmal auch der 21. Karte ›Welt‹ zugeschrieben, was durchaus mißverständlich ist. Zur »Welt-Karte« scheint vielmehr die Zahl 21 und damit »Shin«, der zweitletzte Buchstabe zu gehören. Die 21 gilt als Zahl der Perfektion. Sie stellt die Synthese der 3 x 7 Bilder des Osiris-, Isis- und Horusweges dar. In ähnlichem Sinne wird auch die graphische Struktur von Shin, welches aus einem Querstab und drei aufgesetzten Strichen besteht, als Symbol für die Ganzheit im Sinne einer Wiedervereinigung der Dreiheit mit der Einheit gedeutet (Uxkull). Nach dieser Einteilung würde dem Bild ›Narr‹ die Zahl 22 und der Buchstabe »Tau« entsprechen. Innerhalb des ganzen Spieles hat der Narr aber eine Sonderstellung, d.h. er kann wie der *Joker* beim Kartenspielen überall eingesetzt werden, weshalb sein Bild auch oft ohne Zahl und Buchstabe erscheint, was plausibel erscheint.

Stellung dieser Karte

Krönung aller Großen Arkana

Das 21. Arkanum steht also an der *Spitze* der Großen Arkana und bedeutet die harmonische Konkretisierung

der Entwicklungen aller vorhergehender Bilder. Deshalb sind in ihm auch viele Elemente enthalten, die wir schon früher angetroffen haben. Das Element des Weiblichen findet sich etwa auf den Karten II-Päpstin, III-Herrscherin, VI-Entscheidung, VIII-Justitia, XI-Kraft, XIV-Temperantia, XVII-Sterne. In den vier Randfiguren erkennen wir die vier Aspekte der Sphinx von Bild X-Lebensrad wieder.

Versammlung aller Themen in einer Karte

Diese werden auch den vier Großen Symbolen des Tarot, dem Stab, dem Pokal, dem Schwert und der Münze von Arkanum I gleichgesetzt. Ähnlich wie der Magier oder Schüler von Bild I hält auch die Frauenfigur in der Mandorla manchmal einen Stab und einen Becher in Händen. Das Engelsmotiv fanden wir (mitunter schon bei III-Herrscherin sowie stets) bei VI-Die Liebenden, XIV-Temperantia und XX-Auferstehung. Der Adler ist teilweise als Wappentier auf Bild III-Herrscherin und IV- Herrscher zu sehen. Der Löwe erinnert an Bild XI-Kraft, der Kranz an das Rad der X-Lebensrad sowie an den Blumenreigen der Karte XIX-Sonne.

Das große Glück

Als Pendant zu Arkanum X-Lebensrad, das auch »fortuna minor« (kleines Glück) genannt wird, heißt die 21. Karte manchmal auch »fortuna major« (großes Glück). In frühen Ausgaben befindet sich die nackte Frau denn auch nicht in einem Blumenkranz, sondern auf einer Weltkugel oder auf einem sich drehenden Rad. Sie verspricht nach Ansicht einiger Interpreten mehr als den ›kurzfristigen‹ Erfolg der 10. Karte. Die Figur von Bild XXI wird auch als Spiegelbild von Karte XII-Der Gehängte angesehen: Wenn man die Ziffern der Zahl 12 vertauscht, ergibt sich die 21. Außerdem ist das Dreieck der Arme, welches bei der verkehrten Lage des Gehängten unter das Kreuz der Beine zu liegen kommt, bei der nackten Frauengestalt der »Welt-Karte« oben, was graphisch auf den Sieg des Geistes über die Materie hinweist.

Die 21. Tarotkarte ist das letzte numerierte der Großen Arkana. Ihre Symbolvielfalt erschwert die Interpretation, doch gehört diese unmittelbar zum Bedeutungsgehalt dieses Arkanums und sagt an und für sich schon Wesentliches darüber aus:

Tarot als Stufenweg

Der ganze Stufenweg des Tarot ist auf dieses Ende hin angelegt. Entsprechend der Dichte und Vieldeutigkeit der Symbolik herrscht in der Tarotliteratur Verwirrung und Widersprüchlichkeit. Die Interpretation geht vom Positivsten bis zum Negativsten.

In der christlichen Ikonographie finden sich zahlreiche Sujets, die dem »Welt-Bild« ähneln, doch lassen sich auch Parallelen zur außereuropäischen Kultur ziehen. Wir müssen uns im folgenden auf einige wenige ikonographische Hinweise beschränken. Unser Interpretationsanliegen ist hier in erster Linie die Herausstellung des Bedeutungsgehaltes, wie er sich uns als Endstufe innerhalb eines umfassenden Entwicklungsprozesses offenbart.

Das 21. Tarotbild entspricht der »quinta essentia« (der Quintessenz) der Alchemie. Es handelt sich – um einen anderen Terminus zu verwenden – um ein typisches

Mandala und Zielbild

Mandala- oder Zielbild, welches sich auch psychologisch interpretieren läßt. Von manchen wird behauptet, die Figur im Inneren der Mandorla sei androgyn. Dies hängt mit der alchemistischen Vorstellung von der complexio oppositorum (Verquickung der Gegensätze) zusammen, wo das Resultat aufgrund seiner Paradoxie nur mit Antinomien beschrieben werden kann.

Die Bewegung der Frauenfigur, die auch »anima mundi« (Weltenseele) genannt wird, erinnert außerdem an das rechtsläufige Swastika-Symbol (rotierender

Anima Mundi

Kreis, Sonnenrad, Symbol der höchsten Gottheit, mystisches Zentrum, vier Himmelsrichtungen, All), welches nach Jung den Prozeß der Bewußtwerdung versinnbildlicht. Anstelle des Kranzes findet man die sich in den Schwanz beißende Schlange, den Uoboros, ein in der Alchemie häufig vorkommendes Symbol.

Wenn wir das 21. Tarotbild dynamisch interpretieren, läßt sich in seiner Symbolik eine Art Analyse-Synthese-Prozeß beobachten, dem der folgende alchemistische Leitsatz zugrunde zu liegen scheint: »Teile deinen

Stein in vier Elemente ... und vereinige sie in eins und du wirst das ganze Heilmittel haben ...« (HERMES TRISMEGISTOS, *Tractatus vere aureus*, Leipzig 1610, in: HIPPEL 1972, 520). Zuerst werden die vier Elemente in der prima materia getrennt und nachher zur Quintessenz vereinigt; dabei handelt es sich um ein endloses Wechselspiel von Trennung und Verbindung. Wenn wir das Ganze des Tarotbildes von innen nach außen betrachten, sehen wir, wie sich die Einheit der Quintessenz im Zentrum über die drei Qualitäten, welche in einigen Ausgaben mittels dreier verschiedener Farben am Blumenkranz angedeutet sind, zu den vier Elementen entfaltet. Diese entsprechen den vier Eckfiguren Engel, Adler, Stier und Löwe.

Gott in den Dingen der Welt

Kabbalistisch gesprochen, handelt es sich hier um die Ausfaltung des heiligen Gottesnamens und dessen spätere Zusammenfügung. Der unaussprechliche Name des jüdischen Gottes, das Tetragrammaton (›Vierbuchstabenwort‹: J H V H = Jehovah, Jahwe) ist *eins*, obwohl es aus vier Elementen gebildet ist. Sein kosmischer Ausdruck ist die Vierheit, die im 21. Tarotbild eine solch zentrale Rolle spielt. Gott umgibt Welt und Mensch und ist zugleich das undurchdringliche Absolute des Zentrums (En Soph der Kabbalisten; Parabrahm der Hindus). Auf das Verhältnis von Peripherie und Zentrum sind wir schon bei der Besprechung von Karte X-Lebensrad eingegangen.

Befreiung der Weltseele

Die *quinta essentia*, das Ziel der Alchemisten, hat verschiedene Namen: Sie ist das »Elixier vitae«, eine geheimnisvolle Erlösungssubstanz, »Merkurius«, der »Filius Philosophorum«, »Pantokrator«, »Imago Dei«, »Deus terrenus«, kosmischer Anthropos, befreite Weltseele.

Die Weltenseele anima mundi, im Tarotbild als halbnackte Jungfrau dargestellt, ist im Inneren alles Seienden und umhüllt zugleich die Welt, ähnlich dem Atman der Upanishaden. Sie ist im Stoff gebunden und bedarf deshalb der Erlösung durch das alchemistische Opus.

In der Cantilena Riplaei, einer alchemistischen Parabel von der Heilung eines kranken Königs, heißt es: »Gott hat dir (König) würdige und geschmückte Waffen gegeben, ausgezeichnet durch die vier Elemente, in deren Mitte sich die losgekaufte Jungfrau befand, welche sich im fünften Kreis festgegründet hat« (in: JUNG 1972, 71 GW 14/11). Fast scheint es, als kommentiere diese Strophe unser Bild. Der erneuerte König entspricht dem gnostischen *Anthropos*, dem »homo maximus« (größten Menschen), der die Welt durch die kosmische Vierheit von Erde, Luft, Feuer und Wasser beherrscht und wie der ›Stein‹ durch diese symbolisiert wird.

Der neue Mensch

Es ist der göttliche Urmensch, der schon vor dem Menschen war und zugleich dessen Ziel darstellt. Auf diese eigenartige ›Identität‹ von Anfang und Ende, der psychologisch die Vorstellung von der Ganzheit des Menschen zugrunde liegt, werden wir noch zu sprechen kommen. Es handelt sich dabei um die bereits bei der 20. Karte ›Gericht/Auferstehung‹ gestreifte Idee der »Apokatastasis«, d.h. der Wiederherstellung eines ursprünglichen Ganzheitszustandes, die auch im Uroborossymbol zum Ausdruck kommt.

Wiedergewinnung der Jungfräulichkeit

Die Jungfrau im Zentrum des Bildes ist die in den Elementen gebundene Seele der griechischen Alchemie, die »anima in compedibus« (Seele in Fesseln) der Lateiner, die »anima media natura« (die Seele als Naturmitte) oder eben die »anima mundi«. Sie stellt die disharmonischen Elemente als Einheit dar. Ihre Substanz ist der Äther als Prinzip des Geistigen (vgl. Akashya-Prinzip). Innerhalb der christlichen Dogmatik wurde die Weltseele auch mit dem Hl. Geist verglichen, der alles Existierende durch göttliche Güte belebt. Die Auffassung des Hl. Geistes als eine im Stoff vorhandene »anima mundi« ist auch in der THOMAS VON AQUIN zugeschriebenen *Aurora Consurgens*, einem alchemistischen Traktat aus dem 13. Jahrhundert anzutreffen (vgl. JUNG 1971 GW 14/III).

Bedeutung der Mandorla

Besonders verbreitet waren im Mittelalter auch Christus- und Mariendarstellungen mit mandelförmigen Heiligenscheinen um die ganze Figur. Eine solche Man-

dorla finden wir auch in der Marseiller-Tarotausgabe dieser Karte. Ihre Symbolik hat mit der Vereinigung von Himmel und Erde sowie mit Jungfräulichkeit zu tun, weil die Frucht des Mandelbaumes nach alter Vorstellung ohne vorausgehende Befruchtung wächst.

Ähnlich wie im östlichen Mandala thront die Gottheit in den westlichen, mittelalterlich-christlichen Ganzheitsbildern in der Mitte, häufig in der Gestalt des triumphierenden Erlösers mit den vier symbolischen Figuren der Evangelisten.

Symbole der Ganzheit

Die Quaternität ist eines der ältesten Ordnungsschemata der menschlichen Geschichte, das entweder bewußt ersonnen oder in Traum und Phantasie spontan als Produkt des Unbewußten erscheinen kann. Stets stellt sie eine differenzierte Ganzheit dar (JUNG 1972, 222 GW 14/I und 1972,162 GW 14/II). Die gnostische Quaternität beispielsweise ist nach JUNG (1976, 347) Ausdruck eines halb bewußten, halb unbewußten Versuches, Ordnung in das chaotische Vielerlei der andrängenden numinosen Bilder zu bringen. Aus ähnlichem Grunde haben alle lamaistischen Mandalas ein rechteckiges oder Vierer-System. Sie sind Ausgangspunkt meditativer Versenkung und haben kultische Bedeutung. Erwähnt sei hier auch ein im Chinesischen häufiges Mandalamotiv, wo sich im Inneren Kiän, der Himmel mit seinen vier ausstrahlenden kosmischen Kräften befindet. All diesen Mandalas gemeinsam ist, daß ihr Zentrum Sitz einer numinosen Größe ist, der sich der Meditierende zu nähern versucht. In ähnlichem Sinne nennt KOEPGEN das gnostische Denken kreisförmig, weil es sich an nicht im letzten beschreibbare Realitäten anzunähern versuche (1939, 149).

Archetypen des Gottesbildes

Kraft dieser Bedeutungen ist die »Vierheit eine Einheit«. Als Archetypus der Ganzheit ist sie auch das Schema für Gottesbilder, wie sie etwa in den Visionen bei Ezechiel, Johannes, Daniel und Henoch sowie in der Vorstellung von den vier Horussöhnen auftreten. Letztere sind oft in Form von drei Tierköpfen und einem Menschenkopf dargestellt. Dem entsprechen die alttestamentlichen Visionen sowie die auf die vier Evangelisten übertragenen Seraphim-Embleme. In unserem Bild finden wir in den vier Eckpunkten Engel, Adler, Löwe und Stier, die genau den kosmischen Wesenheiten entsprechen, die den göttlichen Wagen (Merkabah) des Ezechiel tragen. Ezechiel betont die grundlegende Einheit der vier Aspekte: Sie sind eins, wie das Tetragrammaton, der göttliche Name, eins ist: »Was die Gestalt ihres Antlitzes betrifft, so hatten alle ein Menschengesicht, alle vier ein Gesicht des Löwen zur Rechten, alle vier ein Gesicht des Stieres zur Linken und alle vier ein Gesicht des Adlers« (Ezechiel. I, 10). Die vier apokalyptischen Tiere werden auch mit den vier fixen Zeichen des Zodiaks verglichen: Wassermann (Engel), Adler (Skorpion), Stier und Löwe.

Vision des Ezechiel

Nach HIPPEL (1972, 517), einem christlichen Hermetiker unserer Zeit, ist die Idee, die der Entsprechung zwischen den vier heiligen Tieren der Evangelisten und den Sternen der Tierkreiszeichen zugrunde liegt, die zodiakale Bedeutung der vier ›kosmischen Instinkte‹ oder Elemente. In nächstem Zusammenhang mit diesen alten kosmologischen Anschauungen steht die Einteilung in *vier Temperamente*. Was sich früher durch Tierkreisbilder darstellte, drückten die alten Ärzte (Hippokrates, später Galen) nunmehr physiologisch aus, nämlich durch die Begriffe *phlegmatisch, sanguinisch, cholerisch und melancholisch*. Diese vier Temperamente wurden zugleich als seelischer Ausdruck der Körpersäfte aufgefaßt.

Die vier Temperamente

In den vier Figuren unseres Bildes finden wir auch die vier Teile der geheimnisumwitterten Sphinx wieder. Nun ist sie ins kosmische Ganze integriert und thront nicht mehr unbewegt über dem Geschehen individuellen Seins wie auf Karte X-Lebensrad/Rad des Schicksals.

Aufhebung der Vierheit – lebendige Einheit

Auf die Temperamentenlehre angewendet, lehrt die Allegorie der Sphinx eine ausgewogene Synthese zwischen der Kaltblütigkeit des Phlegmatikers, der stimmungsvollen Lebenskraft des Sanguinikers, der Willen-

senergie des Cholerikers und der ernsten Bedächtigkeit des Melancholikers innerhalb ein und desselben Menschen. Unserer modernen Sprache sind diese Temperamentsunterschiede noch heute geläufig, obschon sie als physiologische Theorie überholt sind.

Während sich die ältere westliche Alchemie der psychologischen Implikation ihres Tuns noch nicht bewußt war, begann mit dem 14. Jahrhundert die Einsicht zu dämmern, daß der Mensch an diesem Geschehen unmittelbar persönlich, nicht bloß als ausführendes Organ innerhalb eines chemisch-stofflichen Prozesses beteiligt war. So wird beispielsweise die das alchemistische Gold ›hervorbringende‹ Quadratur des Sonnenlaufes mit dem »homo quadratus« verglichen, der in Glück und Unglück sich selber bleibt (sibi similis). Der Kreislauf der Sonne sei deshalb vor allem Schaden bewahrt, weil er die gegensätzlichen Prinzipien verbinde (MICHAEL MAJER, *De circulo Physico Quadrato*, 1616, in: JUNG 1976, 377f.).

Alchemistische Formulierung des Ganzheitszieles

Psychologisch entspricht der Zustand des *homo quadratus* wohl einem ausgereiften Persönlichkeitsstadium, in dem die Gegensatznatur der menschlichen Psyche zu einem harmonischen Ganzen hingefunden und sich in ein mehr oder weniger stabiles inneres Gleichgewicht eingependelt hat.

Der Paracelsus-Schüler GERARDUS DORNEUS verlangt vom Alchemistenschüler eine gute körperliche und moralische Verfassung sowie eine religiöse Grundhaltung. Nur so könne die im Individuum verborgene »substantia caelestis naturae« (Substanz von göttlicher Natur) aus ihren Fesseln befreit werden. Die menschliche Seele sei so im Körper gefangen, wie der »Funken der Weltseele« (scintilla animae mundi) im Stoffe. DORNEUS sah die Vollendung des alchemistischen Werkes in einer Vereinigung des durch die magische Prozedur ganzheitlich gewordenen Menschen mit dem »unus mundus«, der potentiellen Welt des ersten Schöpfungstages, wo noch nichts in actu, d.h. in der Zwei- und Vielzahl, sondern nur Eines war (JUNG 1972, 313 GW 14/II). Der »unus

Unus Mundus – die Welt wird eins

mundus« (die *eine* Welt) bedeutet nach mittelalterlicher Philosophie den potentiell im göttlichen Geiste präexistenten *Strukturplan* der Schöpfung, den ewigen Urgrund allen empirischen Seins.

Strukturplan der Schöpfung

Die »unio mystica« ist also keine Vermengung oder Anpassung des menschlichen Individuums an seine empirische Umwelt, die sich in mannigfaltiger Wirklichkeit entäußert, sondern das Wiedereingehen in die allem zuvor schon waltende Einheit des Seins, das Zurück von der sichtbaren Form zur Idee im Sinne von Plato.

Ein früher Zeuge für die Vorstellung des »unus mundus« ist auch Plotin (*Enneaden*): Nach ihm ist die Menge der Menschen in der Materie dem idealen Menschen entsprossen. Dieser Mensch der Idee ist *einer* und entspricht der Einheit des Seins überhaupt, in die alle individuellen Seelen hineingehören. Psychologisch bedeutet die »Einheit der Seele« die allen Seelen gemeinsame psychische Grundstruktur (Jung 1972, 313 GW 14/II). Die Welt des *Einen* ist kein sinnenfällig Gegenständliches, das empirisch veranschaulicht werden könnte, sondern ein transzendentales Postulat menschlichen Vorstellens, das nach Jung nicht unwahrscheinlich ist, weil wir bisher keine Welt kennen würden, in der die uns bekannten Naturgesetze ungültig wären. Dies gelte auch für den Bereich des Psychischen (317). Das Postulat von der *Einheit allen Seins* ist dem psychologischen Begriff des Selbst vergleichbar. Ähnlich wie die potentielle Welt des Dorneus den Urgrund der empirischen Wirklichkeit bedeutet, ist das Selbst Grund und Ursprung der individuellen Persönlichkeit, die es in Vergangenheit, Gegenwart und Zukunft umfaßt (313).

Philosophie der einen Welt

Die vier Figuren unseres Zielbildes können auch mit den vier Jungschen Bewußtseinsfunktionen (Denken, Fühlen, Empfinden, Intuieren), aus denen sich das Selbst zusammensetzt, in Beziehung gebracht werden: Drei davon sind theriomorph oder unbewußt, nur eine hat menschliches, d.h. hier bewußtes Niveau erreicht. – Die Tiere werden von Jung als instinktive Kräfte des Unbewußten gedeutet, deren Integration in die Gesamt-

Die vier Bewußtseinsfunktionen

persönlichkeit Voraussetzung zur Individuation sei. Von den vier Grundfunktionen ist in der Regel nur eine völlig bewußt und so differenziert, daß sie frei und willkürlich gehandhabt werden kann. Die anderen drei Funktionen sind teilweise oder gänzlich unbewußt (JUNG 1971, 201 GW 6).

Das 21. Tarotbild, das man auch »alles in allem« nennen kann, widerspiegelt die Dynamik mikro- und makrokosmischen Geschehens: Im mystischen All-Einheitserleben wird das Selbst zuerst mehr als innerseelisches göttliches Zentrum erfahren, worauf sich dieses psychische Geschehen zu einem Einheitserlebnis mit dem ganzen Kosmos weitet, das von der gewöhnlichen Sphäre des Ich-Bewußtseins weit entfernt ist. Eine indische Parallelvorstellung dazu wäre das Aufgehen im All-Atman, welches eine Identität des Persönlichen mit dem Überpersönlichen bedeutet. Die persönliche und kosmische Existenz des indischen Atman ist eine Parallele zum Begriff des Selbst als Mitte und Umfang des bewußten und unbewußten Systems.

Alles in allem

Das Selbst ist »Ich und Nicht-Ich, subjektiv und objektiv, individuell und kollektiv. Es ist als Inbegriff der totalen Gegensatzvereinigung das vereinigende Symbol. Als solches ist es, seiner paradoxen Natur gemäß, nur durch symbolische Figuren auszudrücken« (JUNG 1971, 283 GW 16).

Unus Mundus und Selbst

Die Vereinigung mit dem unus mundus besteht also psychologisch in einer Synthese des Bewußtseins oder der Ich-Persönlichkeit mit dem als Anima personifizierten Unbewußten. Das Resultat dieser Verbindung bezeichnet den Gesamtumfang aller psychischen Phänomene im Menschen, der aber infolge seines unbewußten Anteils nur zum Teil bewußt sein kann. Das Vorhandensein von unbewußten Faktoren wird aus empirischen Gründen vorausgesetzt, bleibt aber existenziell bloßes Postulat.

Die Empirie unbewußter Inhalte, deren ›Einfluß‹ auf bewußte Vorgänge sich besonders in Traum und Phantasie geltend macht, hat die Qualität des Grenzenlosen, des in Raum und Zeit Unbestimmbaren, Numinosen. Als »Tätigkeitsfeld ohne Grenzen« überschreitet das Unbewußte auch die individuelle seelische Erfahrung nach allen Richtungen. Es läßt sich in ihm die Existenz archetypischer Größen aufzeigen, die dem individuellen Werden und Vergehen entzogen sind (Jung 1953, 25f.).

Persönlicher Anteil am Unendlichen

So fällt die Anschauung der »anima mundi« zusammen mit dem Begriff des *kollektiven Unbewußten*, dessen Zentrum das Selbst ist. Die gesamthafte Einheitsordnung des kollektiven Unbewußten veranschaulicht sich besonders im Mandala-Symbol, das die empirische Entsprechung zum metaphysischen Begriff des »unus mundus« ist. Beim Mandalamotiv, worunter Jung den Inbegriff einer bestimmten Einstellung oder einer unbewußten Gerichtetheit auf das Selbst versteht, handelt es sich um einen dem kollektiven Unbewußten inhärenten Archetypus von sozusagen ›ewiger‹ Präsenz. Es stellt eine autonome psychische Tatsache, eine Art Kern von einheitlicher Erscheinungsweise dar, über dessen innerste Struktur wir nichts wissen. Spontan entstehen solche Einheitssymbole vor allem in Träumen und Visionen, öfters als deutlichste Kompensation zur Gegensätzlichkeit und Konflikthaftigkeit der bewußten Situation. Die zentrale Bedeutung der individuellen Mandalasymbole, die – obzwar immer vorhanden – so doch oft erst gegen Ende eines therapeutischen Prozesses bewußt wahrgenommen werden, liegt in ihrer ganz machenden, heilenden Wirkung.

Das Wunder der Vereinigung

Im »Mysterium Coniunctionis« des Individuationsprozesses wird das Selbst als eine hochzeitliche Vereinigung der Gegensatzhälften erfahren. Das Unbewußte wird ins Bewußtsein integriert, wodurch letzteres eine Horizonterweiterung erfährt. Dabei handelt es sich um psychische Erfahrung, die sich nur schwer in rationale Begriffe fassen läßt. Die Symbole der letzten Einheit und Ganzheit lassen sich von der Imago Dei (Anschauung Gottes) praktisch nicht mehr unterscheiden.

Umfassende Heilung

Schon bei Dorneus bedeutet die angestrebte Verwirklichung des ganzen Menschen Heilung organischer

und psychischer Leiden, andererseits aber seine Annäherung an Gott.

Wenn das Mandala dogmatische oder kultische Bedeutung hat, wird es damit dem Bewußtsein vorgesetzt. Dem Unbewußten wird damit ein geheimes Spiegelbild gezeigt, worin es sich wieder erkennt und sich so erneut dem Bewußtsein anschließt (JUNG 1975, 258).

Schwierigkeiten der Zielbeschreibung

Die Überbrückung der Distanz zwischen Bewußtem und Unbewußtem meint keine eigentliche Veränderung, sondern die Wiederherstellung eines ursprünglichen Zustandes, eine »Apokatastasis«. Dies stimmt mit dem empirischen Befunde eines stets vorhandenen, wenn auch nicht immer deutlich sichtbaren Archetypus der Ganzheit überein. Die vom Unbewußten im Laufe des Individuationsprozeßes hervorgebrachten Ganzheitsbilder stellen gleichsam »Reformierungen« dieses Archetypus dar.

Das Ei der Philosophen

Das Ende des Großen Werkes wird auch durch das ovum philosophicum (das »Ei der Philosophen«) in der mittelalterlichen Natur-Philosophie symbolisiert. Das alchemistische Gefäß, in welchem die Substanzen verwandelt werden, muß nicht nur wie das Uroborossymbol rund, sondern auch eiförmig sein. Auf unserer Karte ist dies manchmal durch einen elliptischen Kranz angedeutet. Mit der Rundheit wird der sphärische Kosmos nachgeahmt, indem im hermetischen Gefäß die Gestirnseinflüsse zum Gelingen der Operation beitragen sollen. Das Ei ist eine Art von »matrix«, resp. »uterus«, aus dem am Ende des Opus der Homunculus oder Anthropos, d.h. der geistige, innere und vollständige Mensch hervorgeht. Es trifft sich mit der Idee der *Apokatastasis*, daß das Ei in der Alchemie auch das Chaos des Anfangs, d.h. die prima materia bedeutet. Dies ist eine weitverbreitete mythische Vorstellung. Erwähnt sei hier nur das orphische Ei der Kosmogonie.

Eine neue Einheit

Bei der Apokatastasis in oben erläutertem Sinne handelt es sich nun aber nicht um eine simple Identität von Anfang und Ende, sondern um die Herstellung einer universalen Ganzheit, die nicht ungeschiedene Einheit des uranfänglichen Unbewußten, sondern höhere Einheit im Sinne einer wiedergeeinten Zweiheit des Gegensatzpaares bewußt/unbewußt ist. Darin liegt der Sinn von Entstehen und Werden überhaupt. Individuation bedeutet Bewußtwerdung, d.h. zunächst Gewahrwerden der eigenen Gegensatznatur und schließlich Transzendierung derselben in lebenslangem kreisförmigem Prozeßgeschehen. Dieses »Kreisen« meint schrittweise Annäherung an eine numinose Größe, d.h. an das Selbst.

Schwierigkeiten der Zielerreichung

Das Ziel, die complexio oppositorum, ist faktisch kaum je vollständig erreichbar, hat aber als Idee große Bedeutung, denn »höher als die Wirklichkeit steht die Möglichkeit« (Heidegger 1972, 38). Wesentlich ist der Prozeß, der zum Ziele hinführt. Er gibt dem Leben Sinn. Das Streben nach Gegensatzvereinigung bleibt für den Menschen Möglichkeit, Auftrag und ethische Verpflichtung (Jung, 1971, 334f. GW 16).

Sowenig es den Alchemisten gelungen ist, die Gespaltenheit ihres Endproduktes im letzten aufzuheben, wird der Mensch seine ureigene »Zwienatur« je vollkommen überwinden können. Nach alchemistischer Vorstellung ist die Psyche (anima) des Menschen ein vinculum (Band), das Körper (weiblich) und Geist (männlich) zusammenhält und als solches hermaphroditischer, d.h. hier gegensatzvereinigender Natur (anima media natura). Die perfectio operis führt unvermeidlich zu einer Paradoxie, denn die Ganzheit des Menschen läßt sich als letztlich unerkennbare und unverstehbare Einheit des Selbst nur mit Antinomien beschreiben. Intuition und die besonders dem östlichen Menschen vertrauten Versenkungstechniken sind mögliche Wege, diese Einheit auch zu erleben.

Wege zur Vollendung

Am Ende des Großen Werkes scheint sich der Ring zu schließen. So formuliert Jolande Jacobi in anderem Zusammenhang psychologisch, was auf dem 21. Tarotbild mythisch-symbolisch dargestellt ist:

»Nachdem sich das Einzelbewußtsein aus dem äußeren Kosmos langsam herausgelöst, von dem Kollektiv

abgesondert und sich immer persönlicher und vielgestaltiger auseinandergefaltet hatte, neigt es sich nun, an seine Grenze gelangt, *zurück zu seinem Ursprung*, wo seine Teile und Differenzierungen im Urschoß des ›kollektiven Unbewußten‹, im inneren Kosmos ... zu einer Einheit zusammenfließen, um dann – durch das Bewußtsein emporgehoben – vom erneuernden Lebenswasser der Tiefen gespeist und gestärkt, das Leben in sich und um sich herum erfolgreicher meistern zu können. Damit Synthese werde, müssen die Pole zuerst auseinanderstreben, um nach der Vereinigung – in fernen und veränderten Zeiten – sich vermutlich von neuem zu trennen. Gibt es in diesem Wechselspiel jemals ein Ende? Findet die ›Bestimmung‹ nur im Jenseits ihr Ziel?« (1969, 30).

Chance und Auftrag

Dem heutigen Menschen stellt sich die Aufgabe, welche die Alchemisten nicht lösen konnten, aufs Neue.

Dic Frage lautet nun, nachdem das Gegensatzproblem seines naturhaft-archaischen alchemistischen Symbolcharakters entkleidet ist, wie der Entzweiung von Mensch und Welt zu begegnen ist.

Weil die Seele im Individuum nie vollständig ist ohne die Beziehung auf den anderen Menschen, ist die Herstellung der Ganzheit im JUNGschen Sinne ein innerpsychischer Vorgang, der essentiell vom Bezogensein auf ein »Du« abhängt. Die Ganzheit des Menschen besteht aus der Zusammensetzung von Ich und Du im Sinne einer »bewußten Verbindung des Ich mit all dem, was sich als Projektion im ›Du‹ birgt« (JUNG 1971, 259f. GW 16).

Herausforderungen der Liebe und der Erkenntnis

O/XXII
Der Narr

»Verrücktheit ist eine Veranlagung,
die verhindert, die Wahrheit zu erfassen.«
(PLATO, *Definitionen*)

»Die Einfalt ist so wehrt, daß wann sie GOTT gebricht,
so ist er weder GOTT, noch Weissheit noch ein Licht«
(SILESIUS, *Cherubinischer Wandersmann*)

Das Arkanum ›Der Narr‹ zeigt einen sorglos blickenden Mann mit Narrenmütze, zerrissenen Kleidern und einem leeren, weil durchlöcherten Bündel auf der Schulter. In der Hand einen Stock haltend, zieht der schellenlaute Tor unbekümmert seines Weges, ohne auf den Hund oder Luchs zu achten, der ihn von hinten anfällt und ihm die Hose herunterreißt. Mit dem Blick in die Luft schaut er auch nicht, wohin er tritt. Er mißachtet eine Blume auf dem Wege und marschiert einem Abgrund entgegen, wo ein Krokodil lauert.

Attribute des Narren

Wie bereits erwähnt, ist man sich nicht einig, wohin diese Karte eigentlich gehört. Steht sie am Anfang oder am Ende des Tarotweges? Trägt sie die Zahl 0 oder 22, ist ihr Buchstabe der letzte oder zweitletzte des hebräischen Alphabetes (Shin oder Tau)? Ist sie überhaupt ohne Zahl und Buchstabe, läßt sie sich wie der Joker im Kartenspiel überall einordnen? Ist sie die Verbindungskarte zwischen den drei Siebenheiten oder zwischen den großen und kleinen Arkana? Ist es das Bild der Einheit und Unendlichkeit oder das der Nichtigkeit und Leere, d.h. die Karte, die nicht zählt, weil es außer den vorangehenden Arkana nichts weiter gibt und es Torheit wäre, darüber hinaus noch etwas zu suchen? Ist der Narr der Kreis und zugleich dessen Inhalt, d.h. alle 22 Tarotkarten zusammen? Ist er das *Alun* der Alchemisten, dessen Symbol ein leerer Kreis ist, das Grundsalz aller Salze, immaterielles Substrat aller Dinge, das Nichts-Alles der primordialen Leere? Verharrt er bewegungslos in der Mitte des Kreises, ist er das ›Loch im Rad‹, außerhalb von Drehung und Bewegung stehend ?

Ende und Anfang

Leere und Mittelpunkt

Fast scheint es, als spotte der Narr unserem Trachten nach Ordnung und systematischer Gliederung. Sein Ort ist überall und nirgends, er läßt sich nicht fangen in Gesetzen und Regeln. Verrät er uns hier nicht bereits etwas von seinem Wesen?

Gemeinsamkeit mit dem Pagat

Wie bei der Besprechung von Bild I-Pagat schon erläutert, lassen sich zwischen der Narrenfigur und dem Pagat/Magier/Schüler vor der Werkbank Gemeinsamkeiten finden. Aber auch zu anderen Karten können Beziehungen hergestellt werden: Wie beim ›Gehängten‹ (XII) finden wir auch hier das Motiv der Verkehrung: Die Welt wird anders gesehen als allgemein üblich. Auf Karte XII zeigt sich dies räumlich an der verkehrten Lage des Hängenden; beim Narren an seiner merkwürdigen Art, Bündel und Wanderstab zu halten: Das Bündel wird auf der rechten Schulter getragen, sein Stecken aber mit der linken Hand festgehalten. Der Wegstab hält mit der Vorwärtsbewegung des rechten Beines nicht Schritt, sondern weist in die entgegengesetzte Richtung, nach hinten. Das Bündel, das manchmal auch auf der 1. Karte zu sehen ist und beim ›Gehängten‹ wieder auftaucht, scheint seine Funktion am Stecken des Narren eingebüßt zu haben. Je nachdem, welchen Stellenwert wir der Narrenfigur zuweisen, läßt sich dies so oder anders interpretieren. Vielleicht enthielt das Bündel die vier Grundsymbole des Tarot, Stab – Schwert – Münze – Pokal, die Werkzeuge des Schülers, die er nun, am Ende des Weges angelangt, nicht mehr benötigt, sondern wie erworbenes Wissen weitergeben kann?

Gaben als Begabung

Vielleicht aber trug der Narr seine Gaben unwissend mit sich herum und wußte sie nicht anzuwenden, so daß er sie auf der Wanderschaft verlor und sein Bündel zum Bettelsack wurde. Schon der ›Gehängte‹, der die Welt anders sieht als die anderen, verlor die Münzen aus seinen Taschen. Mit dem ›Eremiten‹ von Karte IX schließlich verbindet die Narrenfigur das Motiv der Einsamkeit. Im beißenden Tier, das sich wie ein Schatten an die Ferse des scheinbar sorglos und tölpelhaft unbekümmert dahinlebenden Toren heftet, erkennen wir den

Hund von Arkanum X-Lebensrad und XVIII-Mond wieder, wozu die Verszeilen von ELIPHAS LÉVI passen:

»Leiden ist arbeiten, seine Pflicht erledigen/Unglücklich der Faulpelz, der auf dem Weg einschläft/Der Schmerz, wie ein Hund, beißt an den Fersen des Feiglings/Welcher seinen morgigen Tag mit dem verlorenen Tag überlastet.«
(in: *Papus* 1974, 218)

Der Narr als Rebell

Das Tarotbild erinnert in seiner Ausgestaltung aber auch an die Schilderung der Rückkehr des Wüstenasketen Symeon von Edessa (ca. 550 n.Chr.) in die Heimat, der die Seelen der Menschen als religiöser Tor erretten wollte, indem er der Welt einen Possen spielte: Er schleppte bei seinem Einzug in die Stadt einen toten Hund hinter sich her, den er auf einem Misthaufen gefunden hatte und wurde so zum allgemeinen Gespött, was er auch erreichen wollte: ein Narr sein um Gottes Willen und die Menschen in ihrer Eitelkeit aufschrecken. Der Säulenheilige hat schon in der Besprechung des ›Eremiten‹ Erwähnung gefunden.

Zwischen Torheit und Weisheit

Die Figur des Narren ist, wir sahen es bereits, so schillernd wie ihr buntgeschecktes Gewand. Unsere beiden als Überschrift gewählten Eingangszitate sollen in ihrer Gegensätzlichkeit das Spannungsfeld abstecken, innerhalb dessen die vieldeutigen Aspekte der hier anklingenden Thematik zur Sprache kommen: Es ist die Polarität zwischen Torheit und Weisheit, die im Narren Gestalt annimmt. Seine Charakterisierung reicht vom Tierhaft-Teuflischen bis hin zum Göttlich-Transzendenten.

Diese beiden Aspekte, die Gott/Tier-Gestalt, die den Nimbus der Narrenfigur wesentlich mitbestimmt, lassen sich interessanterweise etymologisch auch im deutschen Wort *»Torheit«* nachweisen: Dem neuhochdeutsche Tor sowie dem mittelhochdeutschen Tôre, tôr liegt indogermanisch dheues-, dhues-, dheus-, dhus-, ›stieben, stäuben, wirbeln, stürmen, blasen, hauchen (Atem,

Geist, Geruch)‹ zugrunde. Zum Untergrund dieser Wurzel gehören griechisch Thyia (Bacchantin) und Theos (Gott) und galloromanisch dusius, ferner die deutsche Form Tier und anderes mehr. Die Wurzel erweitert mit germanisch *au*, ergibt mittelhochdeutsch dosen, d.h. ›sich still verhalten, schlummern‹ und tôre ›irrsinnig, Narr‹, sodann neuhochdeutsch ›Tor, Geisteskranker›. Es besteht ein unverkennbarer Zusammenhang mit der indogermanischen Urform für ›dumm›. Der Wortsinn für ›Tor‹ lautet demnach: ›Vernebelung, Betäubung, Trübung der Sinne und dann des Geistes‹ (Pokorny 1959).

Gott und Tier - zwei Extreme einer Urkraft

Die Narrenfigur hat auch eminent historische Bedeutung, einmal weil in ihrer dem Zeitenwandel unterworfenen Typizität etwas vom jeweiligen Kultur- und Gesellschaftshintergrund durchschimmert, zum andern, weil es ja gerade das Wesen dieses außerhalb einer allgemeinverbindlichen und -verpflichtenden Gemeinschaft stehenden Fremdlings ist, eine Spiegelfunktion einzunehmen und den Menschen ihr Verhalten zu reflektieren. Unsere Frage nach der geschichtlichen Entwicklung soll wie das Beiziehen von Beispielen aus Dichtung und Literatur Einblick gewähren in Wesen, Bedeutung und Rolle der Figur des Narren:

Erscheinungsformen des Narrenwesens

Das Narrenwesen zeichnete sich besonders im Mittelalter durch großen Formenreichtum aus. Wieweit es direktes Erbe der Antike oder der altgermanischen, vorchristlichen Zeit ist, läßt sich heute nicht mehr sicher nachweisen. Es hat wohl kultische Wurzeln und wurde auch in Analogie zum Teufelswesen gesehen (Kalbskleid); dies besonders im späten Mittelalter, einer Zeit des üppig wuchernden Volksaberglaubens. Es wird auch die These vertreten, daß die beiden Gestalttypen Narr und Teufel ihre gemeinsame Herkunft im heidnisch-germanischen Brauchtum haben und ursprünglich Träger altkultischer Tiermasken und gauklerischer Tierimitationen gewesen sind. Erst später wurden sie von der Kirche zum Inbegriff des Bösen und Lächerlichen gestempelt (Stumpfl 1936).

Im alten Rom feierte man am 17. Februar das *festum*

stultorum. An den *Saturnalien* genossen die Sklaven Narrenfreiheit, indem sie mit ihren Herren die Rolle tauschten. Die übliche Ordnung wurde für kurze Zeit auf den Kopf gestellt, wie dies noch beim heutigen Karneval und an der Fastnacht der Fall ist.

In religiösem Sinne galt die Heilige Narrheit im Osten, besonders in der russisch-orthodoxen Kirche des 14.-16. Jahrhunderts als besondere Form der Nachfolge Christi (Jurodivye). Im Heiligentypus des »Gottesnarren« werden bereits in der Bibel ausgesprochene Elemente der Niedrigkeit in der Christusfolge sowie Vernunfts- und Gesellschaftskritik sichtbar.

Der Gottesnarr

Der Narr in Christo ist der *Übervernunft*, nicht der Unvernunft verpflichtet. Sein religiöses Anliegen besteht in der rationalen Unfaßlichkeit des Christentums und in der Hinweisung auf die wundersame Einfalt des Herzens, die den Zugang zur transzendenten Seinswirklichkeit erschließt. Als Beispiele christlicher Narren mögen Jacopone da Todi (1230-1306) und Philipp Neri, ein christlicher Sokrates und heiliger Spaßmacher (1515-1595) gelten. Ihm galt das Wissen um die Unwissenheit als überrationales Ziel und Zeichen der Demut vor dem Göttlichen.

Der Schalk

Nach den Kreuzzügen verbreitete sich die Narrenidee über ganz Europa und erhielt sich in Deutschland bis Mitte des 18. Jahrhunderts. Aus der volkstümlichen Bewegung des Protestes und der Kritik an der Oberschicht wurde allmählich eine allgemeine Volksbelustigung mit gezielten Seitenhieben auf die Geistlichkeit. Das Mönchsgewand mit Kapuze wurde zum üblichen Narrenkostüm. Dieses verlieh dem Toren Sicherheit und Immunität des Auftretens.

Eine Form äußersten Narrentums ist der metaphysische Tor im Sinne des Alten Testamentes. Narrheit und Weisheit erweist sich an der göttlichen Offenbarung. Wer sich der von Gott gesetzten, alles Irdische transzendierenden, höchsten Ordnung böswillig widersetzt, entfernt sich nicht mehr bloß aus mitmenschlicher Gemeinschaft, sondern wird von der göttlichen Wahrheit ausgeschlossen und verdammt. Wer sich aber der metaphysischen Ordnung wie der Prophet beugt, ist ›wahrer‹ Mensch vor Gott, wird jedoch von den anderen als innerer und äußerer Narr verlacht. In diesem Wechselspiel liegt menschliche Tragik: Das *Narrenschicksal scheint unvermeidlich*, denn entweder ist man Narr in der Welt oder aber vor Gott.

Zwischen Einfalt und Ursprünglichkeit

Im Neuen Testament wird die irdische Weisheit mit Narrheit vor Gott gleichgesetzt, wobei es hier um den Glauben an Jesus geht: Den Klugen dieser Welt ist ihre Weisheit Hindernis, an Jesus zu glauben. Der Glaube an Jesus ist die eigentliche Weisheit, die zum Heil führt. Die Unmündigen sind noch offen dafür (vgl. Matthäus 11,25), was mit ihrer *sancta simplicitas* (heiligen Einfalt), mit dem unschuldigen Kindsein zusammenhängt. Die Einfalt ist im Neuen Testament ein Grundzug christlich-demütiger Haltung, ja, eine Tugend. Der einfältige Mensch ist ›unvermischt«, d.h. frei vom Bösen. Denken wir auch an den 1. Teil von GOETHES Faust, wo Mephisto über die »sancta simplicitas« seines Herrn klagt. Einfalt bedeutet also kindlich-paradiesische Unschuld, *Fernbleiben* vom Baume der Erkenntnis, schlichte Ursprünglichkeit, Reinheit des Herzens und auch noch ungeformte Masse des zukünftig guten Menschen – ein Zustand, der dem aristotelischen Bild von der Seele als unbeschriebener Schreibtafel oder der ›Tabula rasa‹ des Albertus Magnus vergleichbar ist. Ein ähnlicher Gedanke liegt auch J. J. ROUSSEAUS Erziehungsroman *Emile* zugrunde.

Das kindlich-naive, unbeirrbare Vertrauen zu Gott wird im Christentum belohnt: »Sondern was töricht ist vor der Welt, das hat Gott erwählt, damit er die Weisen zuschanden mache ...« (I. Kor. 1,27). Den Armen im

Kinder Gottes

Geiste wird das Himmelreich versprochen, den Unwissenden barmherzig verziehen. Dies entspringt dem menschlichen Bedürfnis nach ausgleichender Gerechtigkeit.

Im alten Rußland war der Gottesnarr (Grischa) einer, der in seiner Einfältigkeit »so geboren« wurde. Die »So-

Geborenen« galten als ›Blödsinnige‹, zugleich aber als »Selige« und genossen ungeachtet ihrer körperlich-geistigen Behinderung Verehrung, weil ihr Leiden mit gottgewollter Fügung und höherer Weisheit in Verbindung gebracht wurde. Das Schreien und Lallen dieser Narren wurde als Mahnung aufgefaßt, über verborgenen Sinngehalt und Unstimmigkeiten in dieser Welt nachzudenken. Vereinzelte nahmen das Narrenwesen auch freiwillig an, um ihre Eitelkeit abzulegen und Welt und Mensch zu kritisieren. Eine Anzahl einfältiger Gestalten wurde in der russischen Kirche auch heilig gesprochen.

Auch in der russischen Dichtung wurde das Thema des einfältigen Toren häufig aufgegriffen. Erwähnt seien an dieser Stelle die »Drei Greise« von LEO TOLSTOJ, NIKOLAI LESSKOWS *Gaukler Pamphalon* und besonders *Der Idiot* von F. M. DOSTOJEWSKI: Die großartige Gestalt des Fürsten Myschkin reicht weit über das sprachlich Faßbare hinaus. Mit dem Stigma des Kranken und Lächerlichen behaftet, wird er vor dem Hintergrund einer Gesellschaft dekadenter Werte und Normen zu einer Mittlerfigur zwischen irdischer Wirklichkeit und Transzendenz. Der Idiot ist ein aus der Reihe der übrigen Menschen Herausgerufener, in dessen naiv-unverdorbener Sanftheit und stellvertretenden Übernahme des Leidensschicksals sich tief Menschliches und Gottesnähe zugleich ereignen.

Idioten und heilige Narren

Das Motiv des *Gottesnarren* überschreitet die konfessionellen Grenzen, denn man begegnet ihm auch im außerchristlichen Raum: Auch im jüdischen Chassidismus hüllten tiefreligiöse Menschen ihre Heiligkeit in ein Narrengewand.

Nähe zu Gott

Im frühen Islam übte der Narr nicht nur Kritik an der Weltordnung, sondern es war auch sein Privileg, mit Gott zu hadern und sich gar kühn und dreist über ihn zu äußern, was bei der sonstigen Ferne Gottes zum gewöhnlichen Menschen besonders ins Gewicht fiel (RITTER 1955).

In China und Japan schließlich begegnet uns die Gestalt des Narren im zen-buddhistischen Weisen, der mit seinen paradoxen Aussagen und manchmal geradezu pudelnärrischen Handlungen den Schüler in Verwirrung bringt, um ihn so zu unterweisen. Statt eine tiefsinnige Antwort zu geben, ist er etwa imstande, sich einen Pantoffel auf den Kopf zu setzen und einfach davonzulaufen. Auch hier verbirgt sich im Närrischen Sinn und Weisheit, wobei es wie kaum an zweiter Stelle im Dienste von Belehrung und Aussage steht.

Närrische Konsequenz

Die bisherige Betrachtung hat ergeben, daß der Narr ein Mensch ist, der einer vernünftig erkennbaren, allgemein verpflichtenden Ordnung freiwillig oder unfreiwillig nicht genügt. Äußerlich ist solche ›Ordnung‹ erkennbar an Körperbau, Aussehen, Verhalten und Lebensstil, innerlich am gemeinsamen Besitz einer geistigen Welt, die sich in der Sprache mitteilt.

Unordnung als Merkmal

Innerhalb der mitmenschlichen Gemeinschaft ist der Narr ein Fremder (alienus), Isolierter, Ver-rückter. Sein Anderssein wird verlacht, weil es gültige Werte bedroht, deshalb Angst macht und abgewehrt werden muß. »Das Komische ergibt sich zunächst als unbeabsichtigter Fund aus den *sozialen Beziehungen* des Menschen« (Freud 1940, 215.)

Fehlende Allgemeinverbindlichkeit

Urbild jeder Narrenform ist die anlagemäßige intellektuelle Schwäche, die *allgemeinverbindliches Denken und Urteilen unmöglich* macht. Schon früh bezeichnet das Wort »Narr« aber einen Menschen, der die allgemeinen Verhaltens- und Lebensregeln, die Gesetze der Ethik und des Anstandes, die das Zusammenleben der Menschen bestimmen, leugnet, nicht weil er sich ihnen nicht fügen könnte, sondern weil er sie ablehnt. Hierbei handelt es sich um eine Art äußeres Narrentum, dessen Begriff erst durch die genau umschriebene Morallehre des spätmittelalterlichen Christentums in die Geistesgeschichte eingeführt wurde (Modenarr, Kriegsnarr, Frauennarr etc.). Damit verband sich mit der Idee des Narrenwesens ein moralisch-didaktischer Anspruch, wenn auch in umgekehrter Vermittlungsperspektive: Das Widersinnige wurde zum Normalen, was unheimlich und bedrohlich sein konnte. Beispiel einer solchen Verkeh-

rung ist die größte Spielmannsdichtung des Mittelalters: das Tierepos *Reinhart Fuchs* (*Glîchesaere*), wo der listige Bösewicht zur Idealfigur wird. Alle bestehenden Werte werden vor der gewissenlosen Klugheit dieses Gauners zu einfältiger Torheit. Auf der anderen Seite ruft vielleicht gerade die Darstellung menschlichen Narrentums und verzerrter Welt nach neuer, sinngebender Ordnung.

Die Antike, die äußeren Ordnungen nie allgemein verpflichtenden, absoluten Wert beimaß, kannte nur den Begriff des inneren Narren, was sich auch sprachlich zeigt (stultus, fatuus, insipiens = dumm, albern, unklug; demens, mente captus, delirus = wahnsinnig, von Sinnen; coprea, sannio, scurra = Witzbold, Possenreißer, geistreicher Mensch).

Kehrseiten des Narren

Hinter der Narrenmaske konnte sich auch abgründiger Haß gegen Mensch und Welt, Verzweiflung an Vernunft, Moral und Religion, ja, *Nihilismus* verbergen. Entbehrung und Not bestimmten die Kunst des fahrenden Spielmannes. Ehrlos, unstet und verfehmt, erwarb er sich seinen Lebensunterhalt oft durch Diebstahl und Betrug. Unter dem Deckmantel der Narrheit, dem Symbol seines Daseins, konnte er sich für die allgemeine Verachtung durch satirische Angriffe rächen. Gleichzeitig bedeutete ihm der Spott über die Welt eine Erleichterung, darin zu leben.

Der tragische Narr

Eine ähnliche Tragik-Komik wie die Narrenfigur umgibt diejenige des *Clowns*, der mit seinen Späßen auf den tiefen Ernst des Lebens hinweist und ihm dadurch gleichzeitig etwas vom bedrückend-Schweren nimmt: Er löst befreiendes Lachen aus (»Lache, Bajazzo«). Erwähnt sei hier die *Pierrot*-Darstellung des französischen Malers GEORGES ROUAULT, wo sich ebenfalls der christliche Narr verbirgt, der in der verlogenen Welt als einziger sein wahres Gesicht zeigt.

Wer außerhalb der durchschnittlich-alltäglichen, von Menschen abgeleiteten Ordnung steht, kann dennoch einer höheren Ordnung genügen. So scheinen außer-gewöhnliche Menschen wie Propheten, Dichter und Gelehrte manchmal über ein besonderes Wissen um Dinge zu verfügen, die dem Alltagsmenschen verborgen sind. Sie sind Narren vor der Masse, Auserwählte aber vor einer höheren Ordnung, vor der die gewöhnlichen Menschen Narren sind. Wie nahe solches ›Mehr-Wissen‹ dem Wahnsinn ist, zeigen uns exemplarisch die literarischen Helden Ödipus, Hamlet und König Lear. Weil sie die Scheinhaftigkeit jeder irdisch-menschlichen Ordnung durchschaut zu haben glauben, unterstellen sie sich einer letzten Weltordnung und präsentieren sich so als Narren, als Wahnsinnige, der mitmenschlichen Gemeinschaft Entrückte. Der Wahnsinnige ist »anderswohin unterwegs« (Heidegger 1971, 53).

Wahn als Asyl

Etymologisch bedeutet das Wort »wahn-sinnig« eigentlich »leer an Sinnen«, weil »Wahn« alt- und mittelhochdeutsch »wan« (leer) heißt und urverwandt ist mit gotisch »vans« (mangelnd, leer) und lateinisch »vanus« und »vastus«.

Als Wahnsinniger ist der Narr ohne Verstand, als Witzbold ein Weiser – scheinbar Gegensätzliches fließt ineinander über, die Grenzen verschwimmen ... »Von jeder Wahrheit ist das Gegenteil ebenso wahr ... eine Wahrheit läßt sich immer nur aussprechen und in Worte hüllen, wenn sie einseitig ist ... Weisheit ist nicht mitteilbar. Weisheit, welche ein Weiser mitzuteilen versucht, klingt immer wie Narrheit ... » (Hesse 1968, 724f.).

Der Begriff der Narrheit ist also äußerst vieldeutig. Er wechselt Sinn und Inhalt mit den Ordnungen, von denen er abhängt und ist deshalb auch häufig dichterisches Motiv.

Im Märchen ist der *Einfältige* stets der Auserwählte. Oft besitzt er sogar übernatürliche Fähigkeiten und steht in geheimnisvoller Beziehung zu Geistern und Dämonen. Seine scheinbare Dummheit wird kompensiert durch Güte, Ausdauer, Geduld und Glück. Am Ende erweist er sich oft als der Weiseste und Klügste von allen.

Der Dümmling als Gewinner

In der JUNGschen Psychologie ist der *Dümmling* Symbol einer Zuwendung zum Unbewußten, der Held im

Anfangsstadium des Individuationsprozesses. Er präsentiert im letzten das »Bild eines neuen, werdenden Bewußtseins, das den Zugang zum Unbewußten sucht und schließlich findet. Das neue Bewußtsein erscheint dem herkömmlichen Empfinden oft zuerst als ungeschickt, tölpelhaft ... als Schalk, aber unvermittelt erweist er sich als das Strahlende ...« (LÜTHI 1962, 81).

»Das Bewußtsein ist nur zu leicht den unbewußten Einflüssen unterworfen, und diese sind sehr oft wahrer und weiser als der bewußte Gedanke ...« (JUNG 1972, 469). Tritt der Tor innerhalb einer Quaternität auf, verkörpere er die Bewußtseinsfunktion der Intuition, deshalb sein Bezug zum Archaischen, Magischen, Animalischen. Das *Trickstermotiv* ist nach JUNG (1976) »ein ›Psychologema‹, d.h. eine archetypische psychische Struktur höchsten Alters«, »ein getreues Abbild eines noch in jeder Hinsicht undifferenzierten menschlichen Bewußtseins, welches einer der tierischen Ebene noch kaum entwachsenen Psyche entspricht«. Typische Trickstereigenschaften habe auch der alchemistische *Mercurius*: Er sei eine Art wiedererwachtes Dämonium aus der Urzeit mit Tendenz zu listigen, amüsanten und bösartigen *Streichen*, Verwandlungsfähigkeit, tierisch-göttlicher Doppelnatur mit Heilbringereigenschaft.

Chancen der Intuition

Trickster und Kobolde

Im heutigen Menschen sei der Trickster durch eine Art zweite Persönlichkeit von kindlichem, wenig entwickeltem Charakter, durch gewisse, das bewußte Wollen und Tun störende Gegentendenzen im Unbewußten repräsentiert (persönliche Versager, »Kobolde«, »Tücke des Objektes«). JUNG bezeichnet diese Komponente als persönlichen Schatten. Er sei Abkömmling einer numinosen Kollektivgestalt. Als kollektive Schattenfigur vereinige er in sich alle individuellen inferioren Charaktereigenschaften, die sich heute nicht mehr in mythologischer Gestalt, sondern als entsprechende Projektionen auf andersgeartete Gesellschaftsgruppen und Völker manifestieren würden. Bei der Analyse des Unbewußten komme der Schatten als die dem Bewußtsein am nächsten stehende Figur zuerst in Frage. »Teils drohend, teils

Artikulation von Schattenseiten

lächerlich, steht seine Gestalt am Anfang des Individuationsweges« (Jung 1976, 278).

Anfang eines neuen Individuationsweges

Obwohl der Schatten sowohl in kollektiv-mythologischer als auch in individueller Form per definitionem eine negative Figur ist, läßt er auch öfters positive Züge erkennen, d.h. er trägt den Keim zur Enantiodromie in sich. Die Umkehr zeigt die kompensatorische Beziehung des Tricksters zur Figur des ›Heiligen‹. So verwandeln sich beispielsweise die dämonischen Züge des alttestamentlichen Jahwe allmählich in heilbringende. Gleichzeitig kommt es zu einer Vermenschlichung.

Bestandteil der Weltliteratur

In der Weltliteratur erfreut sich das Narrenthema seit Chretien De Troyes (um 1140-1191) und Wolfram Von Eschenbach (um 1170-1220, *Parzival*) großer Beliebtheit. Der Tor wird zur gültigen Gestalt in der Satire und im Drama des deutschen Spätmittelalters. Berühmt ist S. Brants »Narrenschiff« (1494), wovon Hieronymus Bosch ein Gemälde machte, und *Das Lob der Torheit* des Erasmus Von Rotterdam (1511). Als *Till Eulenspiegel* erscheint der Tor erstmals 1515 im deutschen Volksbuch und ist wieder beinahe im ganzen Barock gegenwärtig (*Der abenteuerliche Simplicissimus* des Christoffel Grimmelshausen, 1669). Er beeinflußte auch den spanischen Roman im 16. Jahrhundert (*Don Quijote* des Cervantes) und dessen deutsche Ableger. Wir finden das Motiv in der deutschen Romantik (Eichendorff) und später bei Stifter und Keller wieder bis hin in die Moderne (Gerhart Hauptmann: *Narr in Christo Emanuel Quint*) (Haas 1964). Denken wir auch an die Beraterfunktion der weisen Hofnarren in Shakespeares Dramen, wo der Narr vor allem die Rolle des mahnenden Gewissens und der Wahrheit innehat (z. B. *König Lear*).

Um dem Wesen des Toren noch näherzukommen, wollen wir einigen dieser literarischen Spuren ein Stück weit folgen:

Parzival und Simplicissimus

Wolfram und Grimmelshausen legen ihrem Werk einen wichtigen Gedanken der platonischen und christlichen Philosophie des Altertums zugrunde, wonach je-

des menschliche Wissen ein Unwissen zur Basis hat. In Demut erkennt der Mensch, daß Gott allein wissend ist.

Parzival und *Simplicissimus* repräsentieren den Menschen schlecht hin. In ihrer ›docta ignorantia‹ (gelehrten Unwissenheit) wird die Verschlingung von Wissen und Nichtwissen, das Mysterium vorbildlich menschlichen Daseins sichtbar. Ihre äußere Erscheinung steht in Widerspruch zum inneren Gehalt, was mit dem Wechselspiel von ›Persona‹ und ›Anima‹ im JUNGschen Sinne verglichen werden kann. Den jungen Parzival steckt die Mutter in Narrenkleider, in der Hoffnung, daß ihn der Spott der Menschen wieder nach Hause treibe. Simplicissimus trägt ein Kalbsfell.

Am Anfang des beschwerlichen Weges durch die Welt steht Kindersinn, naive Unerfahrenheit und völlige Unwissenheit – am Ende wiedererworbene Reinheit des Herzens, Demut und Weisheit.

Das Einfachste als Programm

Nach GRIMMELSHAUSEN, der selbst Nachfahre und Erbe des mittelalterlichen Gaukeldichtens war, ist simplicitas (Einfalt, Einfachheit) jedem unverdorbenen Menschen von Natur aus eigen. In jedem stecke ein innerer Narr (»Hase im Busen«), der nicht einfach unterdrückt werden sollte. Dies erinnert an die Auffassung der Torheit zu Beginn des 16. Jahrhunderts: Zwar wurde die Ratio als letzte Instanz anerkannt, doch sah man auch ihre Grenzen und die Notwendigkeit, das der Torheit angelastete Irrationale, Gefühlshafte im Menschen zu bejahen.

Die Tragik, die dem mittelalterlichen Narren anhaftete, wich in zunehmendem Maße dem Gefühl, daß Torheit als Ausgleich zur reinen Vernunft eine positive Eigenschaft sei. ERASMUS VON ROTTERDAM, ein Verstandesmensch par excellence, macht in seinem ironischernsten *Loblied an die Torheit* (1509) das Narrentum zum Grundprinzip des menschlichen Daseins, wobei der Begriff bei ihm wohl etwas überdehnt wird:

Loblied an die Torheit

Die Lobrede wird der Göttin Torheit selbst in den Mund gelegt. Sie tritt vor die Menschheit und beweist mit vielen Beispielen aus dem Leben der Einzelnen und ganzer Nationen, aus Ständen, Berufen, Schriften der Philosophen, ja, aus der Bibel selbst, daß sie das gesamte Universum beherrscht: »Was anders ist nun das Leben als ein Schauspiel, in dem jeder seine Maske vor das Gesicht nimmt, auftritt und seine Rolle spielt, bis der Leiter ihn abtreten heißt? Oft steckt er den gleichen in ganz verschiedene Kostüme: wer noch eben den König in Purpur vorgestellt hatte, spielt jetzt den Sklaven im Lumpengewand. Alles ist Blendwerk, aber anders läßt diese Komödie sich einmal nicht geben.«

Mehr Trost und weniger Langeweile

Ohne die Torheit, meint die Göttin, wäre das Leben der Menschen trostlos, langweilig und sinnlos, ohne Freude und Unterhaltung, ja es würde gar nicht erst entstehen. Niemand wüßte, wie sich verhalten. Es fehlte der Leichtsinn, die Liederlichkeit, Dreistigkeit, Einbildung, Leidenschaft, Beschränktheit, Dummheit, der Schwachsinn, das Irresein, aber auch die natürliche Lebensfreude und ungebremste Tatkraft, kindliche Harmlosigkeit, schrankenloses Vertrauen, Gutmütigkeit, Wahrhaftigkeit, das Freisein von Klügelei und Doktrinarismus. Es würde weder Kaufleute noch Schulmeister geben, keine Dichter, Gelehrte, Wissenschaftler, Philosophen, Rhetoriker, Schriftsteller, Juristen, Sophisten, Theologen, Scholastiker, Mönche, Prediger, weder Könige noch Päpste. Auch Freundschaft und närrisches Verliebtsein in kleine Mängel und Schwächen, die Freude am ›Menschlichen‹ sei ein Werk der Torheit. Ohne sie würde auch nie eine Ehe geschlossen, ja, es gäbe überhaupt keine Frauen. Man denke auch an das Glück der ersten Kindheit. Aus Erbarmen mit dem Menschen verwandle die Torheit den Greisen wieder in ein Kind. Sie sei eben des Lebens schönster Teil. Ernst und angestrengtes Denken zehre an den Lebenskräften; den Dummköpfen werde viel Schweres erspart. Der Weise sei unglücklich, wisse sich im praktischen Leben nicht zu benehmen, leide an Hunger, Armut und Mißerfolg. Es sei auch das Vorrecht der Torheit, die Wahrheit zu sagen, ohne zu beleidigen. Der Narr darf sagen, was er will, während dieselbe Wahrheit, von einem Weisen ge-

Nichts ohne Torheit

Die Freude am Menschlichen

sprochen, diesem den Kopf kosten würde. Eine Spezialität der Torheit sei der Wahn, eine Gnade für den Menschen wie die ekstatische Verzückung: Holde Täuschung befreie das Herz von drückenden Sorgen.

Unser Exkurs in Geschichte und Dichtung hatte zum Ziel, dem Kern des Narren näherzukommen. Wir haben keine letzte, klare Antwort gefunden, denn sein buntes Wesen spottet jeder Definition. Nicht Ein-deutigkeit, sondern reiche *Bedeutungsfülle* zeichnet ihn aus. Kaum glaubt man ihn erwischt zu haben, lacht er uns von einem anderen Orte an, unstet wandernd wie der Mensch auf seinem Weg durch das Leben.

Inbegriff des Unkonventionellen

Trotz dieser Mehrdeutigkeit wollen wir abschließend versuchen, einige Kategorien zu bilden, die eine gewisse Ordnung der Aspektvielfalt gestatten: Als Grundcharakteristikum läßt sich an der Narrenfigur das Außerhalb-des-alltäglich-Gewohnten-Stehen ersehen. Dieses Außer-Gewöhnliche kann sich in zwei Extremvarianten verzweigen: Am einen Ende steht der Verrückte, Kranke, Verzweifelte, am anderen der mit besonderen Gaben versehene Auserwählte, der Weise und Heilige. Innerhalb dieser Polarität lassen sich viele Persönlichkeitsvarianten einordnen, denen allen gemeinsam das Abweichen vom Gewohnten, der Aspekt des Fremden anhaftet. Der Fremdling nimmt als Fremdling einer Gemeinschaft eine besondere Stellung ein, die sich je nach Zeitgeist und Kultur verändert. Das ›Andere‹ ist ungewohnt und deshalb auch unheimlich, so daß es entweder erniedrigt und damit unschädlich gemacht oder aber erhöht wird. Auf dem Wege der idealisierenden Verehrung hat der ›gewöhnliche‹ Mensch die Möglichkeit, am Ungewöhnlichen zu partizipieren, so daß dieses seine Geltung bewahren kann.

Freiwillige und unfreiwillige Narretei

Es läßt sich weiter aktives und passives Narrentum unterscheiden. Beim letzteren wird ein Mensch aufgrund innerer oder äußerer Eigenschaften oder Mängel unfreiwillig in diese Rolle gestoßen. Die Funktion, Bedeutung und Stellung wird ihm von außen diktiert. Das aktive Narrentum wird hingegen gewählt, und es kann sich damit ein moralisch-didaktischer Anspruch und religiöser Auftrag verbinden. Hier sind die Rollen zwischen einzelnem und Gesellschaft vertauscht: Im Spiegel des Narren erscheint das Gewöhnliche als fragwürdig und der Wandlung bedürftig.

Rollentausch

Die in der letzten Karte des Tarotspiels dargestellte Problematik ist auch in der heutigen Zeit aktuell. Das »Anderssein« birgt die Gefahr von Isolation und Diskriminierung in sich. Je unsicherer eine Allgemeinheit ist, wird diese nun durch eine bestimmte Menschengruppe, Gesellschaftsschicht oder eine andere sozio-politische Einheit repräsentiert, desto empfindlicher wird auf jedes Abweichen von der »Norm« reagiert. Die Schwäche des »man« (Heidegger) erweist sich am Grade dieser Empfindlichkeit. Darüber hinaus darf aber nicht übersehen werden, daß der alltäglichen Verbindlichkeit dieser ›Instanz‹, die sich immer aus einer soziokulturellen Gemeinschaft heraus formuliert, lebensermöglichende und -erhaltende Funktion zukommt. Ist der Verbindungsfaden zwischen einzelnem und allgemeinverbindlicher Orientierungsmöglichkeit an gewissen Normen oder »natürlichen Selbstverständlichkeiten« (Blankenburg) völlig unterbrochen, wird das Leben überhaupt zur Frage.

Eine Frage der Balance

Anhang

Tarot und Mantik

Die Kartomantie, d.h. die Kunst, aus Spielkarten Aufschluß über Vergangenheit, Gegenwart und Zukunft zu erlangen, ist nur eine der zahlreichen divinatorischen Techniken, die sich in der heutigen Zeit großer Beliebtheit erfreuen.

Praktisch aus allen Dingen des Alltags, die die Phantasie anregen, die deutbare Formen bilden oder deren Ausgang ungewiß ist, kann ein erdachter Bezug auf Persönlichkeit und Geschehnis in der Zeit gesucht und gefunden werden (z.B. Aeromantie = Mantik aus Luft und Wolken, Chiromantie = Handlesekunst, Geomantie = Geländebeurteilung, Rhabdomantie = Mantik mit Hilfe der Wünschelrute, Pendeln, außerdem I-GING u.v.m.).

Der erste bekannte Kartenleger war FRANCESCO MARCOLINI aus Forli, der seine Kunst in der Schrift »Sorti«, Venedig 1540 darstellte. Berühmt war auch die Kartenlegerin LENORMAND, die 1794 in Paris ein eigenes Wahrsagebüro gründete. Ihre Prophezeiungen brachten sie mehrmals ins Gefängnis. Zu ihren Kunden gehörte u.a. Kaiser Alexander von Rußland.

Auch das Tarot, das ursprünglich wie noch heute als Spiel verwendet wird, dient – vermutlich seit dem 18. Jahrhundert – ebenfalls der Wahrsagerei. Es soll angeblich jenen psychischen Zustand hervorrufen, »der das Wahrsagen erst ermöglicht, denn die phantasievollen Figuren der Tarotkarten ... sprechen uns geheimnisvoll an und rufen in uns die Bilder unseres Unterbewußtseins wach« (SELIGMANN 1958).

In einem Grundriß der Kartomantie aus dem Jahre 1951 heißt es ferner, daß Karten zwar keine direkten Ratschläge geben, sondern »nur« enthüllen könnten, was ist, was war und was in näherer Zukunft sein wird. Für die entferntere Zukunft sei durch die Karten keine klare Vorschau möglich, auch könnten keine Namen aus den Karten entnommen werden, ja es würde schließlich auch Fälle geben, in denen aus Karten überhaupt keine Antwort erhältlich sei. Ohne Geduld, fleißiges Üben, Konzentrations- und Einfühlungsfähigkeit, Kombinationsgabe und einer gewissen »medialen Veranlagung« könne man mit den Karten nichts anfangen. Alles was auf dem Gebiet des Kartenlegens gegen Geld zu haben wäre, sei verdächtig. Als Beruf sei diese Kunst verwerflich, für die kritische Erforschung des Unbewußten jedoch interessant. – Nach diesen einleitenden Überlegungen und Mahnungen folgt eine präzise Anleitung zur Ausübung der Befragung. Besonderen

Wert wird auf das Mischen und Abheben der Karten gelegt. Dabei sollen die Gedanken möglichst auf die Hauptperson oder Hauptfrage konzentriert werden. Sucht man die »Schau« für sich selbst oder einen Abwesenden, so hat man eigenhändig zu mischen, wobei die für sich selbst bestimmten Karten nie in fremde Hände gegeben werden dürfen. Will man einem Fragesteller das Spiel ausdeuten, so muß dieser mischen. Dabei sollten am besten neue Karten verwendet werden oder solche, die z.B. durch Sonnenstrahlen von früheren »Fluiden« befreit seien. Drittpersonen könnten durch ihre bloße Anwesenheit stören. Im übrigen habe jeder Praktiker eine andere Manier des Mischens, Abhebens und der Bilddeutung. Wichtig sei, daß man nicht an Einzelheiten hängenbleibe, sondern die vorherrschende Atmosphäre auf sich wirken lasse. – Vom horizontal ausgelegten Spiel zeige die linke Seite die jüngste Vergangenheit und die rechte die allernächste Zukunft an. – Den Anweisungen und Erläuterungen ist schließlich noch ein Deutungsschlüssel beigelegt (KUNZ 1951).

Dieser Auszug aus einer Anleitungsschrift zur Kartomantie soll uns Einblick geben in die der Kartenlege-Kunst zugrundeliegende Art des Denkens und Erlebens. Wenn es uns gelingt, ihre wesentlichen Grundzüge herauszuarbeiten, werden wir auch ein wenig Aufschluß gewinnen über die mit diesem Phänomen verbundenen psychologischen Zusammenhänge.

Als mantische Technik gehört das Kartenlegen, so auch die Verwendung des Tarot zu Orakel-Zwecken ins Umfeld der Magie, welche die »Umsetzung eines auf Entsprechungen und Sympathien gegründeten Weltbildes in die Praxis« bedeutet (BIEDERMANN 1968). Das Analogie-Denken, d.h. die Vorstellung eines »wie hier so dort« ohne Zuhilfenahme eines kausalen Zusammenhanges in analytisch-wissenschaftlichem Sinne liegt fast allen mantischen Disziplinen zugrunde. Es handelt sich um eine dem mythischen Weltbild eigene Sichtweise, der die komplexe Auffassung von der Einheit von Mikro- und Makrokosmos zugrundeliegt. Jede bloße Ähnlichkeit der Dinge oder ihre zufällige Koexistenz, ihr Beisammensein im Raume und ihre Berührung in der Zeit genügt, um sie zu einer magischen Einheit des Wirkens zusammenzuschließen (CASSIRER 1956, 193). Die Essenz der magischen Kausalität, das »pars pro toto«-Prinzip (›der Teil vertritt das Ganze‹), wonach der Teil realer Wirkungsträger des Ganzen ist, ist ein Grundprinzip der archaischen Logik. Wie in physisch-räumlichem Sinne jeder Teil das Ganze nicht nur vertritt, sondern ist, verdichten sich im magischen »Jetzt« Vergangenheit und Zukunft, d.h. dieses ist »chargé du passé et gros de l'avenir« (›voll von Vergangenheit und Zukunft‹, LEIBNIZ).

Gerade in der Mantik stellt sich dieses qualitative ›Ineinander‹ aller Zeitmomente besonders deutlich dar, weshalb sie einen integrierenden Bestandteil des mythischen Bewußtseins ausmacht (CASSIRER 1954 II, 137).

Kern der magischen Weltansicht ist die Macht des Wirkens, die den Glauben an die »Allmacht des Gedankens« (FREUD) zur Grundlage hat. Aus der Sicht aufgeklärter Intellektualität bedeutet Magie eine archaische Technik der Wunscherfüllung.

Während sich der »echte« Magier aufgrund seiner Kenntnis der makro-mikrokosmischen Korrespondenzen mit Hilfe seiner Technik befähigt fühlt, selbst aktiv in den Weltlauf einzugreifen, begnügt sich der Wahrsager damit, solche Entsprechungen zwischen Welt und Mensch wahrzunehmen, ohne sich aktiv in die Vorgänge einzumengen.

Mantik ist Deuten, bringt Wissensgewinn. Magie bedeutet Eingreifen, Handeln, Bewirken. Es handelt sich um zwei unterschiedliche Formen von »Macht«: Macht des Wissens, der Schau (gnosis) und Macht des Handelns (episteme).

Wo das primärprozeßhafte Analogiedenken in der Entwicklung des menschlichen Geistes bei größerer rationaler Durchdringung nicht mehr ausreichte, ging man dazu über, zur Erklärung der magischen Wirkungen »Emanationen«, Strahlungen und ähnliches anzunehmen.

In der moderneren Psychologie schließlich wurde zur Beschreibung einer auf Analogie gegründeten Betrachtungsweise der Terminus Synchronizität eingeführt, womit die zeitliche Koinzidenz zweier oder mehrerer nicht kausal verknüpfter Ereignisse gemeint ist. C.G. JUNG stellte die Hypothese akausaler Zusammenhänge auf, wonach zwischen Psyche und Natur eine nicht-kausale, nur in einem gemeinsamen Sinn erscheinende Verbindung besteht. Die Vorgangsweise der Astrologie, Mantik u.dgl. bezeichnete er als »synchronistisch«. – »Synchronistische Phänomene sind Erscheinungen eines ursachelosen Angeordnetseins, gleichsinnige Vorgänge zwischen Psyche und Natur, die davon zeugen, daß Raum und Zeit psychisch relativ sind und daß die Psyche unter besonderen Bedingungen von den raumzeitlichen Dimensionen unabhängig ist« (BENDER 1973, 171). Diese besonderen Bedingungen, die telepathische und prophetische Phänomene hervorrufen können, sah JUNG in gefühlsgeladenen seelischen Erwartungsspannungen wie Interesse, Neugier, Hoffnung, Befürchtung, die ein partielles »Absinken des Bewußtseins« zur Folge haben können. Die bewußtseinseinschränkende Wirkung des Affektes verhilft unbewußten Inhalten zum Durchbruch. Die meisten Synchronizitätsphänomene stehen in der Sicht JUNGs in direkter Beziehung zu den Archetypen, den wirksamen Potenzen des kollektiven Unbewußten. Von dem, was im kollektiven Unbewußten eines einzelnen Individuums vorzugehen scheint, könne man nie mit Sicherheit angeben, ob es sich nicht auch in anderen Lebewesen, Dingen oder Situationen ereignet (1952, 66).

Als den gemeinsamen Nenner vieler mantischen Techniken könnte man aus heutiger Sicht den Versuch sehen, besondere Bewußtseinszustände herbeizuführen. Diese erlauben eine andere Wahrnehmung, ein anderes Denken, »Erkennen« und »Verstehen« – also eine andere Art der »Diagnose«, als das nur rationale, empirisch abgesicherte Wissen.

Viele Grundprinzipien der magischen Weltsicht fließen auch in die mit dem Tarot-Spiel betriebene Orakelpraktik ein: Wenn sich jemand die Karten legt oder legen läßt, vollzieht er eine im Grunde magische Handlung. Das Mischen, Abheben, Ziehen und Ausbreiten der Karten ist ein magischer Akt, durch den sich eine je einmalige, ›zufällige‹ und ›schicksalshafte‹ Bild-Konstellation ergibt. Der Fragende glaubt an die Realität eines sinnhaften Fatums oder Gesetzes, das seine Handlung bestimmend beeinflußt, und überantwortet sich ihm. Weil er selbst es ist, der den magischen Akt vollzieht, ist er am Ergebnis der Befragung aktiv beteiligt, d.h. er befindet sich als gleichzeitig Handelnder und Betroffener in einem dynamischen Wechselspiel von Aktivität und Passivität, Selbst- und Fremdbestimmung, Freiheit und Fügung.

Die Verwendung des Tarot zu Wahrsagezwecken bedingt eine Identifikation des Menschen mit den Bildern, an deren Wurzel der mythisch-magische Verflechtungszusammenhang der Dinge, die Indifferenz von Bild und Sache liegt. Dem Bild eignet die gleiche Kraft wie irgendeinem physischen Dasein; die Art des Wirkens ist ihnen gemeinsam. Das Bild des Menschen repräsentiert diesen nicht, sondern es ist, vom Standpunkt des magischen Realitätsbegriffes aus, der Mensch selbst. Der Glaube an die Identität von Bild, Name und Sache, der jedem Wort-, Bild-, Namen- und Schriftzauber zugrundeliegt, bildet ein Grundelement der mythischen Weltansicht (CASSIRER 1956, 188). Wort und Bild bekommen erst dann darstellende Funktion, wenn in ihnen »statt einer mythisch-magischen Gestalt eine eigentümliche Form der Gestaltung erkannt wird« (CASSIRER 1956,157). Letzteres trifft im Falle der Tarot-Bilder dann zu, wenn man sie einfach als solche betrachtet oder über sie reflektiert.

Auch die Struktur des Raumbewußtseins, die sich in der Kartomantie an der die Zeitdimensionen einbeziehenden Ausdeutung des Kartogrammes ersehen läßt, entspricht dem mythischen Bewußtsein. Im Unterschied zum astrologischen Weltbild, wo der Mikrokosmos nach dem Modell des Makrokosmos aufgebaut ist, d.h. also in den einzelnen Teilen die Struktur des

Ganzen aufs genaueste, nur auf einen kleineren Maßstab verkürzt und zusammengezogen wiederkehrt, sind diese Beziehungen in der Kartomantie nur andeutungsweise zu finden, was mit der Beschränkung auf das zweidimensionale Wirkfeld des Kartenlegens zu tun hat.

Die Kunst der Deutung besteht – hieß es im eingangs erwähnten Grundriß der Kartomantie weiter – in der Fähigkeit, Beziehungen zwischen den einzelnen Bildern herzustellen und sie zu kombinieren. Die raum-zeitliche Kontinuität, d.h. das räumliche Beieinander und die zeitliche Gemeinschaft der ausgelegten Tarot-Karten, sowie auch die formale und inhaltliche Affinität zwischen einzelnen Bildern schließt diese zu einer magischen Einheit des Wirkens zusammen. Der Glaube an die Möglichkeit der ›hellseherischen‹ Schau mit Hilfe des Tarot basiert auf dem Prinzip des Analogiedenkens. Die angenommene Identität von Bild und Mensch erlaubt bei der Befragung direkte Rückschlüsse vom Gesamtbild einer Kartenauslage auf das betreffende Individuum, auf seine momentane psychophysische Verfassung ebenso wie auf sein vergangenes und zukünftiges Schicksal. Ein magisches Moment besteht darin, daß der Fragende die ›Antwort‹ durch sein Mitwirken auch mitgestaltet, also in gewisser Weise Einfluß auf den Lauf seines Schicksals nimmt. Umgekehrt können die ermittelten ›Antworten‹ den Charakter von selbsterfüllenden Prophezeiungen bekommen, wodurch es tatsächlich zu einer gewissen Kongruenz zwischen Deutung und ›Schicksal‹ kommen kann. Werden die Antworten von einer Zweitperson, einem Wahrsager oder einer Wahrsagerin vermittelt, haben sie bei einem empfänglichen Menschen überdies einen hohen Suggestivgehalt.

Im Unterschied zu den projektiven Testverfahren in der modernen Psychologie, wo die Deutung bei den von der Versuchsperson ermittelten Antworten oder Projektionen ansetzt, beansprucht die Kunst der Kartomantie, Charakter und Schicksal des Menschen aus den von ihm gewählten Karten direkt herauslesen zu können. – Aus dieser Sicht wären die Tarot-Bilder also nicht bloß ein psychologisch geeigneter Projektionsschirm, sondern schon die Sache selbst. Deshalb genügt dem Wahrsager das Betrachten der Karten, um Aufschluß über seinen Klienten zu bekommen – jedenfalls insofern sich sein Denken im magisch-mythischen Bereich bewegt.

Das die Befragung begleitende Zeremoniell, die Berührung der Karten beim Mischen, Abheben und Ziehen ist ein weiterer Hinweis auf die der Kartomantie zugrundeliegende Bewußtseinsstufe:

Alle diese Handlungen dienen der »magischen Belebung«, d.h. der »Aufladung« der Karten mit energetischen Kräften und der Herstellung eines engen Kontaktes zwischen Karte und Fragendem. Neben Elementen der sympathetischen Magie (Analogiezauber) fließen in die »Tarot-Praxis« also auch solche der kontagiösen Magie (Berührungszauber) ein.

WINCKELMANN, der der Divinatorik in seinem Büchlein »Tarot der Eingeweihten« (1954) ein eigenes Kapitel widmet und großen Wert auf das der Befragung vorausgehende Zeremoniell legt (Kerzenbeleuchtung, Ausbreiten der Karten auf schwarzem Tuch, Zeitwahl, Räucherungen, Bannkreis u.a.m.), bezeichnet die Tarotkarten als »Strahlensender« oder »Akkumulatoren«, die durch den Fragesteller mental belebt werden, indem er sich auf sie konzentriert (vgl. MESMERS Hypothese des »Animalischen Magnetismus«).

Die Wurzel all dieser magischen Techniken, in denen sich die praktische Seite der dynamistischen oder animistischen Weltsicht spiegelt, bildet die Mana-Vorstellung. Mana (melanesisch ›wirksam‹) bedeutet eine unpersönliche Macht, eine in der belebten und unbelebten Natur als wirksam vorgestellte Kraft, eine Art übertragbares Fluidum. – Das Berühren der Tarot-Karten beim Mischen und Auslegen dient also gewissermaßen der »Mana-Übertragung«, der Herstellung einer numinosen Potenz, die übersinnliche Kräfte im Menschen freisetzen soll. Insofern der Fragende durch das Lebendigwerden der Bilder hellseherische Fähigkeiten entwickelt, kann er auch gewissen Einfluß auf das Weltgeschehen und den Lauf seines Schicksals nehmen. Bei aller Magie handelt es sich letztlich um eine Kraftanwendung, durch die der Mensch seine Umwelt mit irrationalen Mitteln bewältigen und steuern will.

Darin liegt u.a. auch die psychologische Bedeutung der Kartomantie in der heutigen Zeit von New Age- und Esoterik-Boom. Der moderne Mensch trägt in westlichen Breiten im allgemeinen ein hohes Maß an individueller Verantwortung in persönlich-familiären und beruflich-gesellschaftlichen Belangen. Die Überantwortung an ein magisches Numinosum, das für ihn schicksalsbestimmend wird, entspricht seinem Wunsch, sich in der Welt aufgehoben und von einer ›Instanz‹ geleitet zu wissen, die ihn einen Sinnzusammenhang in seinem Leben erkennen läßt. Für ihn wird Zufall zum persönlich bedeutungsreichen Ereignis, heißt Wink des Schicksals, Fügung. Die Anonymität des »Man« (HEIDEGGER) wird gesprengt zugunsten einer besonderen, je einmaligen Individualität. Die zunehmende Entfremdung von Religion und Glaube, die Vereinsamung in der Masse und das Fehlen von geeigneten Identifikationsobjekten führt zur Suche nach einer neuen Autorität, die im (scheinbar) Übersinnlichen gefunden wird. Das Scheitern an der Realität kann eine Regression auf ein kindliches Stadium der Weltbewältigung zur Folge haben, wo der Mensch die Eigenverantwortung delegieren möchte. Eigenes Versagen kann so als ungünstige ›Schicksalskonstellation‹

ausgelegt werden.

Während diese Form der Befragung immerhin eine gewisse Eigenaktivität verlangt, begibt sich der Mensch, der sich die Karten von einer Wahrsagerin deuten läßt, weitgehend in deren Hände. Solcher Gang zum Kartenleger offenbart ein Autoritätsproblem – übrigens auf beiden Seiten, beim Wahrsager und beim Klienten.

Ähnlich dem Arzt und Priester, dem religiösen oder politischen Führer kann die Person des »Magiers« mit einem Charisma behaftet sein, das an sich schon seine Wirkung auf den hilfesuchenden Menschen hat. Meist steht der Fragende unter Leidensdruck, kommt mit einer großen Erwartungshaltung und erhofft sich von seiner Konsultation Rat und vielversprechende Hinweise zur Bewältigung seiner Probleme. Allein das Aufsuchen eines anderen Menschen, der sich mit dem eigenen Schicksal befaßt, mag für viele hilfreich sein.

Das Wahrsagegeschäft setzt die Fähigkeit von Einfühlung, Intuition und partizipierender Identifikation mit dem Gegenüber voraus. Das Ansehen des Wahrsagers gründet auf einer ihm zugeschriebenen »hellseherischen Begabung«, wovon ein guter Teil Intuition, Beobachtungsgabe und Menschenkenntnis sein mag. Auf der anderen Seite können über jeden Menschen Klischee-Aussagen gemacht werden. Mittels eines dem Kartenleger verfügbaren Angebotes von Aussagen, von denen sich jeder persönlich angesprochen fühlen kann, geschieht eine Pseudoindividualisierung, die dem Klienten das Gefühl von Verstandenwerden vermittelt. Meist wird dabei an typische Situationen und Bedürfnisse angeknüpft. Die Mobilisierung von Hoffnung, Glücksverlangen und Angst erhöht die Suggestibilität und kann eine abergläubische Abhängigkeit hervorrufen.

Die jeweilige Persönlichkeit eines aktiven und passiven Anwenders von mantischen und magischen Techniken stellt ein lockendes Rätsel voller Fragen dar, die psychologische Neugier wecken.

Nachwort des Herausgebers

Zwischen traumfeindlichem Intellekt und mystischem Firlefanz spricht nun das Tarot spielerisch die Intuition an. In seinen Bildern verdichten sich das mythologische, religiöse und philosophische Erfahrungsgut zahlreicher kultureller Strömungen und Epochen und eine esoterisch-okkulte Tradition« – ein berühmt gewordenes Zitat aus der Wochenzeitschrift DIE ZEIT. In einem ganzseitigen Artikel[1] berichtete sie im Februar 1984 über die »Renaissance der Tarot-Karten« und dokumentierte zugleich selbst, daß eine neue Phase des Tarot-Kartenlegens begonnen hatte: Tarot war populär, es gehörte ins respektable Feuilleton, hatte Wahrsagerei und Okkultismus hinter sich gelassen.

Das erwähnte Zitat[2] aber stammte, teilweise wörtlich, aus einer älteren Quelle: Eine junge Psychologin, Marion Hollenstein, hatte 1978 an der Universität Zürich ihre Doktorarbeit unter dem Titel »Zur psychologischen Deutung des Tarock-Spiels« vorgelegt. Das war eine der ersten wissenschaftlichen Arbeit über das Tarot überhaupt, vielleicht sogar *die* erste wissenschaftliche Tarot-Monographie. Sie erschien rund zwei Jahre vor der bekannten Veröffentlichung von Sallie Nichols[3], machte aber weniger Aufsehen als diese, weil sie sich als Dissertationsdruck lediglich an ein zahlenmäßig kleines Fachpublikum richtete.

Was Frau Hollenstein leistete, ist jedoch absolut bemerkenswert und wiegt um so mehr, als es zuvor keinerlei detaillierte tiefenpsychologische Beschäftigung mit der Tarot-Symbolik gegeben hat. C.G. Jung hat sich ja öffentlich nie direkt zum Tarot geäußert; auch wenn heute mitunter anderes behauptet wird. Inzwischen gibt es sogar ein »C.G. Jung-Tarotdeck« und manche Schriften mit ähnlich lautenden Titeln. Doch das sind *fakes* – Erfindungen wie das angeblich traumdeutende Volk der Senoi, entstanden aus Gutgläubigkeit oder Schwindel. Soweit bekannt, hat sich C.G. Jung öffentlich nur am Rande auf Tarot bezogen und einmal auf die Arbeit eines seiner Schüler hingewiesen[4], die selber jedoch recht allgemein gehalten ist, was Tarot angeht. Im Umfeld von Jung tauchten zwar weitere Hinweise und Andeutungen, aber keine genauere Auswertung der Tarot-Karten auf; die Symbolik des Märchens, die Bildwelten der Alchemie oder die Bedeutung des I-Ging stand da viel mehr im Mittelpunkt des Interesses.

Mit der vorliegenden Studie gelang Marion Hollenstein daher ein bedeutender Brückenschlag, der bewährte Erkenntnisse und Methoden der Psychologie (in der Ausrichtung an C.G. Jung) sowie der Philosophie (im Anschluß etwa an Cassirer oder Heidegger) auf das Feld der Tarot-Deutung übertrug.

Die Werke von Goethe und Nietzsche, von Plato, Parmenides oder Origines, von C.G. Jung, Mircea Eliade, Johan Huizinga und viele, viele weitere Ergebnisse und Einflüsse der europäischen Kulturgeschichte werden hier untersucht und als *Grundlagen der Tarot-Deutung* erschlossen. Die Bandbreite, die Fülle der bearbeiteten Quellen ist dabei groß. Sie umfassen westliche Traditionen, östliche Überlieferungen und deren Verarbeitung wiederum im Abendland. Viel unbewußtes, vorbewußtes Erbe wird hier ins Bewußtsein gehoben. Auch in diesem Sinn gelingt der Brückenschlag: Von der Erinnerung an archaische Erlebnisweisen spannt sich der Bogen bis zu deren Aufhebung mittels zeitgenössischer Psychologie und Philosophie. Und das Tarot erweist sich dabei als überaus geeigneter Brennpunkt und Katalysator[5].

Manche Deutungen, welche die Autorin seinerzeit als erste gefunden hat, gehören in der Zwischenzeit zum festen Repertoire aktueller Tarot-Deutungsbücher. Zum Beispiel das schöne, doch oft mißverstandene Zitat von Friedrich Schiller: »Der Mensch spielt nur, wo er in voller Bedeutung des Wortes Mensch ist, und er ist nur da ganz Mensch, wo er spielt« (s. im vorliegenden Buch beim PAGAT).

Andere Erkenntnisse, die Marion Hollenstein (heute Guekos-Hollenstein) damals entdeckt und gefunden hat, warten noch darauf, Eingang in die allgemeine, praktische Tarot-Deutung zu finden. Beispielsweise die Anwendung des Begriffs vom Unus Mundus, *der einen Welt*, auf die Karte XXI-Die Welt. Oder das tiefe Verständnis von der »Stimme des Gewissens« für die Interpretation des Arkanums der »Gerechtigkeit«.

»Zwischen traumfeindlichem Intellekt und mystischem Firlefanz spricht nun das Tarot spielerisch die Intuition an. In seinen Bildern verdichten sich das mythologische, religiöse und philosophische Erfahrungsgut zahlreicher kultureller Strömungen und Epochen und eine esoterisch-okkulte Tradition« – der Nachweis dieser These gelingt der Autorin überaus klar und deutlich. Dabei ließen sich für jede Sparte, ob Mythos, Religion, Philosophie oder klassische Esoterik, sogar zahlreiche weitere Beispiele anführen, die im vorliegenden Buch noch nicht enthalten sind. Aber schon jetzt quillt es von Belegen und Fundstellen fast über.

Sehr deutlich wird damit zugleich ein weiterer Zusammenhang belegt: Bereits 1978 – einige Jahre, bevor im deutschen Sprachraum die massenhafte Tarot-Begeisterung überhaupt begann – war bekannt, daß die Tarot-Karten ein Panorama unseres kulturellen Erbes darstellen. Tarot ist keine Kunstsprache, kein esoterisches Esperanto. Tarot wurde populär, weil sich hier die Lust am Spiel und die Neugier der »Zukunftsbefragung« mit Inhalten verbinden, die eine sinnvolle eigene Betätigung erlauben. Wie ein *Bahnhof für Zeitreisen*, bieten die Tarot-Symbole die Möglichkeit, persönliche Erfahrungen mit historischen Erfahrungen zu vergleichen. Wie *Mosaiksteine* gestatten sie es, individuelle Fragen auf einem allgemeingültigen Hintergrund zu einem einleuchtenden, ganzen Bild zusammenzusetzen. *Flexiblen Bausteinen* gleich, verwendet die Tarot-Deutung traditionelle Bilder und Vorstellungen für eine heutige seelische Wegfindung. Je mehr man dabei selber geht – und je weiter man kommen möchte, um so mehr kann man solchen Boden unter den Füßen gebrauchen.

Wie viele Millionen Menschen sich in den folgenden Jahren dem Tarot widmen würden, wußte die Pionierin nicht, als sie ihr Werk verfaßte. Auch der folgende neuartige Gebrauch der Karten als Spiegel, Spiel und Wegweiser, als Symbolsprache[6], die vor allem der Traumdeutung vergleichbar ist, sollte sich erst noch entwickeln. Die Quellen dieses neuen Tarot stehen auf einem anderen Blatt. Doch die Fundamente oder die tieferen Schichten der heutigen Tarot-Landschaft werden hier umfangreich und umsichtig untersucht. Das Buch ist eine wahre Fundgrube.

Klein Königsförde, März 2000 *Johannes Fiebig*

[1] Uta van Steen: Stäbe, Kelche, Schwerter, Münzen ... Die Renaissance der Tarot-Karten, in: DIE ZEIT Nr. 06/84, S. 64.

[2] Vgl. im vorliegenden Buch das Vorwort der Autorin.

[3] Sallie Nichols: Die Psychologie des Tarot. Tarot als Weg zur Selbsterkenntnis nach der Archetypenlehre C.G. Jungs. Interlaken 1984 (Ansata); Originalausgabe unter dem Titel: Jung and Tarot. An Archetypal Journey. New York 1980 (Samuel Weiser).

[4] »Es hat auch allen Anschein, als ob die Bildserien des Tarot Abkömmlinge der Wandlungsarchetypen wären, welche Ansicht mir ein einleuchtender Vortrag von Herrn Professor R. Bernoulli bekräftigt hat«, so C.G. Jung, in: Über die Archetypen des kollektiven Unbewußten (1934), verschiedene Ausgaben, z.B. C.G. Jung-Taschenbuchausgabe in elf Bänden, Band »Archetypen«, München 1990 (dtv), S. 41. – Der angesprochene Vortrag von R. Bernoulli erschien im Eranos-Jahrbuch 1934, S. 397 ff., unter dem Titel »Zur Symbolik geometrischer Figuren und Zahlen«.

[5] Einer, der ebenfalls in den 1970er Jahren diese Wirkung der Tarot-Motive frühzeitig erkannte, ist der berühmte italienische Schriftsteller Italo Calvino. Vgl. derselbe: Das Schloß, darin sich Schicksale kreuzen. Erzählung, Italienische Erstausgabe 1973. Für die deutsche Erstausgabe (1978) schrieb Calvino ein Nachwort, in dem er u.a. seine Auffassung vertrat, es gebe gegenwärtig kein besseres »Abbild des kollektiven Unbewußten« als die Tarot-Karten.

[6] Der Begriff der Symbolsprache geht zurück auf: Erich Fromm: Märchen, Mythen, Träume. Eine Einführung in das Verständnis einer vergessenen Sprache. Erstausgabe 1951. – Die erwähnten Bücher von Calvino und Fromm sind noch im Handel erhältlich.

Anmerkungen

Vorbemerkung: Im Text sind viele Quellenangaben unmittelbar am Zitat in Kurzform angegeben. Die Angabe »JUNG 1972, 219« beispielsweise verweist auf das Buch von C.G. Jung aus dem Jahre 1972, das hier, in den Anmerkungen zu den einzelnen Kapiteln, mit den weiteren Angaben aufgeführt ist; 219 ist die Seitenzahl für die betreffende Fundstelle.

zu I

Dürckheim, K.: Wunderbare Katze und andere Zen-Texte. Wien: Barth, 1975 (3. Aufl.)
Gadamer, H.G.: Wahrheit und Methode. Die Ontologie des Kunstwerkes und ihre hermeneutische Bedeutung (I. Teil; p. 97-161). Tübingen: Mohr, 1972 (3. Aufl.)
Heidegger, M.: Sein und Zeit. Tübingen: Niemeyer, 1972 (12. Aufl.)
ders.: Zur Sache des Denkens. Tübingen: Niemeyer, 1969
Huizinga, J.: Homo ludens. Vom Ursprung der Kultur im Spiel. Hamburg: Rowohlt, 1956 (rde 21)
Jung, C.G.: Die Archetypen und das kollektive Unbewußte. Darin besonders: »Zur Psychologie des Kinderarchetypus«, p. 165-195. Olten: Walter, 1976 GW 9/I
Neumann, E.: Ursprungsgeschichte des Bewußtseins. München: Kindler, 1974 (2. Aufl.)
Schiller, F.: Briefe über die ästhetische Erziehung des Menschen. Bad Heilbronn/Obb: Klinkhardt, 1960
Walter, U.: Der Mensch und die Wirklichkeit des Spiels. Lizentiat an der Philos. Fakultät I, Universität Zürich, 1969

zu II-V

Jung, C. G.: Mysterium Coniunctionis. Olten: Walter, 1972 GW 14/II (2. Aufl.)
ders.: Praxis der Psychotherapie. Olten: Walter, 1971 GW 16
ders.: Psychologie und Alchemie. Olten: Walter, 1975 (4. Aufl.)
ders.: Symbole der Wandlung. Olten: Walter, 1973 GW 5
ders.: Zur Psychologie westlicher und östlicher Religion. Olten: Walter, 1973 GW 11 (2. Aufl.)
Religionswissenschaft: Lexikon für Theologie und Kirche, M. Buchberger (Hrsg.). Freiburg i. Br.: Herder, 1935

zu VI

Eliade, M.: Die Religionen und das Heilige. XII, 161 »Mythos der menschlichen Zweigeschlechtlichkeit«. Salzburg: Müller, 1954
Goethe, J.W.: Faust I. Zürich: Artemis, 1961 GW 4
ders.: Hermann und Dorothea. Zürich: Artemis, 1962 GW 7
Jung, C. G.: Die Dynamik des Unbewußten. Olten: Walter, 1971 GW 8
ders.: Praxis der Psychotherapie. Olten: Walter, 1971 GW 16
ders.: Psychologische Typen. Olten: Walter, 1971 GW 6
ders.: Zwei Schriften über Analytische Psychologie. Olten: Walter, 1974 GW 7 (2. Aufl.)
Plato: Symposion. In: Platon, Meisterdialoge, Hrsg. v. W. Rüegg. Artemis, Zürich, 1958

Etymologische Lexika:
Fleischer, W.: Wortbildung der deutschen Gegenwartssprache. Leipzig: VEB, 1974
Grimm: Deutsche Grammatik. Deutsches Wörterbuch. Leipzig: Hirzel, 1854-1956
Henzen, W.: Deutsche Wortbildung. Tübingen: Niemeyer, 1957
Kluge, F.: Etymologisches Wörterbuch der deutschen Sprache. Berlin: 20. Aufl. 1967
Trübner: Deutsches Wörterbuch. Berlin: De Gruyter, 1939

zu VII
Capelle, W. (Hrsg.): Die Vorsokratiker. Stuttgart: Kröner, 1968
Deussen, P.: Vier philosophische Texte des Mahabharata. Leipzig 1906. In: Jung, C. G.: Psychologische Typen. Olten: Walter, 1971, 208ff. GW6
Eliade, M. : Die Religionen und das Heilige. XIII, 159 »Coincidentia oppositorum-mythisches Modell«. Salzburg: Müller, 1954
Gadamer, H.G.: Um die Begriffswelt der Vorsokratiker. Darmstadt: Wissenschaftliche Buchgesellschaft, 1968. Darin speziell:
- **Julius Stenzel,** Zur Entwicklung des Geistbegriffes in der griech. Philosophie, p. 214-245
- **Hans Schwabl,** Sein und Doxa bei Parmenides, p. 391-422
Glasenapp, H.: Die Philosophie der Inder. Stuttgart: Kröner, 1974 (3. Aufl.)
Jung, C.G.: Praxis der Psychotherapie. Olten: Walter, 1971 GW 16
ders.: Psychologische Typen. Olten: Walter, 1971 GW 6
Mahabharata: Crit. ed. by Sukthankar, V.S. et al. (I, 113, 8f. u. XIV, 19, 4ff.) Poona 1933-66
Manavadharmasastra: Ed. Jolly, J. (VI, 80ff.) London 1887
Parmenides: Prooemium des Parmenideischen Lehrgedichtes l.fr.1. In: Capelle, W (Hrsg.): Die Vorsokratiker. Stuttgart: Kröner, 1968, 158-169
Patanjali: Yoga-sutras (Yoga-darsana). Ed. by Svami Balarama. Calcutta 1890, repr. Benares 1908
Plato: Phaidros. Der Mythos der Seelenrosse (246a-249d), In: Rüegg, W (Hrsg.): Natur und Bestimmung des Menschen (Texte aus der Antike). Zürich: Artemis, 1964
Plato: Symposion. Rede des Aristophanes über Androgynie. In: Rüegg, W. (Hrsg.): Platon. Meisterdialoge. Zürich: Artemis, 1958, 189dff.
Ramayana: Crit. ed. Bhatt, G.H. et al. (II, 84.20). Baroda 1960-75
Renou, L. et Filliorat: L'Inde Classique. Paris 1947-53
Rüegg, W.: Natur und Bestimmung des Menschen. Texte aus der Antike. Zürich: Ex Libris (Artemis), 1964
Upanishaden: Brihadaranyaka-Upanishad. Katha-Upanishad. Delhi: Ten Principal Upanishads. With Sankara Bhasya = Works of Sankaracarya, In original Sanskrit. Vol. 1

zu VIII
Freud, S .: Totem und Tabu. Frankfurt a.M. Fischer, Studienausgabe Bd.9, 1912-13
Heidegger, M.: Sein und Zeit. Tübingen: Niemeyer, 1926 (12. Aufl. 1972)
Homer: Ilias. Tusculum-Bücherei. München: Heimeran 1961
Jung, C. G.: Psychologie und Religion. Olten: Walter, 1971 (Stud.ausgabe)

Parmenides: Prooemium des Parmenideischen Lehrgedichtes l.fr.l. In: Capelle, W. (Hrsg.): Die Vorsokratiker. Stuttgart: Kröner, 1968, 158-169
Plato: Gorgias - Der Mythos vom Totengericht 523A-527E. Oxford: Ridler (Platonis Opera), 1961 (1903)
Saint-Exupery, A. de: Le Petit Prince. Paris: Gallimard, 1946
Vergil: Aeneis. Tusculum-Bücherei. München: Heimeran, 1965

zu IX
Avalon, A.: Die Schlangenkraft. Weilheim: 1961
Binswanger, L.: Grundformen und Erkenntnis menschlichen Daseins. München: Reinhardt, 1964
Bitter, W.: Einsamkeit. München: Kindler, o.D.
Boss, M.: Grundriß der Medizin. Bern: Huber, 1971
Buber, M.: Das Problem des Menschen, Heidelberg 1954, In: Seidel, p. 180
Carp, E.A.: Einsamkeit - psychologisch/soziologisch/religiös. In: Bitter, p. 79-91
Cicero, M.T.: De Republica, De Legibus. London: Heinemann, 1966
Defoe, D.: Die Abenteuer des Robinson Crusoe. (Bearb. Übersetzung von A. K. Stöger). Frauenfeld: Huber, 1976
Dilthey, W.: Hinweis in: Binswanger, p. 657
Eckhart, Meister: Sermon über Luc. XIX, 12. In: Jung, GW 14/I, 219
Goethe, J.W.: Die Leiden des jungen Werther. Zürich: Artemis, 1962 GW 7
ders.: Faust I. Zürich: Artemis, 1961 GW 4
ders.: Prometheus. Zürich: Artemis, 1962 GW 3
Grillparzer: Das Kloster bei Sendomir. In: Maduschka, p. 7
Grimmelshausen: Simplicissimus
Hartmann von Aue: Gregorius (Hg. von Hermann Paul). Tübingen: Niemeyer, 1973
Heidegger, M.: Sein und Zeit. Tübingen: Niemeyer, 1972 (12. Aufl.)
Hesse, H.: Siddharta. Zürich: Ex Libris, 1968 GW 3
Hölderlin, F.: Hyperion oder Der Eremit in Griechenland. Stuttgart: Reclam 559/60, 1953
Jean Paul: Titan, 59, Zykel, p. 359 Sämtl. W. 9. Weimar, 1929, In: Mills
Jung, C. G.: Die Archetypen und das kollektive Unbewußte. Olten: Walter, 1976 GW 9/1
ders.: Erinnerungen, Träume, Gedanken. Zurich: Ex Libris, 1961
ders.: Mysterium Coniunctionis I. Olten: Walter, 1972 GW 14/I (2. Aufl.)
ders.: Psychologie und Alchemie. Olten: Walter, 1975 (4. Aufl.)
ders.: Symbole der Wandlung. Olten: Walter, 1973 GW 5
Kästner, Ert.: Die Stundentrommel vom heiligen Berg Athos. Frankfurt a.M.: Insel 56, 1975 (1956)
Kölbel, G.: Ueber die Einsamkeit. München: Reinhardt, 1960
König, F.: Religionswissenschaftliches Wörterbuch. Freiburg: Herder, 1956 (Stichwort »Mönchtum«)
Laotse: Tao - Te – King. Das heilige Buch vom Weg und von der Tugend. Stuttgart: Günter Debon (Hrsg.), 1967
Lersch, Ph.: Aufbau der Person. München: Barth, 1952

Lotz, J. B.: Das Phänomen der Einsamkeit im Lichte der personalen Anthropologie, In: Bitter, p. 28-44
Maduschka, L.: Das Problem der Einsamkeit im 18. Jhdt. Weimar: Duncker, 1933
Milarapa: Das Lied des Yogin. In: Olschak, p. 117-119
Mills, E.: Die Geschichte der Einsiedlergestalt. Vom mittelalterlichen Epos über Barock und Empfindsamkeit bis zum Roman der Romantik. Wien: Europäischer Roman, 1968
Möhrmann, R.: Der vereinsamte Mensch - Studium zum Wandel des Einsamkeitsmotivs im Roman von Raabe bis Musil. Bonn: Bouvier, 1974
Nietzsche, F.: Das Feuerzeichen (Gedicht) Werke VIII, p. 417, In: Jung, GW 5, 126
ders.: Der Zauberer (Gedicht), In: Maduschka, p. 13
ders.: Die fröhliche Wissenschaft, Aphor. No. 338, In: Mills
Olschak, B. C.: Stufenwege der Erleuchtung. Texte und Dichtungen aus dem alten Tibet. München: dtv, 1970
Otto, R.: Das Heilige. München: Beck, 1971 (36.-40. Tausend)
Petrarca, F.: La vita solitaria. Inedito per Tito Degli Strozzi, Romagnoli 1879
Rakusa, J.: Einsamkeiten. Ein Lesebuch. Zürich: Arche, 1975
Riesman, D.: Die einsame Masse. Hamburg: Rowohlt 1958
Rilke, R. M.: Ausgesetzt auf den Bergen des Herzens (Gedicht), In: Maduschka, p. 13
ders.: Briefe an einen jungen Dichter Leipzig 1930, In: Maduschka, p. 10
ders.: Briefe aus den Jahren 1906-1907 Leipzig 1930, In: Maduschka, p. 4
Rüssel, H.W.: Das Lob der rechten Einsamkeit. Zürich: Occident, 1940
Saint-Exupery, A. de: Le Petit Prince. Paris: Gallimard. 1946
Schiller, F.: Die Braut von Messina. Stuttgart: Reclam No. 60, 1964 (4. Aufzug, 2. Auftritt)
Schmalenbach: Die Geneaologie der Einsamkeit, 1920, In: Maduschka, p. 2
Schopenhauer, A.: Parerga und Paralipomena, II (ed. Frauenstädt), In: Maduschka, p. 8
Seidel, H.: Das Erlebnis der Einsamkeit im Alten Testament. Berlin: Evangelische Verlagsanstalt, 1969
Tschuang-Tse: Das wahre Buch vom südlichen Blütenland, Kap. 11, In: Tworuschka, p. 81
Tworuschka, U.: Die Einsamkeit. Bonn: Röhrscheid, 1974
Visuddhi-Magga: Buddhistischer Text, In: Tworuschka, p. 218
Vossler, K.: Poesie der Einsamkeit in Spanien, München 1950, In: Möhrmann
Weiss, R.S. (Ed.): Loneliness. The experience of emotional and social isolation. Cambridge: MIT Press, 1976
Wieland, C.M.: Agathodämon Leipzig 1799, In: Mills, p. 65
Wolfram von E.: Parzival. Stuttgart: Reclam No. 7451, 1965
Zimmermann, J.G.: Über die Einsamkeit. Leipzig 1784/85, In: Maduschka
Zweig, St.: Die Augen des ewigen Bruders. Frankfurt a.M.: Insel, 1973

zu X

Aristoteles: De Anima.München. Rowohlt, 1968. (432a15 - 434a21)
ders.: Metaphysik. Stuttgart: Reclam, 1970. (Met. XU 1072a25 ff.)
Böhme, J.: Vöm irdischen und himmlischen Mysterium, Kap. V, In: Jung, C.G.: Psychologie und Alchemie Olten: Walter, 1975 (4. Aufl.)

Eliade, M.: Die Religionen und das Heilige.V. Kap.: »Wasser und Wassersymbole«. Salzburg: Müller, 1954
Franz, M.L.v.: C.G. Jung - Sein Mythos in unserer Zeit. Frauenfeld: Huber, 1972
Gadamer, H.G.: Wahrheit und Methode. Tübingen: Mohr, 1973 (3.Aufl.)
Hermes Trismegistus: Corpus Hermeticum, Bd. I-IV Darin besonders: »Poimandres«, Bd. I Paris: Les Belles Lettres, 1945-54
Jung C.G.: Psychologie und Alchemie, Olten: Walter, 1975 (4. Aufl.)
Katha-Upanishad: Delhi: Ten Principal Upanishads. With Sankara-Bhasya = Works of Sankaracarya. In original Sanskrit. Vol. 1
Wilhelm, R.: Das Geheimnis der goldenen Blüte.Olten: Walter, 1971 (3.Aufl.)

zu XI
Jung, C.G.: Psychologie und Alchemie. Olten: Walter, 1975 (4. Aufl.)
Ovid: Metamorphosen. Tusculum-Bücherei. München: Heimeran, 1968

zu XII
Heidegger, M.: Sein und Zeit. Tübingen: Niemeyer, 1972 (12. Aufl.)
Jung, C.G.: Psychologie und Alchemie. Olten: Walter, 1975 4. Aufl.)
Koch, K.: Der Baumtest. Bern: Huber, 1972 (6. Aufl.)

zu XIII
Goethe J. W.: »Selige Sehnsucht« (Gedicht). (Westöstlicher Divan) Zürich Artemis, 1962 GW2
Jung, C. G.: Symbole der Wandlung. Olten: Walter, 1973 GW 5

zu XIV
Goethe, J.W.: Faust I. Zürich-Artemis, 1961 GW IV
Jung, C.G. : Psychologie und Alchemie. Olten: Walter, 1975 (4 . Aufl.)
ders.: Psychologie und Religion. Olten: Walter, 1971 (1)
ders.: Über psychische Energetik und das Wesen der Träume. Olten: Walter, 1971 (2)

zu XV
Capelle, W. (Hrsg.): Die Vorsokratiker. Stuttgart: Kröner, 1968
Goethe, J.W.: Faust I. Zürich: Artemis, 1961 GW 4
Jacobi, J.: Vom Bilderreich der Seele. Olten: Walter, 1969
Jung, C. G.: Mysterium Coniunctionis. Olten: Walter, 1971 GW 14/III
ders.: Praxis der Psychotherapie. Olten: Walter, 1971 GW 16
ders.: Psychologie und Alchemie. Olten: Walter, 1975 (4. Aufl.)
ders.: Symbole der Wandlung. Olten: Walter, 1973 GW 5
Otto, R.: Das Heilige. München: Beck, 1971 (36. - 40. Tausend)

zu XVI
Dante, A.: Die Göttliche Komödie. München: Winkler, 1963 (Ex Libris)

zu XVII, XVIII, XIX
Cicero, M.T.: De Republica, De Legibus. London Heinemann, 1966
Dieterich, A.: Eine Mithrasliturgie, In: Jung, C.G.: Symbole der Wandlung. Olten: Walter, 1973, 116[15] GW 5

Eliade, M.: Die Religionen und das Heilige. Bes. Kap. m: »Sonne und Sonnenkulte« und Kap. IV: »Mond und Mondmystik«. Salzburg: Müller, 1954
Franz, M.L.v.: Aurora Consurgens, In: Jung, C.G.: Mysterium Coniunctionis. Olten: Walter, 1971, 150f. GW 14/III
Goethe, J.W.: »Gesang der Geister über den Wassern« (Gedicht). Zürich: Artemis, 1961 GW 1
Govinda, L.A.: Mandala. Zürich 1960
Jung, C.G.: Die Archetypen und das kollektive Unbewußte. Olten: Walter, 1976 GW 9/I
ders.: Die Dynamik des Unbewußten. Olten: Walter, 1971 GW 8
ders.: Mysterium Coniunctionis. Olten: Walter, 1972 GW 14/I (2. Aufl.)
ders.: Mysterium Coniunctionis. Olten: Walter, 1971 GW 14/III
ders.: Praxis der Psychotherapie. Olten: Walter, 1971 GW 16
ders.: Symbole der Wandlung. Olten: Walter, 1973 GW 5
Meyrink, G.: Gesammelte Werke. Leipzig: Wolff, 1915
Plato: The Republic. London: Heinemann, 1963
Rig-Veda: Ed Müller, M. London 1877, repr. Varanasi 1965

zu XX
Jung, C.G.: Aion: Untersuchung zur Symbolgeschichte. Olten: Walter, 1976 GW 9/II

zu XXI
Heidegger, M.: Sein und Zeit. Tübingen: Niemeyer, 1972 (12. Aufl.)
Jacobi, J.: Vom Bilderreich der Seele. Olten: Walter, 1969
Jung, C.G.: Aion. Olten: Walter, 1976 GW 9/II
ders.: La guerison psychologique, Genf: 1953, 25f. In: Hippel, G.: Meditationen über die Großen Arcana des Taro. Meisenheim a. Glan: Hain, 1972
ders.: Mysterium Coniunctionis. Olten: Walter, 1972 GW 14/I (2. Aufl.)
ders.: Mysterium Coniunctionis. Olten: Walter, 1972 GW 14/II (2. Aufl.)
ders.: Mysterium Coniunctionis. Olten: Walter, 1971 GW 14/III
ders.: Praxis der Psychotherapie. Olten: Walter, 1971 GW 16
ders.: Psychologie und Alchemie. Olten: Walter, 1975 (4. Aufl.)
ders.: Psychologische Typen. Olten: Walter, 1971 GW 6
Koepgen: Gnosis des Christentums (1939, 149), In: Jung, C.G.: Mysterium Coniunctionis. Olten: Walter, 1972, 111 GW 14/I (2. Aufl.)
Plotin: Enneaden. Jena & Leipzig: Diederichs, 1905

zu XXII/0
Cervantes, S.M.: Der sinnreiche Junker Don Quijote von der Mancha. München: Winkler, 1965
Dostojewski, F.M.: Der Idiot, Bd. 1/2. Frankfurt a.M.: Fischer 1261/1+2, 1975
Erasmus v. Rotterdam: Das Lob der Torheit, übersetzt von A. Hartmann, hrsg. v. E. Major. Basel: Birkhäuser, 1929
ders.: Lob der Narrheit. Leipzig: Ussleber, 1735
Eulenspiegel, Till: Die deutschen Volksbücher. Jena 1912
Freud, S.: Der Witz und seine Beziehungen zum Unbewußten. London: Imago, 1940 GW 6

Gibran, K.: Der Narr. Lebensweisheit in Parabeln. Olten: Walter, 1977 (2. Aufl.)
Goethe, J.W.: Faust I. Zürich: Artemis, 1961 GW 4
ders.: Reineke Fuchs. Zürich: Artemis, 1962 GW 7
Grimmelshausen, Chr.: Der abenteuerliche Simplicissimus (1669). München: Droemersche Verlagsanstalt, 1960
Gutzwiller, P.: Der Narr bei Grimmelshausen. Diss. Philos.-Histor. Fak. Universität Basel. Einsiedeln: Waldstatt, 1959
Haas, A. M.: Parzivals tumpheit bei Wolfram v. Eschenbach, In: Philologische Studien und Quellen, Heft 21.Berlin: Schmidt, 1964
Hauptmann, G.: Der Narr in Christo: Emanuel Quint. Berlin: Fischer, 1919
Heidegger, M.: Unterwegs zur Sprache. Pfullingen: Neske, 1971 (4. Aufl.)
Hesse, H.: Siddharta. Zürich: Ex Libris, 1968 GW 3
Jung, C.G.: Die Archetypen und das kollektive Unbewußte. Olten: Walter, 1976 GW 9 1
ders.: La Guerison Psychologique, Kap. XII, In: Hippel, G.: Meditationen über die Grossen Arcana des Taro. Meisenheim a. Glan: Hain, 1972
Kluge, F.: Etymologisches Wörterbuch der Deutschen Sprache. Berlin: De Gruyter, 1967 20. Aufl.)
Könneker, B.: Wesen und Wandlung der Narrenidee im Zeitalter des Humanismus. Wiesbaden: Steiner, 1966
Lesskow, N.: Der Gaukler Pamphalon. Aarau: Sauerländer, 1954
Lüthi, M.: Märchen. Stuttgart: Metzler, 1962
Nigg, W.: Der christliche Narr. Zürich: Artemis, 1956
Pokorny: Idg. Etymologisches Wörterbuch, Bd. I. Bern: 1959
Ritter, H.: Das Meer der Seele (Kap. X, 158-181). Leiden: Brill, 1955
Rousseau, J.J.: Emil oder über die Erziehung. Paderborn: Uni-Taschenbücher 115, 1974
Shakespeare, W.: Hamlet. Stuttgart: Reclam No. 31, 1966
ders.: König Lear. Stuttgart: Reclam No. 13, 1963
Sophokles: Oidipous Tyrannos. Scriptorum Classicorum. Bibliotheca Oxoniensis OXONII
Stumpfl, R.: Schauspielmasken des Mittelalters und der Renaissencezeit und ihr Fortbestehen im Volksschauspiel. Schriften der Gesellschaft für Theatergeschichte, Bd. 41, Neues Archiv für Theatergeschichte, Bd. 2, Berlin, 1930
ders.: Kultspiele der Germanen als Ursprung des mittelalterlichen Dramas. Berlin, 1936, In: Könneker, p. 208, Anm. 1
Tolstoj, L.N.: Die drei Greise und andere kleine Erzählungen.Bern, 1959
Welzig, W.: Beispielhafte Figuren: Tor, Abenteurer und Einsiedler bei Grimmelshausen. Graz: Böhlaus, 1963
Wolfram v. Eschenbach: Parzival. Stuttgart: Reclam No. 7451, 1965

Literaturverzeichnis

Allgemeine Literatur

Aristoteles: De Anima. München: Rowohlt, 1968
ders.: Metaphysik. Stuttgart: Reclam, 1970
Avalon, A.: Die Schlangenkraft. Weilheim: Barth, 1961
Binswanger, L.: Grundformen und Erkenntnis menschlichen Daseins. München: Reinhardt, 1964
Bitter, W.: Einsamkeit. In medizinisch-psychologischer, theologischer und soziologischer Sicht. München: Kindler, o. D.
Boss, M.: Grundriß der Medizin. Bern: Huber, 1971
Böhme, J.: Vom irdischen und himmlischen Mysterium, Kap.V, lf. In: Jung, C.G.: Psychologie und Alchemie. Olten: Walter, 1975 (4. Aufl.)
Buber, M.: Das Problem des Menschen. Heidelberg 1954. In: Seidel, H.: Das Erlebnis der Einsamkeit im Alten Testament. Berlin: Ev.Verl.anst., 1969, 180
Burroughs, W. & Ginsberg, A.: Auf der Suche nach Yage (»The Yage letters«) Wiesbaden: Limes, 1964
Camus, A.: L'Etranger. Gallimard 1957
Capelle, W. (Hrsg.): Die Vorsokratiker. Stuttgart: Kröner, 1968
Carp, E.A.: Einsamkeit – psychologisch-soziologisch-religiös. In: Bitter, W.: Einsamkeit. München: Kindler o.D. 79-91
Cassirer, E.: Philosophie der symbolischen Formen. Teil I: Die Sprache. Oxford: Cassirer 1923 (2. Aufl. 1954). Teil II: Das mythische Denken. Oxford: Cassirer 1923 (2. Aufl. 1954). Teil III: Phänomenologie der Erkenntnis. Darmstadt: Wiss. Buchgesellschaft, 1964 (4.Aufl.)
ders.: Wesen und Wirkung der Symbolbegriffe. Darmstadt: Wiss. Buchgesellschaft, 1956
Cervantes, S.M.: Der sinnreiche Junker Don Quijote von der Mancha. München: Winkler, 1965
Cicero, M.T.: De Re publica, De Legibus. London: Heinemann, 1966
Dante, A.: Die Göttliche Komödie. München: Winkler, 1963 (Ex Libris)
Defoe, D.: Die Abenteuer des Robinson Crusoe. (Bearb. Übersetzung von A.K. Stoger). Frauenfeld: Huber, 1976
Deussen, P.: Vier philosophische Texte des Mahabharata. Leipzig 1906. In: Jung, C.G.: Psychologische Typen. Olten: Walter, 1971, 208ff. GW 6
Dieterich, A.: Eine Mithrasliturgie. In: Jung, C.G.: Symbole der Wandlung. Olten: Walter 1973, 11615 GW 5
Dilthey, W.: Jugendbrief an die Schwester, 22. Jan. 1860. In: Binswanger, L.: Grundformen und Erkenntnis menschlichen Daseins. München: Reinhardt, 1964, 657
Dostojewski, F.M.: Der Idiot, Bd. I, II. Frankfurt a.M.: Fischer 1261,1. u. 2, 1975
Dürckheim, K.v.: Wunderbare Katze und andere Zen-Texte. Wien: Barth, 1975 (3. Aufl.)
Eckhart, Meister: Sermon über Luc. XIX, 12. In: Jung, C.G.: Mysterium Coniunctionis. Olten: Walter, 1972 GW 14/I (2. Aufl.)
Eliade, M.: Die Religionen und das Heilige. Elemente der Religionsgeschichte. Salzburg: Müller, 1954

ders.: Schmiede und Alchemisten. Stuttgart: Klett, 1960
ders.: Occultism, Witchcraft and Cultural Fashions. Chicago: University Press, 1976
Erasmus v. Rotterdam: Das Lob der Torheit. Übersetzt von A. Hartmann, hrsg. v. E. Major. Basel: Birkhäuser, 1929
ders.: Lob der Narrheit. Leipzig: Ussleber, 1735
Eulenspiegel, Till: Die deutschen Volksbücher. Jena 1912
Evans-Wentz, W.Y.(Hrsg.): Das Tibetanische Totenbuch. Zürich Rascher, 1960 (6. Aufl.)
Franz, M. L., v.: Aurora Consurgens. In: Jung, C.G.: Mysterium Coniunctionis. Olten: Walter, 1971, 150f. GW 14/III
ders.: C. G. Jung. Sein Mythos in unserer Zeit. Frauenfeld: Huber, 1972
ders.: Puer Aeternus. Zürich: Spring, 1970
Freud, S. : Der Witz und seine Beziehungen zum Unbewußten. London: Imago, 1940 GW 6
Ders.: Totem und Tabu. Frankfurt a.M.: S. Fischer. Stud.Ausg. Bd. 9
Gadamer, H.G.: Um die Begriffswelt der Vorsokratiker. Wege der Forschung Bd.IX. Darmstadt: Wiss. Buchgesellschaft, 1968
ders.: Wahrheit und Methode. Tübingen: Mohr, 1975 (4. Aufl.)
Gibran, K.: Der Narr. Lebensweisheit in Parabeln. Olten: Walter, 1977 (2. Aufl.)
Glasenapp, H., v.: Die Philosophie der Inder. Stuttgart: Kröner, 1974 (3. Aufl.)
Goethe, J.W.: Die Leiden des jungen Werthers. Zürich: Artemis, 1962 GW 7
ders.: Faust I. Zürich: Artemis, 1961 GW 4
ders.: »Gesang der Geister über den Wassern« (Gedicht). Zürich: Artemis, 1961 GW 1
ders.: Hermann und Dorothea. Zürich: Artemis, 1962 GW 7
ders.: Prometheus. Zürich: Artemis, 1962 GW 3
ders.: Reineke Fuchs. Zürich: Artemis, 1962 GW 7
ders.: »Selige Sehnsucht« (Gedicht). (Westöstlicher Divan). Zürich: Artemis, 1962 GW 2
Govinda, L. A.: Mandala. Zürich 1960
Grillparzer: Das Kloster bei Sendomir. In: Maduschka, L.: Das Problem der Einsamkeit im 18. Jhdt. Weimar: Duncker, 1933, 7
Grimmelshausen, Chr.: Der abenteuerliche Simplicissimus. 1669. München: Droemersche Verlagsanstalt, 1960
Gutzwiller, P.: Der Narr bei Grimmelshausen. Diss. Philos.-Histor. Fak. Universität Basel. Einsiedeln: Waldstatt, 1959
Haas, A.M.: Parzivals tumpheit bei Wolfram v. Eschenbach. In: Philologische Studien und Quellen, Heft 21. Berlin: Schmidt, 1964
Hartmann v. Aue: Gregorius. (Hrsg. von Hermann Paul).Tübingen: Niemeyer, 1973
Hauptmann, G.: Der Narr in Christo: Emanuel Quint. Berlin: Fischer, 1919
Heidegger, M.: Sein und Zeit. Tübingen: Niemeyer, 1972 (12. Aufl.)
Jung, C. G.: Mysterium Coniunctionis. Olten: Walter, 1971 GW 14/III
ders.: Naturerklärung und Psyche. Synchronizität als ein Prinzip akausaler Zusammenhänge. Zürich: Rascher, 1952
ders.: Praxis der Psychotherapie. Olten: Walter, 1971 GW 16
ders.: Psychologische Typen. Olten: Walter, 1971 GW 6
ders.: Psychologie und Alchemie. Olten: Walter, 1975 (4. Aufl.)

ders.: Psychologie und Religion. Olten: Walter, 1971. Stud. Ausg. (5. Auf l.)
ders.: Symbole der Wandlung. Olten: Walter, 1973 GW 5
ders.: Symbolik des Geistes. Studien über psychische Phänomenologie. Zürich: Rascher, 1948
ders.: Typologie. Olten: Walter, 1972. Std.Ausg.
ders.: Über Grundlagen der Analytischen Psychologie. Zürich: Rascher, 1969
ders.: Über psychische Energetik und das Wesen der Träume. Olten: Walter, 1971
ders.: Zur Psychologie westlicher und östlicher Religion. Olten: Walter, 1973 GW 11 (2. Aufl.)
ders.: Zwei Schriften über Analytische Psychologie. Olten: Walter, 1974 GW 7 (2. Aufl.)
Kästner, Ert.: Die Stundentrommel vom heiligen Berg Athos. Frankfurt a.M.: Insel, 1956
Kerouac, J.: Engel, Kif und neue Länder. (Passing Through Desolation Angels). Reinbek b. Hamburg: Rowohlt, 1971
ders.: Gammler, Zen und Hohe Berge. (The Dharma Bums). Reinbek b. Hamburg: Rowohlt, 1963
Koch, K.: Der Baumtest. Bern: Huber, 1972 (6.Aufl.)
Könneker, B.: Wesen und Wandlung der Narrenidee im Zeitalter des Humanismus. Wiesbaden: Steiner, 1966
Kölbel, G.: Über die Einsamkeit. München: Reinhardt, 1960
Koepgen: Gnosis des Christentums (1939, 149) In: Jung, C.G.: Mysterium Coniunctionis. Olten: Walter, 197Z, 111 GW 14/1 (2. Aufl.)
Laotse: Tao – Tê – King. Das heilige Buch vom Weg und von der Tugend. Stuttgart: Günter Debon (Hrsg.), 1967
Lersch, Ph.: Aufbau der Person. München: Barth, 1962
Lesskow, N.: Der Gaukler Pamphalon. Aarau: Sauerländer, 1954
Lotz, J. B.: Das Phänomen der Einsamkeit im Lichte der personalen Anthropologie. In: Bitter, W.: Einsamkeit. München: Kindler, o.D. 28-44
Lüthi, M.: Märchen. Stuttgart: Metzler, 1962
Maduschka, L.: Das Problem der Einsamkeit im 18. Jhdt. Weimar: Duncker, 1933
Mahabharata: Crit. ed. by Sukthankar, V.S. et al. Poona 1933-1966
Manava-Dharmasastra: Ed. Jolly. London 1887
Meyrink, G.: Gesammelte Werke. Leipzig: Wolff, 1915
Milarapa: Das Lied des Yogin. In: Olschak, B. C.: Stufenwege der Erleuchtung. Texte und Dichtungen aus dem alten Tibet. München: Dtv . 1970, 117 -119
Mills, E.: Die Geschichte der Einsiedlergestalt. Vom mittelalterlichen Epos über Barock und Empfindsamkeit bis zum Roman der Romantik.Wien: Europäischer Verlag, 1968
Möhrmann, R.: Der vereinsamte Mensch. Studien zum Wandel des Einsamkeitsmotivs im Roman von Raabe bis Musil. Bonn: Bouvier, 1974
Neumann, E.: Ursprungsgeschichte des Bewußtseins. München: Kindler, 1974 (2. Aufl.)
Nietzsche, F.: Das Feuerzeichen (Gedicht). Werke Vm,417. In: Jung, C.G.: Symbole der Wandlung. Olten: Walter, 1973 GW 5, 126
ders.: Der Zauberer (Gedicht). In: Maduschka, L.: Das Problem der Einsamkeit im 18. Jhdt. Weimar: Duncker, 1933, 13

ders.: Die fröhliche Wissenschaft, Aphor. No. 338. In: Mills, E.: Die Geschichte der Einsiedlergestalt. Wien: Europ. Verlag, 1968
Nigg, W.: Der christliche Narr. Zürich: Artemis, 1956
Olschak, B.C.: Stufenwege der Erleuchtung. Texte und Dichtungen aus dem alten Tibet. München: Dtv, 1970
Otto, R.: Das Heilige. München: Beck, 1971 (36. -40. Tausend)
Ovid: Metamorphosen. Tusculum – Bücherei. München: Heimeran, 1968
Paetel, K.O. (Hrsg.): Beat. Eine Anthologie. Reinbek b. Hamburg: Rowohlt, 1969
Parmenides: Prooemium des Parmenideischen Lehrgedichtes 1.fr.1. In: Capelle, W. (Hrsg.): Die Vorsokratiker. Stuttgart: Kröner, 1968, 158-169
Patanjali: Yoga-sutras (Yoga-darsana). Ed. by Svami Balarama. Calcutta 1890, repr. Benares 1968
Petrarca, F.: La vita solitaria. Inedito per Tito Degli Strozzi, Romagnoli 1879
Plato: Gorgias. Der Mythos vom Totengericht. 523A-527E. Oxford: Ridler (Platonis Opera), 1961 (1903)
ders.: Phaidros. Der Mythos der Seelenrosse. In: Rüegg, W. (Hrsg.): Natur und Bestimmung des Menschen (Texte aus der Antike). Zürich- Artemis, 1964
ders.: Symposion. Rede des Aristophanes über Androgynie. In: Rüegg, W. (Hrsg.): Platon. Meisterdialoge. Zürich: Artemis, 1958, 189dff.
ders.: The Republic. London: Heinemann, 1963
Plotin: Enneaden. Jena & Leipzig: Diederichs, 1905
Rakusa, J.: Einsamkeiten, Ein Lesebuch. Zürich: Arche, 1975
Ramayana: Crit. ed. Bhatt, G. H. et al. Baroda 1960-75
Renou, L. & Filliorat, J.: L'Inde classique. Paris 1947-53
Renner, E.: Eherne Schalen. Über die animistischen Denk- und Erlebnisformen. Solothurn: Gassmann, 1967
Riesmann, D.: Die einsame Masse. Hamburg: Rowohlt, 1958
Rig-Veda: Ed. Müller, M. London 1877, repr. Varanasi 1965
Rilke, R.M.: Ausgesetzt auf den Bergen des Herzens (Gedicht) In: Maduschka, L.: Das Problem der Einsamkeit im 18. Jhdt. Weimar: Duncker, 1933, 13
ders.: Briefe an einen jungen Dichter, Leipzig 1930. In: Maduschka (s. o.), 10
ders.: Briefe aus den Jahren 1906-1907, Leipzig 1930. In: Maduschka (s.o.), 4
Ritter, H.: Das Meer der Seele (Kap. X, Der Narr). Leiden: Brill, 1955
Rousseau, J.J.: Emile oder über die Erziehung. Paderborn: Uni-TB 115, 1974
Rüegg, W. (Hrsg.): Natur und Bestimmung des Menschen. Texte aus der Antike. Zürich: Artemis, 1964
ders.: Platon. Meisterdialoge. Zürich: Artemis, 1958
Rüssel, H.W.: Das Lob der rechten Einsamkeit. Zürich: Occident, 1940
Saint-Exupery, A. de: Le Petit Prince. Paris: Gallimard, 1946
Schiller, F.: Briefe über die ästhetische Erziehung des Menschen. Bad Heilbronn/Obb: Klinkhardt, 1960
ders.: Die Braut von Messina. Stuttgart: Reclam No. 60, 1964 (4. Aufz. 2. Auftr.)
Schmalenbach: Die Genealogie der Einsamkeit, Logos, 1920. In: Maduschka, L.: Das Problem der Einsamkeit im 18. Jhdt. Weimar: Duncker, 1933, 2
Schopenhauer, A.: Parerga und Paralipomena, II (ed. Frauenstädt). In: Maduschka (s.o.), 8
Schwab, G.: Sagen des klassischen Altertums. Wien: Ueberreuter, 1963

Schwabl, H. (Hrsg.): Sein und Doxa bei Parmenides (1953). In: Gadamer, H.G. (Hrsg.): Um die Begriffswelt der Vorsokratiker. Darmstadt: Wiss.sch. Buchgesellschaft, 1968, 391 422

Seidel, H.: Das Erlebnis der Einsamkeit im Alten Testament. Berlin: Evangelische Verlagsanstalt, 1969

Shah, J.: Die Sufis. Düsseldorf: Diederichs, 1976

Shakespeare, W.: Hamlet. Stuttgart: Reclam No. 31, 1966

ders.: König Lear. Stuttgart: Reclam No. 13, 1963

Sophokles: Oidipous Tyrannos. Scriptorum Classicorum. Bibliotheca Oxoniensis OXONII

Stenzel, J.: Zur Entwicklung des Geistbegriffes in der griechischen Philosophie (1956-1957). In: Gadamer, H.G. (Hrsg.): (s.o.), 214-245

Stumpfl, R.: Schauspielmasken des Mittelalters und der Renaissencezeit und ihr Fortbestehen im Volksschauspiel. Schriften der Gesellschaft für Theatergeschichte, Bd. 41, Neues Archiv für Theatergeschichte, Bd. 2, Berlin 1930

ders.: Kultspiele der Germanen als Ursprung des mittelalterlichen Dramas. Berlin, 1936. In: Könneker, p. 208, Anm. 1

Tiryakian, E.A.: On the Margin of the Visible Sociology, the Esoteric and the Occult. New York: Wiley, 1974

Tolstoj, L. N.: Die drei Greise und andere kleine Erzählungen. Bern: 1959

Tschuang-Tse: Das wahre Buch vom südlichen Blütenland. In: Tworuschka, U.: Die Einsamkeit. Bonn: Röhrscheid, 1974, 81

Tworuschka, U.: Die Einsamkeit. Bonn: Röhrscheid, 1974

Upanishaden: Brihadaranyaka-Upanishad Katha -Upanishad. Delhi: Ten Principal Upanishads. With Sankara Bhasya = Works of Sai~karacarya. In original Sanskrit. Vol. 1

Vergil: Aeneis. Tusculum-Bücherei. München: Heimeran, 1965

Visuddhi – Magga: Buddhistischer Text. In: Tworuschka, U.: Die Einsamkeit. Bonn: Röhrscheid, 1974, 218

Vossler, K.: Poesie der Einsamkeit in Spanien, München 1950. In: Möhrmann, R.: Der vereinsamte Mensch. Bonn: Bouvier, 1974

Walter, U.: Der Mensch und die Wirklichkeit des Spiels. Lizentiat an der Philos. Fakultat I, Universität Zürich, 1969

Weiss, R.S.: Loneliness. The experience of emotional and social isolation. Cambridge: MIT Press, 1976

Welzig, W.: Beispielhafte Figuren: Tor, Abenteurer und Einsiedler bei Grimmelshausen. Graz: Böhlaus, 1963

Wieland, C. M.: Agathodämon, Leipzig, 1799. In: Mills, E.: Die Geschichte der Einsiedlergestalt. Wien: Europäischer Verlag, 1968, 65

Wilhelm, R.: Das Geheimnis der goldenen Blüte. Ein chinesisches Lebensbuch. Olten: Walter, 1971 (3. Aufl.)

Wolfram v. Esch.: Parzival. Stuttgart: Reclam No. 7451, 1965

Zimmermann, J.G.: Über die Einsamkeit, Leipzig, 1784/85. In: Maduschka, L.: Das Problem der Einsamkeit im 18. Jhdt. Weimar: Duncker, 1933, 2

Zweig, St.: Die Augen des ewigen Bruders. Frankfurt a.M.: Insel, 1973

Bibel/Lexika/Wörterbücher

Bächtold-Stäubli (Hrsg.): Handwörterbuch des Deutschen Aberglaubens. Bd. 1-10
Berlewi Marian (Hrsg.): Dictionnaire des symboles Mythes, rêves, coutumes, gestes, formes, figures, couleurs, nombres. Paris: Seghers, 1969 (4 Vol.)
Biedermann, H.: Handlexikon der magischen Künste. Graz: Akad. Druck- und Verlagsanstalt, 1968
Buchberger, M. (Hrsg.): Lexikon für Theologie und Kirche. Freiburg i.Br.: Herder, 1935
Cirlot, J . E .: Dictionary of symbols. London: Routledge, 1967
Die Heilige Schrift (AT, NT): Taschenausgabe (11. Aufl.) Zürich: Bibelverlag
Fleischer, W.: Wortbildung der deutschen Gegenwartssprache. Leipzig: VEB, 1974
Galing, K.: Religion in Geschichte und Gegenwart. Handwörterbuch für Theologie und Religionswissenschaft Bd. VI. Tübingen: Mohr, 1962
Götze, A. (Hrsg.): Trübners Deutsches Wörterbuch. Berlin: De Gruyter, 1963 (19. Aufl.)
Grabert, W.: Geschichte der Deutschen Literatur. München: Bayer. Schulbuchverlag, 1968 (12. Aufl.)
Grimm: Deutsche Grammatik. Berlin: Dummler, 1870
ders.: Deutsches Wörterbuch. Leipzig: Hirzel, 1854-1956
Henzen, W.: Deutsche Wortbildung. Tübingen: Niemeyer, 1957
Kluge, F.: Etymologisches Wörterbuch der Deutschen Sprache. Berlin: De Gruyter, 1967 (20. Aufl .)
König, F.: Religionswissenschaftliches Wörterbuch. Freiburg: Herder, 1956
Kröner, A. (Hrsg.): Philosophisches Wörterbuch. Stuttgart: Taschenbuch, Bd. 13, 1951
ders.: Wörterbuch der Antike. Stuttgart: Taschenbuch, Bd. 96, 1952 (3. Aufl.)
ders.: Wörterbuch der Religionen. Stuttgart: Taschenbuch, Bd. 125, 1952
Pokorny: Idg. Etymologisches Wörterbuch, Bd. I. Bern: 1959
Schwarz et al.: Das Buch der Zeichen und Symbole. Graz: Verlag für Sammler, 1972
Vries, Ad. de: Dictionary of symbols and imagery. Amsterdam: Publishing Company, 1974

Spezielle Literatur über Tarot und Randgebiete

Beck, F.: Tarock komplett, alle Spiele. Wien: Pechans, 1976
Bender, H.: Verborgene Wirklichkeit. Parapsychologie und Grenzgebiete der Psychologie. Olten: Walter, 1973 (2. Aufl.)
Bernoulli, R.: Zur Symbolik geometrischer Figuren und Zahlen. Zürich: Rhein, 1935 (Sonderdruck Eranos 1934)
Birven, H.: Der Tarot. Gelnhausen-Gettenbach: Schwab, 1960
Blakeley, J.D.: The mystical tower of the Tarot. London. Watkins, 1974
Crowley, A.: The Book of Thot. New York: Welser, 1972
ders.: The Qabalah. New York: Weiser, 1973
Dietrich, M.: Das Deutsche Spielkartenmuseum. In: Hilton, München, März/April 1975
Douglas, A.: The Tarot. London: Penguin, 1974

Evans, Chr .: Kulte des Irrationalen. Hamburg: Rowohlt, 1976
Fierz, H. K.: Untersuchungen zur Synchronizität. Aus dem Jahresbericht des Psychologischen Club 1957/58 und 1968/69
Gardner, R.: Evolution through the Tarot. London: Rigel Press, 1970
ders.: The Tarot Speaks. London: Rigel Press, 1971
Gettings, F.: The Book of Tarot. London: Hamlyn, 1973
Glahn, F.A.: Das Deutsche Tarotbuch. Freiburg i. Br.: Bauer, 1975 (6. Aufl.)
Golowin, S.: Die Welt des Tarot. Basel: Sphinx, 1975
Gray, E.: A complete guide to the Tarot. New York: Bantam, 1970
Guillaume A.: Prophétie et Divination. Paris: Payot, 1941
Haich, E.: Tarot. Die 22 Bewußtseinsstufen des Menschen. München: Drei Eichen, 1972 (2. Aufl.)
Hippel, G., v.: Meditationen über die Großen Arcana des Tarot. Meisenheim a.Glan: Hain, 1972
Hoffmann, G.: Langes Glück überm kurzen Weg. Deutschlands prominenteste Wahrsager. Herrsching: Ritter, 1971
Janeiro, I.: La Cabala de Prediccion. Buenos Aires: Kier, 1955 (Seg.Ed.)
Kaplan, St.R.: Libro para el Tarot James Bond 007. New York: U.S. Games, Inc., 1973
ders.: Tarot Classic. New York: Grossett & Dunkap, 1972
Kevin, M.: Das Grosse Zigeuner-Wahrsagebuch. Wien: Molden, 1973
King, F.: Magic. The Western Tradition. London: Thames & Hudson, 1975
Kunz, W.: Das Kartenlegen. Zürich: Rechtshilfe-Verlag, 1951
Levi, E.: Transzendentale Magie. Basel Sphinx, 1975
Marteau, P.: Le Tarot de Marseille. Paris: Arts et Metiers graphiques, 1949
Matzak, K.H.: Tarok – Rota – Tarot. Graz: Leykam, 1976
Newman, R.D.: A Psychological Interpretation of the Tarot Major Arcana. Diploma Thesis for C.G. Jung Institute of Analytical Psychology, 1975 (unveröff.)
Ouspensky, P. D.: Ein neues Modell des Universums.Weilheim: Barth, 1970
Pakraduny, T.: Die Welt der geheimen Mächte. Wiesbaden: Löwith
Papus (G. Encausse): Die Kabbala. Leipzig: Altmann, 1921 (3. Aufl.)
ders.: Le Tarot des Bohémiens. Paris: Dangles, 1974 (7. Aufl.)
ders.: Le Tarot divinatoire. Paris: Dangles, 1973 (8.Aufl.)
ders.: The Tarot of the Bohemians. London: Rider, 1929 (3. Aufl.)
Raine, K.: Yeats, the Tarot and the golden dawn. Dublin: Dolmen Press, 1972
Rijnberk, G.v.: Le Tarot. Histoire, Iconographie, Esoterisme. Lyon: Derain, 1947
Spiesberger, K.: Hermetisches ABC, Bd. II. Freiburg i.Br.: Bauer
Tilley, R.: Spiekarten. Erlesene Liebhabereien. Frankfurt a.M.: Ariel, 1968
Ulmann, S.: Illustriertes Wiener Tarockbuch. Wien: Hartleben, 1920 (3. Aufl.)
Uxkull, W. v.: Die Einweihung im alten Aegypten. Nach dem Buch Thoth. Büdingen-Gettenbach: Avalum, 1957
Virel, A.: Histoire de notre Image. Geneve, 1965
Warner, R.M.: Tarot – An illustrated guide. London: Academy Ed., 1974
Winckelmann, J.: Tarot der Eingeweihten. Berlin: Schikowski, 1954 (2. Aufl.)
Wirth, O.: Le Tarot des Imagiers du Moyen Age. Tchou (Ed), 1966
Zain, C. C.: The Brotherhood of Light. Los Angeles: The Church of Light, 1969

Glossar

Adept – von lat. adeptus ›einer, der etwas erreicht hat‹; allg.: Schüler, Anhänger einer Lehre; esoterisch: ein Eingeweihter; jemand, der sich in der esoterischen Weisheit auskennt; auch: jemand, der eine bestimmte Einweihungsstufe erreicht hat (z.B. im Okkultismus).

Akasha – sanskr. = Raum; im Buddhismus unterschieden in den durch Körperlichkeit »begrenzten Raum« und den »unbegrenzten Raum«, den Weltenraum. Westl. Begriffsinhalt entspricht dem der »Anima mundi« (Weltseele) des Paracelsus bzw. H.P Blavatsky. So auch in der Anthroposohie (bei Rudolf Steiner) als *Akasha-Chronik* Begriff für das Gedächtnis der Welt, aus dem Vergangenheit und Zukunft gelesen werden können.

Allegorie – gr. ›das Anderssagen‹; rational faßbare Darstellung eines abstrakten Begriffs in einem Bild, häufig mit Hilfe der Personifikation; *Sinnbild.*

Anachoreten – gr.-lat. ›zurückgezogen (Lebender)‹, Einsiedler, Klausner.

anachoretisch – einsiedlerisch, zurückgezogen.

anima mundi – lat. ›Hauch der Erde, Atem des Weltalls‹;
Seele der Welt.

anthropologisch – die *Anthropologie* betreffend, d.h. die Wissenschaft vom Menschen und seiner Entwicklung in natur- und geisteswissenschaftlicher Hinsicht betreffend.

Antinomie – gr. Anti ›gegen‹, nomos ›Gesetz‹: *Gegensatz*; Widerspruch zweier einzeln jeweils gültiger Gesetze;
Widerspruch eines Satzes ins sich.

Anubis – ägypt. Totengott, Sohn von Osiris und Nephthys. Gestattet den Verstorbenen den Eintritt in die Unterwelt. Ihm ist der Schakal, der die Gräber umheult, heilig, daher wird A. mit Schakal-/Hundekopf dargestellt. Teilweise identisch mit Horus. *Seelenführer, Symbol der Wiedergeburt.*

Apokatastasis – gr., Wiederkehr eines früheren Zustandes, bes. die Wiederherstellung der allgemeinen Vollkommenheit in der Weltendzeit; Lehre von der Wiederkehr aller

	Dinge; astronom.: Rückkehr eines Gestirns zum Ausgangspunkt seiner Laufbahn.
Apotheose	Vergöttlichung; Erhebung zum Gott.
Arkanum	lat. ›Geheimnis‹, ›Geheimmittel‹; Mehrzahl: *Arkana*; im Tarot Bezeichnung der Karten, wobei die 22 Trümpfe ›Große Arkana‹, die 56 übrigen Karten die ›Kleinen Arkana‹ genannt werden.
Assimilation	Angleichung, Anpassung.
blasphemisch	gotteslästerlich, Heiliges verhöhnend.
Caduceus	Heroldstab; Stab mit zwei darum gewickelten Schlangen. Als Symbol schon auf ägyptischen Monumenten zu finden, später von den Griechen als Hermesstab übernommen.
Chthonisch	gr. ›irdisch/unterirdisch‹; der Erde angehörend.
coincidentia oppositorum	lat. ›Zusammenfallen der Gegensätze‹.
coniunctio oppositorum	lat. ›Vereinigung der Gegensätze‹.
complexio oppositorum	lat. ›Verbindung der Gegensätze‹.
Demiurg	gr./lat. ›Weltenschöpfer, Weltenbaumeister‹.
Divination/divinatorisch	lat. wörtlich ›das Göttliche verkündend‹; tatsächlicher Gebrauch des Begriffs: Weissagung/wahrsagerisch.
Enantiodromie	Umschlagen einer Entwicklung; *Kippfigur.*
Etymologie	Wissenschaft von der Herkunft/Geschichte und Grundbedeutung der Wörter.
Hermanubis	Variante des *Anubis* (vgl.o.).
Hermaphrodit	Zwitter, Individuum mit den Geschlechtsmerkmalen beider Geschlechter. Zwittriger Sohn der griech. Götter Hermes und Aphrodite.
Heterogenität	Verschiedenartigkeit, Unterschiedlichkeit.
Hierophanie	gr. ›Erscheinung des Heiligen‹: Gotteserfahrung, Gottesdienst, Kulthandlung.

Hieros-Gamos	›Heilige Hochzeit‹, heilige Vereinigung.
Hybris	frevelhafte Selbstüberhebung, Vermessenheit, Hochmut.
Inferno/infernalisch	lat. ›unterirdisch‹; Hölle, Unterwelt / höllisch, teuflisch.
introjizieren	psychol.: fremde Anschauungen, Ideale u.ä. verinnerlichen, (unbewußt) als die eigenen übernehmen.
Involution	lat. ›Windung‹; med.: normale Rückbildung eines Organs oder des ganzen Organismus; soz.: Verfall eines sozialen Organismus; polit.: Rückentwicklung demokratischer Systeme in vor- bzw. antidemokratische.
Katabasis/Katabasion	gr. ›hinabgehen‹; Abstieg (Ggs.: Anabasis: ›Anstieg, Hinaufmarsch‹).
Katharsis	gr. ›(kultische) Reinigung‹; lit.: Läuterung der Seele von Leidenschaften als Wirkung des Trauerspiels; psych.: das Sichbefreien von seelischen Konflikten durch emotionale Abreakation.
Kosmogonie	Entstehung der Welt; als mythische Lehre des Weltentstehung oder als wissenschaftliche Theoriebildung der Entstehung des Weltalls.
Lapis	lat. ›Stein‹, etwa in Lapislazuli; in der *Alchemie* eine der vielen Umschreibungen des ›höchsten Gutes‹: der Stein der Weisen, Stein der Weisheit. Der Stein als (zu bearbeitetende) Materie ist ein vielgebrauchtes Symbol, z.B. auch in der Freimaurerei.
Levitation	freies Schweben; Aufhebung der Schwerkraft als spiritistische Erscheinung bzw. in Heiligenlegfenden.
Libido	Begierde, Trieb, insbes. Geschlechtstrieb; allen psychischen Äußerungen zugrundeliegende psychische Energie.
Luminosität/luminös	Zustand des Leuchtens; lichtvoll, leuchtend.
Lunar	den Mond (Luna) betreffend.
Mandorla	elliptisch-mandelförmiger Heiligenschein, um die ganze heilige Figur herum.
Mantie, Mantik	Wahrsagung, Weissagungslehre, Divinationstechnik

Megalomanie	Größenwahn, übertriebene Einschätzung der eigenen Person, falsches Verständnis des Absoluten
Neophyt	gr./lat. ›neu gepflanzt‹; ein in eine Gemeinschaft neu Aufgenommener (durch Taufe in die Kirche; durch Initiation in einen Geheimbund etc.)
Nous	platonischer Ausdruck für Seele/höheres Bewußtsein als Ggs. zur animalischen Seele (Psyche).
Numinoses / numinos	das Göttliche als unbegreifliche, zugleich Vertrauen und Schauer auslösende Macht / göttlich.
Ontogenese / ontogenetisch	Entwicklung des Individuums von der Eizelle bis zur Geschlechtsreife.
Ontologie / ontologisch	Lehre vom Sein, von den Ordnungs-, Begriffs- und Wesensbestimmungen des Seienden.
Opus	lat. ›Arbeit, erarbeitetes Werk‹; in der *Alchemie* als *Opus magnum* (großes Werk) Bezeichnung für den gesamten Prozeß der Verwandlung des Niedersten ins Höchste, des Gröbsten in das Feinste usw.
Parze	Schickssalsgöttin.
Peripherie	Rand, Randgebiet.
Phylogenese / phylogenetisch	›Stammesgeschichte der Lebewesen‹; Menschheitsgeschichte; Kette aller Generationen.
Pränatal	lat., vorgeburtlich, der Geburt vorausgehend.
Prima materia	in der Alchemie der Urzustand der Materie, aus dem sich alle anderen Formen Materie entwickeln.
primordial	ursprünglich, uranfänglich, von erster Ordnung.
Quaternität	lat. ›Vierheit‹; in der Theosophie die ersten 4 Körper (von 7) des Menschen; bei C.G. Jung Inbegriff der Vollständigkeit und Ganzheit, wie in anderen Lehren etwa der Kreis, die Dreifaltigkeit oder die entscheidende fünfte Kraft (Quintessenz).
Seraphim	von hebr. ›brennen, entflammen‹; sechsflügelige Lichtengel.
solar	die Sonne (Sol) betreffend.

Solipsismus/solipsistisch	Standpunkt, der nur das eigene Ich mit seinen Bewußtseinsinhalten als das einzig Wirkliche gelten läßt / ausschließlich selbstbezogen, selbstsüchtig.
Spagyrik / spagyrisch	(auch: Spagirik / spagirisch) Alchemie / alchemistisch.
Stein	Stein der Weisen; Baustein: seit Aristoleles, mehr noch seit der Alchemie und Kabbala des Mittelalters eine Materie, die den Urstoff aller Dinge enthält, aber auch die Kraft hat, alles in seine Bestandteile aufzulösen. Vgl.o. *Lapis*.
Sublimation / Sublimierung	Erhebung auf eine höhere Stufe; Verfeinerung, Veredelung; Umsetzung der *Libido* (vgl. o.) in kulturelle Leistung.
sublunar	unter dem Mond befindlich, irdisch.
tellurisch	irdisch, irdischen Ursprungs.
Terminologie	(Fach-) Wortschatz, Begrifflichkeit.
theriomorph	tiergestaltig.
Transzendenz	Jenseits; was jenseits der Erfahrung/Gegenständlichen liegt; das Überschreiten der Grenzen von Erfahrung, Bewußtsein und Diesseits.
transzendieren	über einen Bereich hinaus in einen anderen übergehen.
Typhon	gr. furchtbares Riesenwesen; in altägypt. Mythologie zerstörerische, unterweltliche Gottheit.
unio mystica	die geheimnisvolle Vereinigung der Seele mit Gott als Ziel der Gotteserkenntnis in der Mystik
unus mundus	lat. ›eine Welt‹, ›die eine Welt‹: Einheit der Welt, Verwirklichung des göttlichen Schöpfungsplan.
Uroboros	(auch: Ouroboros) gr. ›Schweif-Verschlinger‹; Ewigkeitssymbol, der Drache oder die Schlange, der/die sich in den eigenen Schwanz beißt

Galerie

Auf den folgenden Seiten finden sich die 22 Großen Arkana in je zwei Varianten. Die Abbildungen zeigen jeweils links das Tarot von Oswald Wirth und rechts das Tarot de Marseille. Das Marseiller Tarot existiert in unzähligen Varianten. Hier wurde die populäre Version eines spanischen Kartenherstellers ausgewählt.

Die Texte präsentieren einige Kernsätze aus der Besprechung der jeweiligen Karte in diesem Buch. Sie stellen gleichsam Kostproben dar, die zum erstmaligen oder erneuten Studium der Bildsymbole einladen.

I
Der Pagat

Das erste Arkanum hat innerhalb des 22stufigen Tarotweges zentrale Bedeutung. Mit ihm eröffnet sich ein Spiel, in dem sich Menschsein zugleich darstellt und ereignet.

Wie in der Doppelnatur des archetypischen Kindmotives spiegelt sich in der Körperhaltung des Gauklers die *Einheit des Gegensatzes* als eine im Grunde irrationale, nur schwer faßbare Größe, die sich unserer unmittelbaren Erfahrung zumeist entzieht. Dies mag im Bild auch darin angedeutet sein, daß der Tisch über den Rand hinaus in unbekannte Räume reicht! Nach JUNG treten solche Ganzheitssymbole auf mythischer und individuell-psychologischer Ebene sowohl am Anfang wie am Ende eines Entwicklungsprozesses auf.

So kann der spielende Mensch des Anfangs (Bild I) gleichsam als potentielle Vorwegnahme eines sich der seelischen Ganzheit annähernden Individuationsprozesses gedeutet werden, d.h. es wird, indem es von Anfang an schon eine Projektion der unbewußten Ganzheit war, zum Ziel der Selbstverwirklichung menschlichen Wesens.

II
Die Päpstin

Mit der beginnenden Bewußtwerdung beginnt sich die gegensatzlose All-Einheit des Unbewußten zu spalten und zu differenzieren.

Ähnlich wie das alchemistische ›Werk‹ stellt der Tarotweg im Grunde ein individuelles Unternehmen dar, eine *Entdeckungsreise* gleichsam, bei der der einzelne Mensch sein Ganzes in die Waagschale wirft.

Die hieroglyphische Bedeutung des 2. Buchstabens des hebräischen Alphabetes »Beth« ist ›Mund‹, ›Sprechorgan‹. ... Die Unterweisung erfolgt hier demnach auf theoretischem Wege. Die Päpstin wird zu einer Instanz des Wissens und besitzt eine ratgebende Funktion.

Dieses Bild ist aber auch in anderer Hinsicht interessant: Die Päpstin ist von *hexenhaftem* Aussehen.

(...) Ausdruck des unbewußten Versuches, die Spaltung von Geist und Materie zu überbrücken.

III
Die Herrscherin

Die Betonung der Einheit von Geist und Materie kommt besonders deutlich im Bild der Herrscherin zum Ausdruck, die auch »Venus-Urania« und »Himmelsherrscherin« genannt wird.

Die Herrscherin ist Herrscherin über Himmel und Erde, d.h. sie vereinigt in sich wieder *beide* Aspekte, was sich besonders deutlich in ihrem Zepter zeigt (Kreuz und Globus).

Wie die Päpstin verkörpert sie auch den Mutterarchetypus. In einigen Tarotausgaben wird ihre Beziehung zur Erde und Natur mittels mehrerer Pflanzen hervorgehoben, in anderen wieder wird eher ihre Himmelsnähe betont.

(...) ein Symbol der materiellen Offenbarung geistiger Ideen.

IV
Der Herrscher

Die Herrschaft des *Herrschers* betrifft demnach den Bereich des *Irdischen*. Auch diese Figur läßt sich als Vaterbild, als *Vater-Imago* deuten. Wie der Papst ist der Herrscher eine übergeordnete, einflußreiche Instanz, der hier eine wohl ähnliche Bedeutung wie im Märchen zukommt. Die kindliche Psyche neigt dazu, übermächtigen Figuren königliche Attribute zuzuschreiben. Mit der Autorität des Herrschers verbindet sich Gesetz, Sitte und Ordnung in weltlichen Belangen, Wille, Macht, Reichtum und Schutz.

Der Wiedergeburt des Herrschers, d.h. des inneren Menschen in neuer, verwandelter Gestalt geht Tod und Vernichtung voraus. Die Wandlung der Herrschersubstanz, die Krönung, Apotheose (Vergöttlichung) und ›Königliche Hochzeit‹ bedeutet die Geburt des ›neuen, wahren‹ Menschen, d.h. eine auf höchster Stufe möglich gewordene Gleichberechtigung von Bewußtem und Unbewußtem, eine erlösende Gegensatzvereinigung (JUNG).

V
Der Papst

Der Papst verkörpert, wie kaum ein zweiter, eine Vaterfigur, was schon sein Name, der sich vom griech. pappas herleitet, deutlicht macht. (Er ist) Stellvertreter Christi und besitzt die unmittelbare von Gott stammende oberste Hirtengewalt. Diese umschließt die höchste, von jeder menschlichen Macht unabhängige Herrschaft im kirchlichen Bereich sowie die oberste Lehrgewalt.

Der Ehrentitel *Pontifex maximus* (oberster ›Brückenbauer‹) weist auf seine Mittlerrolle hin: Der Papst stellt die Verbindung zwischen Gott und der Welt her.

Die schutzgewährende segnende Geste hat auch etwas Belehrendes und Mahnendes. Ihr Sinn liegt in der Übermittlung der göttlichen Kräfte.

VI
Die Liebenden

So wird die Seele, die innere Einstellung, bei Männern vom Unbewußten in der Regel als weibliche Person dargestellt, bei Frauen ist es umgekehrt. Diese innere Einstellung bezeichnet Jung als Anima bzw. Animus, die sich zum äußeren Charakter und Verhalten, der sog. Persona (Maske), komplementär verhalten.

Wenn wir die Figuren der verschiedenen Tarotbilder als personifizierte Züge einer bestimmten Persönlichkeitseinstellung interpretieren (...), so entspricht die »Heirat«, wie sie auf der 6. Karte teilweise zur Darstellung gelangt, einer Art ›Hieros-Gamos‹, einer *Heiligen Hoch-Zeit,* d.h. einer Vereinigung der Persona mit der hinter der Maske liegenden gegengeschlechtlichen Seite in der eigenen Seele, im Falle des Mannes mit der Anima.

Selbstverwirklichung im JUNGschen Sinne bedeutet unterscheiden lernen zwischen dem, als was man sich selbst und anderen erscheint, und dem, was einem von der Realität des Unbewußten aufgedrängt wird.

VII
Der Wagen

Das zentrale Thema der in Rede stehenden Karte ist das Problem des *Gegensatzes* und seiner *Überwindung.*

Nach JUNG zielt die Entwicklung der menschlichen Persönlichkeit auf die Wiederherstellung der mit der Bewußtwerdung verlorenen paradiesischen ›Ur-Einheit‹ im Sinne einer Transzendierung der psychischen ›Zwienatur‹ zu einem übergeordneten, alle gegensätzlichen Tendenzen und Strebungen in sich einenden, harmonischen Ganzen. Dieser ›Einheit und Ganzheit‹, für die JUNG den psychologischen Begriff des *Selbst* prägte, entsprechen auf anderer Ebene die Begriffe *Brahman, Tao, Sein, Geist, Logos, Wahrheit, Nous*, auf die wir in der Orientierung an östlichem Seinsverständnis sowie unter Heranziehung von abendländisch-philosophischem Schrifttum gestoßen sind.

Bei all diesen Begriffen handelt es sich im letzten um irrationale, bewußtseinstranszendente Zielgrößen, in denen sich nach menschlicher Vorstellung die *Einheit des Seins* als allumfassende *coniunctio oppositorum* ereignet.

VIII
Justitia

»Vom Ruf getroffen wird, wer zurückgeholt sein will« (Heidegger). Das Gewissen hat, wie wir gesehen haben, eine kritische Funktion. Es meldet sich als ungutes Gefühl, als Druck auf der Brust, als rügende Stimme aus dem eigenen Inneren, bald laut, bald leise anklagend, dann wieder untertauchend im Lärm der jetzt erst recht willkommenen geschäftigen Alltäglichkeit, jedoch nie ganz verstummend. Ein Nagen und Bohren am Grunde des Herzens, das stille Zufriedenheit und Ruhe verwehrt, ein jähes Rufen, das aufscheucht und zusammenfahren läßt, kaum glaubt man sich an sicher geschütztem Orte. Da hilft kein trotziges Sich-auflehnen oder beschwichtigendes Zureden, kein Davonlaufen, kein flüchtiges Verdecken: wohin man auch geht, der Gewissensruf folgt nach. Darin kann etwas durchaus Positives liegen: Der Mensch wird zur Stellungnahme und Konfrontation gezwungen.

Gleichzeitig ist »das Gewissen« auch eine Orientierungshilfe.

IX
Der Eremit

Statt zu sich selbst zu kommen, flieht der Mensch vor sich und seiner Tiefe, statt mit den Dämonen der Wüste kämpft er mit den farblosen, aber wahrhaft blutsaugenden Gespenstern der Langeweile und der Sinnlosigkeit, der Zerfahrenheit und Widersprüchlichkeit des Daseins« (RÜSSEL).

Die Konfrontation mit diesem Bild kann beim Betrachter Assoziationen wecken, die ihm Aufschluß geben über seine eigene Soziabilität, über seine Beziehung zum Mitmenschen, zu Gemeinschaft und Geselligkeit im allgemeinen, über Kommunikationsstil, Beziehungswünsche und -ängste, über Rollenverhalten, Stellung innerhalb des Kollektiv, Anpassung an Gesellschaft u.a.m.

Die Einsamkeit war für die Klassik ethisches Postulat und ordnendes Lebensprinzip des Individuums. Gleichzeitig wurde aber eine Verbindung mit dem Gesellschaftlichen gefordert.

X
Lebensrad

Das *Mandalasymbol* ist jedoch nicht nur Ausdruck (...): Es soll das ›Ausströmen‹ des innersten Seelengehaltes und die Vermischung mit Äußerem verhindern. Dies ist auch der magische Sinn der um das Zentrum angelegten konzentrischen Kreise. So ist das Mandala als Prinzip der Ordnung und Archetypus der Orientierung nicht nur geeignete Meditationsgrundlage, sondern hat in Zeiten seelischen Ungleichgewichtes auch heilbringende Funktion. Nach Jung bedeutet das spontane Auftreten von Mandalas (...) psychologisch das Suchen oder Finden eines *neuen Persönlichkeitszentrums*. In diesem Sinne läßt sich auch die (...) 10. Tarotkarte (...) interpretieren: Die Einkehr in die Tiefe seiner selbst zielt auf die Bildung eines neuen, Licht und Schatten umgreifenden Persönlichkeitszentrums, das im kreisförmigen Mandala seinen symbolischen Ausdruck findet. Auf dem Weg hin zum Zentrum der eigenen ›Mitte‹ begegnen dem Menschen »friedliche und zornige Gottheiten«, Dämonen wie Hermanubis und Typhon, die nichts anderes als Aspekte des ureigensten Wesens sind.

XI
Kraft

Insofern der Löwe selbst als Symbol der Sonne gilt (z.B. Mithraskult) – astrologisch ist er das Domicilium Solis, das Haus der Sonne –, ist dieses Bild eine Metapher dafür, daß der Mensch sich selbst zur Gefahr werden kann und der Kampf mit dem Löwen im Grunde die Auseinandersetzung mit der eigenen Tiernatur bedeutet.

Psychologisch heißt dies, daß der Mensch nicht hinter seine eigene Natur zurückkommt, diese in gewisser Weise aber transzendieren kann.

Weil *Fortitudo*, Inbegriff der Reinheit, den gefährlichen Löwen als schwache Frau nicht auf physischem Wege bezwingen kann, werden ihr manchmal auch magische Kräfte zugesprochen. Die christlichen Interpretatoren sprechen von der Kraft der göttlichen Liebe. Das friedliche Beisammensein von Tier und Mensch entspricht der Vorstellung vom paradiesischen Leben, wo es keine Feindschaft gibt.

XII
Der Gehängte

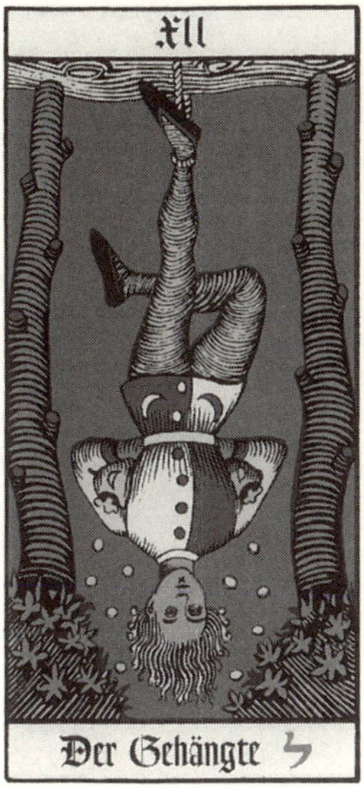

Jemand der die Welt anders sieht als alle anderen, braucht nicht notwendig ver-rückt zu sein; vielleicht ist es gerade er, der ›mehr‹ und ›richtiger‹ sieht als der Durchschnittsmensch. So ist auch verstehbar, weshalb der Figur des 12. Tarotbildes häufig ungewöhnliche, ja, überirdische Qualitäten zugesprochen werden: Es ist die Rede vom weisen Adepten, der die Wahrheit schaut und deshalb im allgemeinen nicht verstanden und verkehrt ausgelegt wird – die fallenden Münzen wären dann ein Symbol für die Aufgabe allen bisherigen Wissens. Man spricht auch von altruistischem Selbstopfer – die Münzen bedeuteten die Gabe an die Menschheit –, von Gottesnähe und Bewußtseinserweiterung. Diese positiven Interpretationsversuche würden dann durch die Tatsache erhärtet, daß der Gesichtsausdruck des Aufgehängten offensichtlich zufrieden und heiter ist: Innerer Frieden sei der Lohn für sein uneigennütziges Opfer.

Der Gang in die Tiefe erfordert Mut und Vertrauen.

XIII
Der Tod

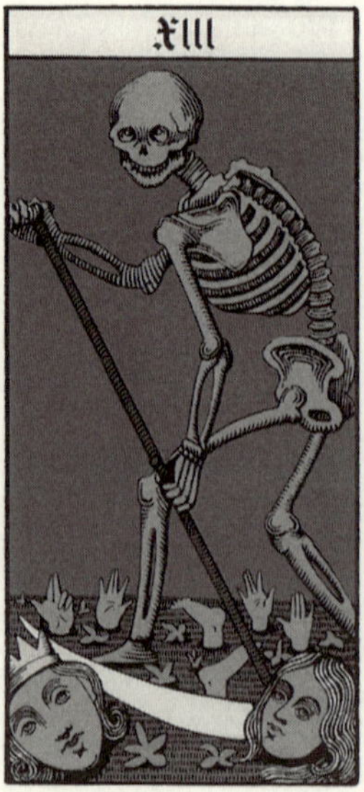

Wenn der im Sensenmann verkörperte Tod durch das Feld gegangen ist und sich die lebendigen Teile ehemaliger Gestalt mit dem schwarzen, fruchtbaren Humus vermischt haben, kann neues Leben keimen, d.h. der Tod ist die Bedingung der Möglichkeit für neues Werden, Schoß gleichsam für neues Sein.

Besteht der Mensch aber die Gefahren der eigenen Tiefe, so bedeutet der vorübergehende Verzicht des Bewußten zugunsten des Unbewußten nicht Zerstörung und Vernichtung, sondern Wandlung und Erhaltung, dann wird auf den Abstieg wieder Aufstieg folgen. Dies entspricht auch genau den Erlösungsvorstellungen der Alchemie.

Besteht der Mensch aber die Gefahren der eigenen Tiefe, so bedeutet der vorübergehende Verzicht des Bewußten zugunsten des Unbewußten nicht Zerstörung und Vernichtung, sondern Wandlung und Erhaltung, dann wird auf den Abstieg wieder Aufstieg folgen. Dies entspricht auch genau den Erlösungsvorstellungen der Alchemie.

XIV
Mäßigkeit

Wirth spricht von der Vereinigung des lunaren und solaren Prinzips, was mit der silbernen und goldenen Farbe der Krüge zu tun hat.

Einmal mehr begegnen wir dem Thema des Gegensatzes und seiner Überwindung. Wandlung bedeutet hier *Veredelung*.

Wenn wir hypothetisch davon ausgehen, daß zwischen der Psyche des Alchemisten und der Wandlungssubstanz infolge Projektion eine unbewußte Identität bestand, können wir das Wasser auch mit der *Libido oder Lebensenergie* im JUNGschen Sinne vergleichen, die ein Gefälle haben muß, um fließen zu können.

Auf psychologische Ebene übertragen, mag das Gesetz der Einheit alles Seienden auch heißen, daß sich bei aller Entwicklung und Wandlung der Persönlichkeit die ureigenste Identität im Sinne des »Ich-bin-ich« durchhält.

XV
Der Teufel

Jedes psychologische Extrem steht mit seinem Gegensatz in Beziehung, ja, es leitet daraus geradezu seine ihm eigentümliche Dynamik her: »Das Beste ist am allermeisten von teuflischer Verdrehung bedroht, denn es hat das Schlechte am allermeisten unterdrückt« (1973, 478).

Die 15. Tarotkarte kann als Sinnbild einer solchen *Enantiodromie* gedeutet werden.

Die dunklen und hellen Kräfte der menschlichen Persönlichkeit sind zwei untrennbar miteinander verknüpfte Aspekte ein und derselben Realität, weshalb das Teufelssymbol auch in psychologischer Sicht nicht als schlechthin böse und verwerflich gedeutet werden darf. Die Auseinandersetzung mit der eigenen Schattenseite bildet den Kern jedes echten und reflektierten Selbstwerdungsprozesses.

Dabei geht es in erster Linie einmal darum, sich einer solchen Seite in sich selbst überhaupt bewußt zu werden, um ihr dann in einem zweiten Schritt begegnen zu können.

XVI
Der Turm

Das Feuer von oben hat aber nicht nur den Aspekt des Bedrohlich-Vernichtenden, sondern auch den der Reinigung und Befruchtung. In vielen Kulturen ist der Blitz ein Symbol der Fruchtbarkeit, was einmal mit seinem phallischen Charakter und außerdem mit seiner Rolle als ›Regenmacher‹ zusammenhängt.

In Indien und Tibet gilt der *Blitzstrahl* auch als Waffe gegen böse Dämonen und als Symbol für das unzerstörbare Licht der Wahrheit (...). In diesem Sinne läßt sich das 16. Arkanum auch positiv interpretieren: Die Fackel des Teufels wird zum *Blitz der Erhellung und Erleuchtung*. Das Gewitter bedeutet *Katharsis*. Dem Zusammenbruch folgt Regeneration – ein Motiv, das wir im Tarot mehrfach antreffen. So wachsen im Bild auch Ähren oder Blumen inmitten der Trümmer.

Es ist das rechte Verhältnis von Höhe und Weite, welches das Leben ganz allgemein und grundsätzlich von uns abverlangt.

XVII
Die Sterne

Im Tarotspiel wird der *Zentrierungsgedanke* deutlich durch einen Stern veranschaulicht, der sich von den anderen durch seine Größe und zentrale Lage abhebt. Man bezeichnet ihn auch als Polarstern, der den Menschen zu allen Zeiten als Orientierungshilfe diente. Nach alter Vorstellung ist er der *Nabel des Kosmos*, um den sich das ganze Firmament kreisförmig dreht. Er galt auch als erste bewegende Ursache und Quelle allen Seins. Dies paßt zum Wiederaufblühen der Natur im Tarotbild.

Psychologisch läßt sich das Licht der Sterne auch mit dem Licht des Bewußtseins vergleichen (vgl. auch Karte IX-Eremit). Dieses hat verschiedene Helligkeitsgrade. Seine Inhalte sind kaum je völlig, d.h. in all ihren Aspekten gleicherweise bewußt. Das Selbst könne vermöge seines unbewußten Anteiles nur indirekt, d.h. auf dem Wege der Projektion zur Bewußtheit gelangen.

PARACELSUS spricht vom inneren Sternenhimmel des Menschen.

XVIII
Der Mond

So läßt sich das Dunkelreich der Hekate auch mit dem *Mutterleib* vergleichen, der das neue Leben durch die enge *Pforte des Schoßes* hinaus ins Licht entläßt.

Die gleiche Idee liegt auch den zahlreichen Mythen zugrunde, wo der Held ins dunkle Reich der Unterwelt hinabsteigt (Katabasis), um nach dem Bestehen gefährlicher Abenteuer wieder ans Licht emporzukommen. Die Wandlung, die sich bei alledem vollzieht, bedingt zuvor in gewisser Weise eine *Regression*, d.h. ein Aufgeben der alten Persönlichkeit im Sinne einer vorübergehenden Rückkehr in den pränatalen Zustand. Eine solche rückläufige Tendenz mag im Bild durch den rückwärtsgehenden Krebs versinnbildlicht sein. Das der Mond-Karte unmittelbar folgende 19. Arkanum ›Sonne‹ würde der Wiedergeburt auf höherer Ebene entsprechen. Dazu paßt, daß auf diesem Bild zwei Kinder oder junge Menschen zu sehen sind.

XIX
Die Sonne

So hat auch die Sonne eine Doppelnatur. In der Alchemie heißt es: *Das Fundament der Kunst ist die Sonne und ihr Schatten.*

Die Sonne ist Licht, Helligkeit, Tag, Feuer, Wärme, Energie- und Lebensquelle, Prinzip des Männlich-Aktiven, Schöpferischen, Welt- und Himmelsvater, die demiurgische Kraft und Autorität Gottes, Symbol des leuchtenden Verstandes, des kosmischen Nous, des wachen Bewußtseins, Bild der göttlichen Wahrheit und Heldenhaftigkeit. Das Auge der Sonne sieht alles; nichts kann sich ihrem Blick entziehen. Man nennt die Sonne auch das Auge Gottes, während der Mond als Auge des Teufels bezeichnet wird.

Auch beim alchemistischen Opus handelte es sich im Grunde ja um die Verwandlung des Menschen, doch wurde dies nur von wenigen verstanden.

Das Bild des sich aus der Asche erhebenden Phönix (...), ist auch im Tarot, wenn auch in etwas modifizierter Form, vertreten: Die dem Sonnen-Arkanum folgende 20. Karte zeigt an der Stelle, wo sich vorher die Sonne befand, einen Schwan oder ein anderes geflügeltes Wesen.

XX
Gericht

Am Tag, an dem der Herr erscheinen wird, um die Menschen zu richten, wird das Licht von Sonne, Mond und Sternen seine Kraft verlieren; denn als geschaffenes ist es im Unterschied zum göttlichen Licht endlich. Die Erlösung bedeutet das Eingehen in das ewige Reich Gottes, wo es Vergänglichkeit und Wechsel, womit die kosmischen Gestirne in ihrer Beziehung zur Zeitmessung zu tun haben, nicht mehr gibt.

Die Geburt des Kindes versinnbildlicht, wenn wir das Ereignis auf psychologische Ebene übertragen, die Geburt des Selbst im Sinne der Findung eines neuen, das Gegensätzliche integrierenden Persönlichkeitszentrums. Beim alchemistischen Opus handelt es sich um eine Wiederbringung eines anfänglichen Zustandes in einem endzeitlichen: »Finis respicit principium et contra« (»Das Ende erinnert sich des Anfangs und umgekehrt«).

XXI
Die Welt

Individuation bedeutet Bewußtwerdung, d.h. zunächst Gewahrwerden der eigenen Gegensatznatur und schließlich Transzendierung derselben in lebenslangem kreisförmigem Prozeßgeschehen. Dieses »Kreisen« meint schrittweise Annäherung an eine numinose Größe, d.h. an das Selbst.

Im »Mysterium Coniunctionis« des Individuationsprozesses wird das Selbst als eine hochzeitliche Vereinigung der Gegensatzhälften erfahren. Das Unbewußte wird ins Bewußtsein integriert, wodurch letzteres eine Horizonterweiterung erfährt. Dabei handelt es sich um psychische Erfahrung, die sich nur schwer in rationale Begriffe fassen läßt. Die Symbole der letzten Einheit und Ganzheit lassen sich von der Imago Dei praktisch nicht mehr unterscheiden.

Intuition und die besonders dem östlichen Menschen vertrauten Versenkungstechniken sind mögliche Wege, diese Einheit auch zu erleben.

O/XXII
Der Narr

Als Grundcharakteristikum läßt sich an der Narrenfigur das Außerhalb-des-alltäglich-Gewohnten-Stehen ersehen. Dieses Außer-Gewöhnliche kann sich in zwei Extremvarianten verzweigen: Am einen Ende steht der Verrückte, Kranke, Verzweifelte, am anderen der mit besonderen Gaben versehene Auserwählte, der Weise und Heilige. Innerhalb dieser Polarität lassen sich viele Persönlichkeitsvarianten einordnen, denen allen gemeinsam das Abweichen vom Gewohnten, der Aspekt des Fremden anhaftet. Der Fremdling nimmt als Fremdling einer Gemeinschaft eine besondere Stellung ein, die sich je nach Zeitgeist und Kultur verändert. Das ›Andere‹ ist ungewohnt und deshalb auch unheimlich, so daß es entweder erniedrigt und damit unschädlich gemacht oder aber erhöht wird. Auf dem Wege der idealisierenden Verehrung hat der ›gewöhnliche‹ Mensch die Möglichkeit, am Ungewöhnlichen zu partizipieren, so daß dieses seine Geltung bewahren kann.

Zweimal jährlich – kostenlos in Ihrer Buchhandlung

Tarot und Traumdeutung, Novitäten, Trends und Informationen. Neu jeweils Ende März und Anfang Oktober.

Die neueste Ausgabe erhalten Sie kostenlos in Ihrer Buchhandlung oder bei TAROT & TRAUM-ZEITUNG, Redaktion, D-24796 Krummwisch (bitte frankierten C 5-Umschlag beifügen).